[21]世[纪][易][学][家][书][系]

白话 梅花易数

邵雍【原著】

郑同【著】

华龄出版社

责任编辑：李成志
责任印制：李未圻

图书在版编目（CIP）数据

白话梅花易数/ 郑同著．—北京：华龄出版社，2011.11
 ISBN 978-7-80178-876-4

Ⅰ.①白… Ⅱ.①郑… Ⅲ.①占卜－中国－古代－通俗读物②周易—通俗读物 Ⅳ.B992.2-49②B221-49

中国版本图书馆 CIP 数据核字（2011）第 200039 号

书　　名：白话梅花易数	
作　　者：郑同　著	

出版发行：华龄出版社			
地　　址：北京市东城区安定门外大街甲 57 号		邮　编：100011
电　　话：(010) 58122246		传　真：(010) 84049572
网　　址：http://www.hualingpress.com			

印　　刷：九洲财鑫印刷有限公司			
版　　次：2011 年 12 月第 1 版　2024 年 4 月第 19 次印刷			
开　　本：720×1020　1/16		印　张：19.5
字　　数：307 千字		印　数：73501～80000
定　　价：30.00 元			

版权所有　翻印必究
本书如有破损、缺页、装订错误，请与本社联系调换

导 读

任何生灵似乎都有趋吉避凶的本能，好生恶死，冀福畏祸，更是人生的常态。现代的人，向往成功，担心失败。既患得之，又患失之。对于未来，总希望一切尽在掌握，有备无患。古今的易学家和术士，发明了上千种的预测方法，来满足人们对前知的要求。在中国，《梅花易数》就是影响较大的一种。

最简单的大学问——《梅花易数》

《周易》为什么能预测未来呢？古人依据天人感应的学说，认为宇宙、社会、万物都是全息的。宇宙中有的，人身也有；人身中有的，万物悉备，所谓"万物无情也有性"。在古人的观念中，宇宙万物，即使顽石之类的无知之物，与人类也是相互影响、相互作用的。人与自然界甚至与整个宇宙的相互关系，用《周易》是可以描述的。为什么呢？因为事物的变化趋势是有规律可循的，"履霜，坚冰至"，人事的吉凶悔吝是可以预知的。

任何能用来推理未来的方法，都称之为预测，如《梅花易数》、《太乙神数》、《奇门遁甲》、《六壬神课》、《子平八字》、《紫微斗数》、《纳甲筮法》等等，而在所有预测中最简单、最精确的莫过于《梅花易数》。这是因为《梅花易数》有其自己的哲学基础，即先天象数学。它为初学者提供了走向活学活用的最高境界，指明了一条可循之路。

《梅花易数》是历史上名气很大的一本书，是邵雍对《周易》的具体推衍，应用的主要是易占的方法。易占就是依据取象比类以简驭繁的方法来采集信息，然后在运用象数体系推演运筹，揭示出事物的趋势。这个道理很简单，但是必须要真明白，因为不明白这个道理，就不能理解预测术的思维方法和哲理本质。研究此书，对于体会《周易》的数理本质，是十分必要的。

邵雍发明的这一方法，对后世影响很大，也是我国当前普遍应用的重要方法之一，也同样受到国外学者的重视。尤其日本十分重视对《梅花易数》的研究，近年出版的《梅花心易秘传》一书，实际就是在《梅花易数》的基础上写成的。我国港台等地也非常重视对此书的研究，多有著作出版。

《梅花易数》占法，以时间、方位、声音、动静、地理、天时、人事、颜色、动植物等等自然界和人类社会中一切可以感知的事物异相，作为媒介体起卦，同时全方位地考察卦象的体用互变、卦爻辞，并纳入五季、五方、五色、五行、干支及三要、十应等等诸元，依据既定的逻辑推演模式，预测出人事、财运、出行、谋划、婚姻等事物的发展趋势和细节，非常适合入门者学习。

《梅花易数》起卦法多种多样，不一定非以时间来起卦预测，也可以让别人报数预测，或写一个字，以字的笔画数起卦预测，或听到某种声音，数其几声起卦或见到一组数字也可起卦预测，这就是梅花易数预测法的灵活性，而且准确性很高。而奇门遁甲、铁板神数等方法，不仅要借助一套工具书，而且起卦、推卦十分烦琐，一般读者用一生的时间也许都不能运用自如，更不要说精通了。

《易经》为群经之首，光耀千古；《梅花易数》则神随其后，以浅白之文而直证大道。《梅花易数》在以政治和伦理为主要意识形态的中国传统文化中，直接开辟出一个极其广阔的实用领域，把人们的眼界由天人大道而引回日常生活，又由日常生活而反证天人大道，在古代学问中独树一帜。《梅花易数》将生动的易象与深刻的易理结合起来，将形象思维与逻辑思维结合起来，形成了哲学与生活高度统一的象数易学，闪耀着人类哲学与思辨的灿烂光芒。天有四方，地有五行；辩证统一，道为核心。深入触及世界的本质与生活的本源，正是《梅花易数》的精华所在。

因为工作的缘故，近十年来，我反复研读了《观物内篇》、《观物外篇》。初时也颇感艰深，反复诵读之后，终于豁然开朗。我对《梅花易数》的体悟和结论，或许与其他易学同道的结论，略有不同。邵子之言，亲切精到，今日读来，虽有千年之远，却也遥遥可会。《梅花易数》虽非邵雍亲撰，但在在处处，无一不是易数之至理，或当是邵雍的亲传。从宋至今，如非邵雍，世间还有哪位贤哲能有这些至简至易而又至精至当的理论？邵雍的学问，不是仅仅通过考据之学即能得其精髓的。

《梅花易数》一书，篇章虽多，但无一不切合于易理。《梅花易数》起卦，虽简单明了，但无一不切合于易数。《梅花易数》字数虽少，但无一不切合于易义。《梅花易数》断卦方法虽多，但无一不切合于自然。《梅花易数》文约义丰，言简意赅；辞虽浅白，义实古奥。因此，我把近几年的对《梅花易数》的体悟一一整理出来，对原文进行了详细的讲解，或能抛砖引玉，为读者免除语言障碍，径得无上的易数智慧。

《梅花易数》版本源流

《梅花易数》一书，文辞秀美，义理精湛，真是不可多得之书。全书内容分为占卜及测字两个部分，其占测之广，可谓包罗万象；其应用之妙，真可谓至精至微。其起课之法，较之其他六壬、奇门遁甲诸书，却简易明白，符合"易简"之至道。浅则近清近理，精则神妙无穷。一经研读，就令人兴趣盎然，意趣横生。深入研究，则令人仰之弥高，钻之弥深，不能自止。

民国版梅花易数书影

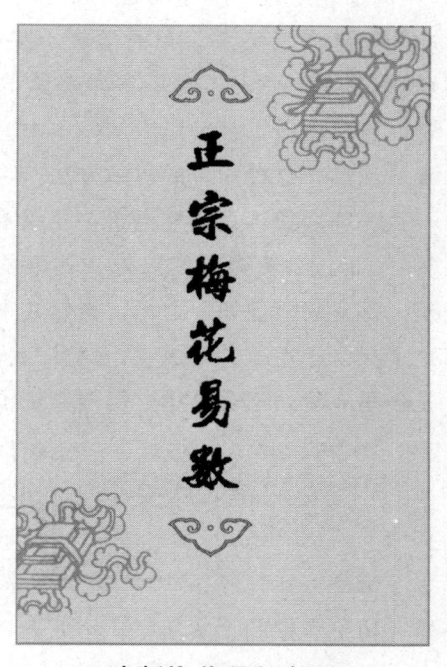

清版梅花易数书影

查国家图书馆的馆藏记录，现存最早的版本，当是刻于清初的善成堂本，全四卷，题名为《新刻先生后天梅花观梅拆字数全集》。后刻的版本，大概都渊源于此。目前，还没有发现早于此的版本。后来的版本有：书业堂本，题名为《新刻增订邵康节先生梅花观梅拆字数全集》；聚益堂本，题名为《新增梅花数》；民国广益书局石印本，题名为《校正梅花易数

——新刻增字邵康节先生梅花观梅拆字数全集》。近年来，随着易学界对于《梅花易数》的深入研究，大陆和港台甚至日本，均出版了很多关于《梅花易数》的著述，兹不一一列举。

对于《梅花易数》是否为邵雍所作，学界早有定论。① 其实，对于邵雍是否是《梅花易数》的作者，本不用做烦琐的考证，稍有古代文化常识的人都知道，这类卜筮之书的署名大都靠不住。汉代以后，卜人是下九流之人，地位低下，自己的著作写出来，为了能够广为流传和抬高身价，往往署上古人的名字，这似乎也是中国文化的传统。汉代的书，动不动托之于孔子，甚至托之于黄帝。明清的卜筮之书，大都托之于东方朔、诸葛亮、刘伯温等，这是常见的文化现象，根本不值得大惊小怪。

《梅花易数》不是邵雍所作，但纵览全文之后，你就会觉得，此书并非与邵雍毫无关系。有的学者，甚至对此进行了详细的考证。② 我认为，《梅花易数》一书，就是在邵雍易学的基础上，总结了当时流行的卜筮理论，删繁就简，汇编而成的一本书。邵雍的易学思想，正是全书的理论基础。当然，这种简单的占断方法，也正是受邵雍的易学思想启发而来。这一点，如果您认真读完全书，相信不会再有异议。在河南辉县百泉镇百泉村，③ 邵氏后裔对于其祖先"遇事能前知"，④ 多有民间传说至今。⑤ 我相信，邵雍的"前知"之术，当然其来有自，自有一套理论体系。虽然卜筮之术只是小道，并未成书，对其门人弟子，当会口传心授，这套学问自然是传承有绪，不会是凭空而降，到了清代才有的。

"高明英迈，迥出千古"的邵雍

邵雍（1011～1077），儒学大家，"北宋五子"之一，同时也是哲学家、历史学家和天文学家。字尧夫，谥康节，生于北宋真宗四年，卒于神宗十年，享年67岁。他生于河北范阳，后随父移居共城，晚年隐居在洛

---

① 见《关于〈梅花易数〉的几个问题》一文，《国际易学研究（第三辑）》，华夏出版社1997年7月第1版。
② 见《邵雍与〈梅花易数〉》一文，《象数易学研究（第一辑）》，巴蜀书社1996年2月第一版。
③ 即邵雍后半生所居的"洛阳安乐窝"。
④ 《宋史·邵雍传》："雍知虑绝人，遇事能前知。"
⑤ 《易学大师邵康节》，花山文艺出版社，1994年11月第1版。

阳。邵雍的才学和品德，"高明英迈，迥出千古"；邵雍的修养，"坦夷浑厚，不见圭角"。大学问家程颢在与邵雍一番切磋之后，无比敬服，赞叹道："尧夫，内圣外王之学也！"

从历史的记载来看，邵雍不光有超凡脱俗的禀赋和气质，更有好学深思的非凡功力以及乐天知命的高深修养。因此，比较起来，他一生学问的成就，似乎更胜于"二程"和张载诸大儒。后来的朱熹对他非常崇拜。朱熹自己就是个大学问家，并非泛泛之辈。他把宋儒们批评了一个遍，独独对于邵雍只有褒奖之辞。北宋诸大儒的学问出入佛老，创建了理学后，开始以自己为正统，从而不遗余力地排斥佛道之说。唯有邵康节以高深的学养见识，超脱出儒、释、道三家之外，既不佞佛附道，亦不过分排斥佛老，超然物外，自成一家之言。单就这种对于学问的态度和见解来说，已非北宋诸儒所能及。

据邵雍之子邵伯温记载，邵雍的出生，颇有些神异之处：

《邵氏闻见录》：伊州丈人与李夫人因山行，于云雾间见大黑猿，有感，夫人遂孕。临蓐时，慈乌满庭，人以为瑞，是生康节公。公初生，发被面，有齿，能呼母。七岁戏于庭，从蚁穴中豁然别见天日，云气往来。久之，以告夫人。夫人至，无所见，禁勿言。

李夫人，即是邵雍的母亲。就像当时天下所有的婆媳关系一样，邵雍的母亲李夫人也受到了自己的婆婆张夫人的严格管教，甚至是虐待，一度想自尽，据记载：

《邵氏闻见录》：伯温曾祖母张夫人御祖母李夫人严甚，李夫人不能堪。一夕，欲自尽，梦神人令以玉箸食羹一杯，告曰："无自尽，当生佳儿。"夫人信之。后夫人病瘦，医者既投药，又梦寝堂门之左右木瓜二株，左者俱已结，右者已枯，因为大父言。大父遽取药令覆之。及期，生康节公，同堕一死胎，女也。后十余年，夫人病卧堂上，见月色中一女子拜庭下，泣曰："母不察庸医，以药毒儿，可恨！"夫人曰："命也。"女子曰："若为命，何兄独生？"夫人曰："汝死兄独生，乃命也。"女子涕泣而去。又十余年，夫人再见女子来，泣曰："一为庸医所误，二十年方得受生。与母缘重，故相别。"又涕泣而去。

少年的邵雍，胸怀大志，遍览诸典，读书非常刻苦。[①] 后来，为了增

[①] 《宋史·邵雍传》：始为学，即坚苦自励，寒不炉，暑不扇，夜不就席者数年。

长见识，他还游学四方，越黄河、过汾河、涉淮水、渡汉水，到过齐、鲁、宋、郑等各地。在游学的路上，也曾经遇险，据其子邵伯温记载：

《邵氏闻见前录》：既长，游学，夜行晋州山路，马突，因坠深涧中。从者攀缘下寻公，无所伤，唯坏一帽。

这次可谓是有惊无险。"读万卷书，行万里路"，成就了邵雍经天纬地的学问。归来后，说道："道在是矣。"于是就不再外出云游。青年时代的邵雍，也曾多次参加科举考试，但均未及第。在科举之路走不通之后，开始效法圣人，观物研理，潜心研究《易经》、《诗经》和《春秋》，要为后人留下一门大学问，正如他在诗中所说："若蕴奇才必奇用，不然须负一生闲。"易学名家李挺之，时为共城县令，见其好学不倦，就传授了他《河图》、《洛书》、《伏羲八卦》等易学秘籍。李之才是载于易学史的易学名家，字挺之，其性朴率直信，倜傥不群，专心于学问，并不迷恋仕途。史载，李之才"能为古文章"，是宋代道学大师陈抟的俗家弟子，学术上得到了陈抟的真传，精通《易经》及河洛之学。邵雍以其渊博的学问，自然融会贯通、妙悟神契，终成一代易学大师。

中年后的邵雍，不再"自雄其才，慷慨欲树功名"，他走上知识分子的另一条道路，精读诗书，研究学术，著书立说，淡泊名利，隐居不仕。当时的名流学者，如富弼、司马光、吕公著等人，都非常敬重他的学问和人品。大家看到邵雍极其清贫，就集资为他买了一块地，在洛阳天宫寺西天津桥南，是五代节度使安审琦宅的故基，并建屋三十间，为其住宅。邵雍题名其宅为"安乐窝"，自号为"安乐先生"。他虽然学贯古今、英才盖世，但是品德浑厚，待人至诚，没有现在的大小知识分子常见的瞧不起人的习气，为乡里长幼所尊重。

邵雍通过对历史、地理和天文的研究，形成了自己一套独特而完整的宇宙观。按照他的理论来推演，天地变化、阴阳消长的规律可了如指掌。不仅如此，他还创立了独具特色的性命学说、修养理论与价值系统，并最终完成了他的"先天易学"体系。所谓"先天易学"体系，实际上包括"先天"和"后天"两个基本的学术范畴。"先天"之说是邵雍的天学体系，即宇宙之学；而"后天"之学，则是性命之学、心性之学。"先天之学"为"一字无"的玄妙之学，"后天之学"则可以用修养心身"功夫"去求得。有了这套先后天的学问，即可上知天地宇宙，下知禽虫鸟兽，于万事万物，无不了然于胸。《宋史》说他，"远而古今世变，微而走飞草木之性情",都能"深造曲畅",洞彻渊微,而且"智虑绝人,遇事能前知"。

他的见地修养,除了《观物外篇》与《击壤集》,在哲学上有极深的造诣外,对《易经》"象数"之学,更有独到的成就。在易学上,邵雍承继汉、唐易说而别具见解,以六十四卦循环往复作为历史的纲领和符号,来推演宇宙时间和人物的演化,说明自己的历史观,认为万事万物之一切变化,并非出于偶然,皆有其缘,皆有其理,在在处处,"虽曰人事,岂非天命哉!"因而他认为历史自有其自然性的规律存在,并据此著成《观物内篇》的图表,与其阐述哲学观念的《观物外篇》合起来而构成《皇极经世》这一部千古名著。《观物内篇》的内容,好比一个治乱兴衰的历史圆圈,像是历史的宿命论,而又非纯粹的宿命论。通读全书,其内容就是《易经》序卦史观的具体化,同时也可以说是集中国历史上所有谶纬预言之学的之大成。

邵雍虽然遇事能前知,但并不迷信命理之说。在给父亲择墓地时,"不尽用葬书,亦不信阴阳拘忌之说"。在《伊川击壤集》中收有《闲行吟》一诗,说道:"买卜稽疑是买疑,病深何药可能医。梦中说梦重重妄,床上安床叠叠非。列子乘风徒有待,夸父追日岂无疲。劳老未有收功处,踏尽人间闲路歧。"由此诗可见,邵雍是一个不信世俗之命的人,并非如后人附会,事事动不动就卜卦稽疑。虽然相信堪舆或命理之说,在古代的知识阶层中,是非常普遍的现象。比如非常崇拜邵雍的南宋大学问家朱熹,就相当地迷信堪舆①及卜筮之道。②

熙宁十年(公元1077年),邵雍有病卧床百余日,气日益耗,神日益明,自感自己的人生之路走到了尽头。与我们普通人不同的是,他非常的达观,并没有依依不舍,而是非常有条理地安排了自己的后事。遗嘱命治丧之事从简,一如其父,从葬于伊川先茔。

邵雍病重之中,写下了"以命听于天,于心何所失"、"唯将以命听于天,此外谁能闲计较"、"死生都一致,利害漫相寻。汤剂功非浅,膏肓疾已深。然而犹灼艾,用慰友朋心"等诗句,足见他对待生死的达观态度。

邵雍病中,司马光前来探视。邵雍笑谓:"某病势不起,且试与观化一巡也。"司马光宽慰他:"尧夫,不应至此。"邵雍回答说:"死生亦常

---

① 见《古今图书集成术数丛刊——堪舆》一书,华龄出版社,2007年1月第1版。
② 见《周易本义·筮仪》,九州出版社,2004年1月第1版。

事耳。"

程颐前来探病，诙谐地说："先生至此，他人无以致力，愿先生自主张。"邵雍说："平生学道，固至此矣，然亦无主张。"程颐还是跟他戏谑，邵雍也开玩笑地说："正叔谓生姜树头生，必是树头生也。"这时邵雍的声息已很微弱，就举起两手做手势，程颐不明白，问："从此与先生诀矣，更有可以见告者乎？"邵雍说："面前路径常令宽，路径窄则无著身处，况能使人行也！"

当时正值张载从关中来，也来问疾，给邵雍诊脉后说："先生脉息不亏，自当勿药。"他喜欢论命，又要给邵雍推命吉凶，说："先生信命乎？载试为先生推之。"邵雍回答："世俗所谓之命，某所不知，若天命则知之矣。"张载说："既曰天命，则无可言者。"

邵伯温当时年纪尚小，邵雍的朋友们在其家中商议后事如何办理。有人主张把先生葬在洛阳附近，以便大家祭扫。虽然房间离客座很远，但先生已知大家的议论，把儿子叫进来吩咐道："诸公欲以近城地葬我，不可，当从伊川先茔耳。"七月初四日，大书诗一章曰："生于太平世，长于太平世，死于太平世。客问年几何？六十有七岁。俯仰天地间，浩然独无愧。"以是夜五更捐馆。

关于邵雍之死，《邵氏闻见录》有如下记载：

熙宁十年，公年六十七矣。夏六月，属微疾，一日昼睡，觉且言曰："吾梦旌旗鹤雁自空而下，下导吾行乱山中，与司马君实、吕晦叔诸公相分别于一驿亭。回视其壁间，有大书四字曰'千秋万岁'。吾神往矣，无以医药相逼也。"呜呼，异哉！

邵雍的著作，主要有《皇极经世》、《伊川击壤集》、《观物内外篇》、《渔樵问对》等，洋洋十余万言。他认为历史是按照一定的规律演化的，而这种规律是可以认识和运用的。他以先天易数为理论基础，用元、会、运、世等概念来推算天地的演化和历史的循环。由于邵雍的学问实在是太渊深，到今天，熟悉邵雍及其作品的人已经不多了。据说，历史上研究《皇极经世》的人虽然很多，但大都是盲人摸象，各执一端，很难窥其全貌。能够读明白《皇极经世》一书的只有三个人：邵雍本人、明代的黄畿、清代的王植。但在今天，民间仍然流行着他所说过的一些警句。比如，我们常说的"一年之计在于春，一天之计在于晨，一生之计在于勤"，就是出自邵雍。

邵雍先生像

康节先生赞

天挺人豪，英迈盖世。驾风鞭霆，历览无际。
手探月窟，足蹑天根。闲中今古，醉里乾坤。

新安朱熹赞

原　序

宋庆历中，康节邵先生隐处山林，冬不炉，夏不扇，盖心在于《易》，忘乎其为寒暑也。犹以为未至，糊《易》于壁，心致而目玩焉。邃于易理，欲造《易》之数而未有征也。

一日午睡，有鼠游于前，以所枕瓦枕投击之，鼠走而枕破。觉枕中有字，取视之云："此枕卖与贤人康节，某年月日某时，击鼠破枕。"先生讶叹之曰："物皆有数。"询之陶家，其陶枕者曰："昔尝有一人，手执《周易》，憩坐枕上。枕中之字，必此老所书也。今不至久矣。吾能识其家。"

先生遂偕陶者往访焉，及门，则已不存矣。但遗书一册，谓其家人曰："某年某月某时，有一秀士至吾家，可以此书授之，能终吾身后事矣。"其家以书授先生，先生阅之，乃《易》之文，并有诀例。就以此例演数卜之，谓其人曰："汝父存日，有白金置睡床西北窖中，可以营葬事。"其家如言，果得金。

先生受书以归。后观梅，以雀争胜，布算，知次晚有邻人女折花，堕伤其股。其卜盖始于此，后世相传，遂名《观梅数》。与夫卜落花，知明日午时为马所践毁；又算西林寺额，知有阴人之祸。凡此，皆所谓先天之数也。盖未得卦先得数也。以数起卦，故曰"先天"。若夫见老人有忧色，卜而知老人有食鱼之祸；见少年有喜色，卜而知有婚聘之喜；闻鸡鸣，知鸡必烹；听牛鸣，知牛当杀。凡此，皆后天之数也。盖未得数先得卦也。以卦起数，故曰"后天"。

一日，置一椅，以数推之，书椅底曰："某年月日，当为仙客坐破。"至期，果有道者来访，坐破其椅。仙客愧谢，先生曰："物之成毁有数，岂足介意。且公神仙也，幸坐以示教。"因举椅下所书以验，道者愕然，趋起出，忽不见。乃知数之妙，虽鬼神莫逃，而况于人乎？况于物乎？

目　录

导　读	1
最简单的大学问——《梅花易数》	1
《梅花易数》版本源流	3
"高明英迈，迥出千古"的邵雍	4
原　序	1
梅花易数卷一	1
周易卦数	1
五行生克	5
八宫所属五行	7
卦气旺	8
卦气衰	8
十天干	9
十二地支	9
八卦象例	11
占法	12
玩法	12
卦以八除	12
爻以六除	13
互卦起例	14
年月日时起例	14
物数占例	15
声音占例	15
字占	15
一字占	16

二字占 ……………………………………	16
三字占 ……………………………………	17
四字占 ……………………………………	17
五字占 ……………………………………	17
六字占 ……………………………………	17
七字占 ……………………………………	18
八字占 ……………………………………	18
九字占 ……………………………………	18
十字占 ……………………………………	18
十一字占 …………………………………	19
丈尺占 ……………………………………	19
尺寸占 ……………………………………	19
为人占 ……………………………………	20
自己占 ……………………………………	22
占动物 ……………………………………	22
占静物 ……………………………………	23
端法后天起卦之例 ………………………	23
八卦万物属类 ……………………………	23
八卦方位图 ………………………………	28
观梅占 ……………………………………	29
牡丹占 ……………………………………	32
邻夜扣门借物占 …………………………	34
今日动静如何 ……………………………	35
西林寺碑额占 ……………………………	37
老人有忧色占 ……………………………	39
少年有喜色占 ……………………………	41
牛哀鸣占 …………………………………	42
鸡悲鸣占 …………………………………	43
枯枝坠地占 ………………………………	44
风觉鸟占 …………………………………	45
听声音占 …………………………………	48
形物占 ……………………………………	49

验色占 …………………………………… 50
　　八卦所属内外动静之图 ………………… 50
　　八卦万物类占 …………………………… 51
梅花易数卷二 …………………………………… 71
　　心易占卜玄机 …………………………… 71
　　占卜总诀 ………………………………… 72
　　占卜论理诀 ……………………………… 75
　　先天后天论 ……………………………… 75
　　卦断遗论 ………………………………… 78
　　八卦心易体用诀 ………………………… 80
　　体用总诀 ………………………………… 81
　　天时占第一 ……………………………… 86
　　人事占第二 ……………………………… 89
　　家宅占第三 ……………………………… 90
　　屋舍占第四 ……………………………… 90
　　婚姻占第五 ……………………………… 91
　　生产占第六 ……………………………… 92
　　饮食占第七 ……………………………… 92
　　求谋占第八 ……………………………… 93
　　求名占第九 ……………………………… 93
　　求财占第十 ……………………………… 94
　　交易占第十一 …………………………… 95
　　出行占第十二 …………………………… 95
　　行人占第十三 …………………………… 96
　　谒占见第十四 …………………………… 96
　　失物占第十五 …………………………… 97
　　疾病占第十六 …………………………… 98
　　官讼占第十七 …………………………… 101
　　坟墓占第十八 …………………………… 101
　　三要灵应篇序 …………………………… 102
　　三要灵应篇 ……………………………… 104
　　十应奥论 ………………………………… 115

十应目论	116
复明天时之应	117
复明地理之应	118
复明人事之应	118
复明时令之应	119
复明方卦之应	120
复明动物之应	122
复明静物之应	122
复明言语之应	123
复明声音之应	124
复明五色之应	124
复明写字之应	125
遗论	125
体用	127
体用论	129
衰旺论	130
内外论	131
动静	132
向背	133
静占	134
观物洞玄歌	134
起卦加数例	136
屋宅之占诀	138
器物占	141

梅花易数卷三 …… 143

八卦方位之图	143
观梅数诀序	143
八卦定阴阳次序	145
变卦式八则	145
占卦诀	147
体用互变之诀	148
体用生克之诀	149

体用衰旺之诀	151
体用动静之诀	152
占卜坐端之诀	153
占卜克应之诀	155
万物赋	158
饮食篇	161
观物玄妙歌诀	165
诸事响应歌	167
诸卦反对性情	169
占物类例	170
物数为体诀	172
观物看变爻为主	172
观物克应法	173
观物趣时诀	173
观物用《易》例	173
万物戏念	174
占卜十应诀	175
论事十大应	179
卦应	181

梅花易数卷四 193

序	193
指迷赋	194
玄黄克应歌	197
玄黄叙	199
玄黄歌	201
花押赋	202
探玄赋	203
齐景至理论	207
字画经验	210
字体诗诀	211
四季水笔	213
画有阴阳	213

八卦断 ·· 213
相字心易 ·· 214
辨字式 ·· 215
笔法筌蹄 ·· 215
字画指迷 ·· 219
六神笔法 ·· 222
六神主事 ·· 222
笔画犯煞 ·· 224
玄黄笔法歌 ·· 224
五行体格式 ·· 226
时辰断 ·· 226
起六神卦诀 ·· 227
辨别五行歌 ·· 227
辨别六神歌 ·· 228
五行并歌式 ·· 228

梅花易数卷五 ·································· 233

五行全备 ·· 233
六神形式 ·· 233
八卦辨 ·· 234
七言作用歌 ·· 237
比例歌 ·· 240
西江月 ·· 241
易理玄微 ·· 241
古人相字 ·· 243
附：拆字纪事 ···································· 244
断富贵贫贱要诀 ································ 248
五行四时旺相休囚例 ························ 249
五行相生地支 ···································· 250
天干地支属五行 ································ 250
论八卦性情 ·· 250
八卦取象 ·· 250
六十甲子歌 ·· 250

六十四卦次序 …………………………………… 251
《系辞》八卦类象歌 …………………………… 251
浑天甲子定局 …………………………………… 252
后天时方 ………………………………………… 253
八反格 …………………………………………… 256
四言独步 ………………………………………… 257
五言作用歌 ……………………………………… 258
别理论 …………………………………………… 259
六言剖断歌 ……………………………………… 262
格物章 …………………………………………… 263
物理论 …………………………………………… 265
五行六神辨别论 ………………………………… 267
金声章 …………………………………………… 270

梅花易数卷一

周易卦数

《周易》是中国古代研究、占测宇宙万物变易规律的典籍，因汉儒将其列入六经，故称《易经》。我们现在看到的通行本的《易经》，包括《周易》和《易传》两个部分。"经"有常规不变之义，汉朝人对儒学尊奉的典籍，如《诗》、《书》、《礼》、《春秋》等皆称为经，不限于《周易》。"传"，有传授之义，古代传授经书的经师，往往对"经"的文字和内容作出解释，其所作的解释称为"传"。解释《易经》的著作，则称为《易传》。《周易》指西周时期形成的典籍，即原本《周易》，是《易经》中的经文部分，由六十四卦组成，每一卦包括卦符、卦名、卦辞、爻题、爻辞。六十四卦共三百八十四爻，加上乾卦、坤卦的用九爻、用六爻，共三百八十六爻。六十四卦爻辞，内容涉及自然现象、历史人物事件、人事行为得失、吉凶断语等。

《易传》亦称《易大传》、《十翼》，传统的说法是孔子对《周易》的解释，共十篇：《彖》上下、《象》上下、《文言》、《系辞》上下、《说卦》、《杂卦》、《序卦》。其中《彖》说明《易经》各卦之义，专门解释卦名、卦象、卦辞，而不涉及爻辞；《象》说明《易经》各卦的卦象、爻象；《文言》专门解释乾、坤两卦卦义；《系辞》通论《周易》原理；《说卦》解释八卦性质、方位和象征意义；《序卦》说明六十四卦排列次序；《杂卦》说明各卦之间错综关系。

从春秋时期开始，随着社会和文化的发展，人们对《周易》进行了各种各样的解释。有史以来，解释《周易》的著作有两三千种，目前流传下来的就有近千种。我们在提到这些典籍时，通常把它们称作"易学"，如《周易集解》、《周易本义》、《周易折中》等等。"学"，指汉朝以来的经师、学者对《周易》和《易传》所作的种种解释。之所以称为"学"，是因为从汉朝开始，凡研究儒家经典的学问皆称为学，即经学。儒家经学系统的典籍从汉朝开始,都包括经、传、学三部分,《周易》系统的典籍也是如此。

可以毫不夸张地说,易学是中华文明的重要源头。无论是道家还是儒家,无不尊《周易》为首。在中国历史上有成就的人,往往本人就是易学家,如唐朝的虞世南,宋朝的司马光、王安石、苏轼,清朝的李光地等。历史上汉朝的王凤、唐代的虞世南非常推崇《易经》,说"不读《易》不可为将相"。不学《易经》的人,不能作一个很好的宰相,亦不能作一个很好的大将,《易经》竟是如此的重要。我们儒家的文化,道家的文化,一切中国的文化,都是从文王著了这本《周易》以后,开始发展下来的。南怀谨先生甚至称"诸子百家之说,都渊源于这本书,都渊源于《易经》所画的这几个卦"。

《周易》的性质,学者或以为专明占筮之书,或以为阐论哲理之作。但细究《周易》的创制,虽是以卜筮为用,但其中包涵着通天彻地、纵贯古今的深湛智慧,其实质乃含藏着无上的哲学意义。包涵经传在内的《周易》一书,由于其内容诞生之古远,沟通天人之道之精微,及其核心思想之深邃,应被视为我国古代一部特殊的哲学专著。

乾一　兑二　离三　震四
巽五　坎六　艮七　坤八

☰、☱、☲、☳、☴、☵、☶、☷,以上八个符号,就是八卦。乾、兑、离、震、巽、坎、艮、坤等八个字,就是与八卦一一对应的卦名。什么叫作卦?古人解释:"卦者挂也。"也就是说,卦就是挂起来的现象,八卦就是告诉我们宇宙之间有八个东西,即乾、兑、离、震、巽、坎、艮、坤等八个三画卦。八卦两两相重,就构成了六十四卦。

这八个东西的现象挂出来,就是八卦。这个宇宙就是由八卦组成,宇宙的现象都挂在那里,现在我们先了解它的原理。

乾卦代表天,坤卦代表地,这两个符号,代表了时间、空间、宇宙。

在这个天地以内,有两个大东西,一个是太阳,一个是月亮,像球一样,不断在转,所以离卦代表太阳,坎卦代表月亮。这两个东西不停地旋转于天地之间,于是有四个卦挂出来了。

还有两个卦是震卦、巽卦。震卦代表雷,巽卦代表风。雷电震动了就是雷,雷生万物,所以万物出乎震。一震动以后,对面变成气流了,就是风。

另外还有两个卦是艮卦和兑卦,艮卦代表高山、陆地,兑卦代表海洋、河流、沼泽。

在宇宙间，除了这八个大现象以外，再找不出第九样大的东西了。大的现象只有八个，没有九个，亦不能七个，只有八个，而且都是对立的。可是这八个现象，变化起来就大极了，是无穷的，不能穷尽的数字，变化当然也是无穷无尽的。

所谓卦数，就是指易卦所代表的数字。上面所列"乾一"至"坤八"，为周易之八卦所代表的卦数，也称"先天八卦数"。用《周易》进行占卜，起数是关键。把筮得的数转换为六十四卦，根据的就是《周易》先天八卦数。《汉书·律历志》言："自伏羲画八卦由数起，至黄帝、尧、舜而大备，三代稽古，法度章焉。"在本书，卦数所指的一般是指先天八卦数。①

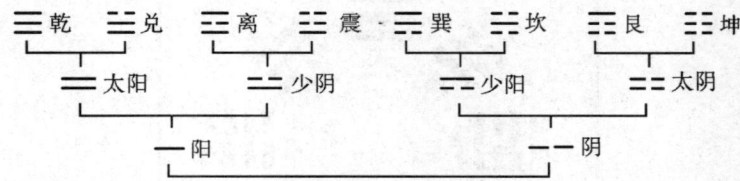

先天八卦，也称伏羲八卦，根据《系辞》的说法："古者包羲氏之王天下也，仰则观象于天，俯则观法于地，观鸟兽之文，与地之宜，近取诸身，远取诸物，于是始作八卦，以通神明之德，以类万物之情。"那么，先天八卦的理论，正是由距今七千年的伏羲氏观物取象而作。

观上面的伏羲八卦次序图，最下面的是"太极"，象征着一，也就是道，模拟的是宇宙尚未演化、天地未分时的浑沌状态。太极动而生阳，静而生阴，一阴一阳就是两仪，故《系辞传》说"一阴一阳之谓道"。古人观天下万物之变化，不外乎由太极而生阴阳，故画"—"奇以象阳，画"— —"偶以象阴。阳就是阳爻，用"—"表示，单为阳之数；阴就是阴爻，用"— —"表示，双为阴之数。

一阴一阳称为两仪，又各生一阴一阳之象，也就是一分为二，生出四象，即少阳、太阳、少阴、太阴，是谓"两仪生四象"。四象再一分为二，各自生阴生阳，即生出八卦，是谓"四象生八卦"。也就是说在少阳、太阳、少阴、太阴这四象上，分别各加一阳爻或阴爻，"叠之为三"，即产生八种新的符号。如在少阴上加一阳爻，生成离卦；在其上加一阴爻，生成震卦，以此类推，生成乾一、兑二、离三、震四、巽五、坎六、艮七、坤

---

① 在其它的易学书中，卦数有时还指天地范围数、八卦成列数、先后天八卦合数及六十四卦方位数等。

八，由右至左顺序排列。这种八卦排列次序及其卦数，就是先天八卦之数，此图即称作先天八卦横图，也称作伏羲八卦次序图。先天数的产生，是由浑沌太极，无形无象也无定位，只是一气相生，阴阳次第相加，而自然造化一至八数，故谓"先天"。《说卦传》："**天地定位，山泽通气，雷风相薄，水火不相射，八卦相错，数往者顺，知来者逆，是故易逆数也。**"这一段话，是先天八卦方位的理论依据。

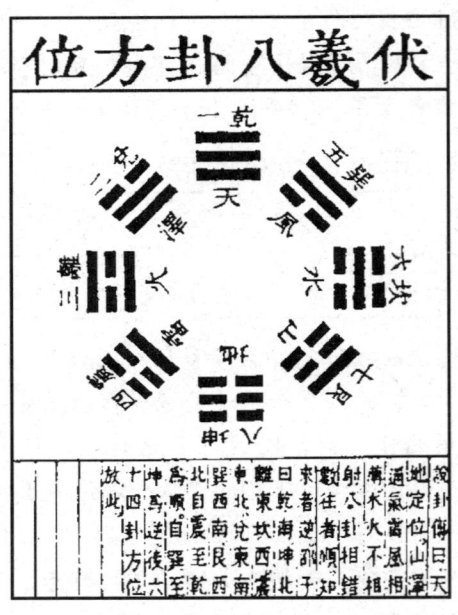

八卦按其所代表的万物的性质，两两相对排列，分成四对，相对立的站在各一端，即阴阳相对，这四对东西交错起来，就构成了先天八卦方位图。根据图我们可以看出，每对都是两个性质相反的东西，从图中我们应能分析出阴阳相对的关系。

天地定位：天居上，地居下，乾南坤北，南北对峙，上下相对。从两卦爻象来看，乾是三阳爻组成，为纯阳之卦；坤是三阴爻组成，为纯阴之卦，两卦完全相反。

山泽通气：艮为山，居西北；兑为泽，居东南。泽气通于山，为山上雨；山气通于泽，为山下泉。从两卦爻象来看，艮是一阳爻在上，二阴爻在下；兑是一阴爻在上，二阳爻在下，两卦成对待之体。

雷风相薄：震为雷，居东北；巽为风，居西南。相薄者，其势相迫，雷迅则风烈，风激则雷迅。从两卦爻象来看，震是二阴爻在上，一阳爻在下；巽是二阳爻在上，一阴爻在下，八卦成反对之象。

水火不相射：离为日，居东；坎为月，居西。不相射者，离为火，坎为水。水得火以济其寒，火得水以其热，不相熄灭。从八卦爻象来看，离是上下为阳爻，中间为阴爻；坎是上下为阴爻，中间为阳爻，两卦亦成对待之体。

从八卦卦爻明显看出，除乾坤两卦为纯阳纯阴卦外，震、坎、艮卦都是由一阳爻两阴爻组成，而且爻画均为五，为奇数，为阳，故此三卦为阳卦。巽、离、兑三卦都是由一阴爻两阳爻组成，而且爻画均为四，为偶数，为阴，故此三卦为阴卦。

从上图我们可以看到先天八卦方位与先天卦数的排列形式：由乾一至震四，系由上而下，再由下而上旋至巽五；由巽五至坤八，又由上而下，其路线形成S形的曲线，这种运动方式称为"逆行"。在其S形的运动轨迹中，由乾至坤，是按先天卦数乾一、兑二、离三、震四、巽五、坎六、艮七、坤八排列的。这种从上而下，先左后右，由少至多的数字排列方式，称作"逆数"。反之，由坤至乾，由下而上，先右后左，由多至少的数字，形成"顺行"的方式，称作"顺数"。

在先天八卦图中，八卦是本着阴阳消长，顺逆交错，相反相成的宇宙生成自然之理。根据先天八卦图和先天八卦数，我们即可以预测推断世间一切事物。数不离理，理不离数。这正是本书的理论基础。

五行生克

金生水，水生木，木生火，火生土，土生金。
金克木，木克土，土克水，水克火，火克金。

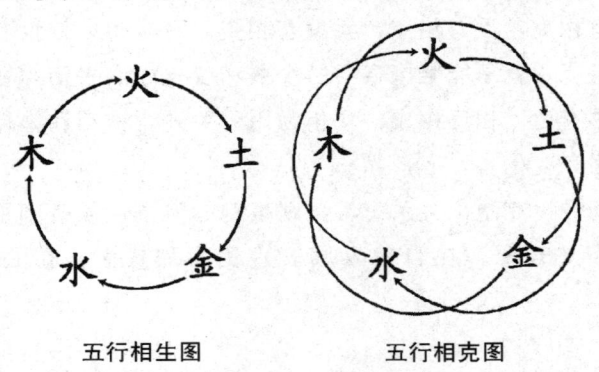

五行相生图　　　　五行相克图

五行，指金、木、水、火、土五种物质属性而言。

《尚书·洪范》云：五行：一曰水，二曰火，三曰木，四曰金，五曰土。水曰润下，火曰炎上，木曰曲直，金曰从革，土爰稼穑。润下作咸，炎上作苦，曲直作酸，从革作辛，稼穑作甘。

金，凡是坚固、凝固的都是金，古代和现代的科学分类不同，当时对于物质世界中有坚固性能的，以金字作代表。

木，代表了树木，代表了草，代表了生命中生的功能和根源。草木被砍掉以后，只要留根，第二年又生长起来，生长力特别大也特别快，木就代表了生发的生命功能。

水，代表了流动性，周流不息的作用。

火，代表了热能。

土，代表了地球的本身。

所以称它们为五行，是因为这五种东西，互相在变化，这个物质世界的这五种物理，互相在影响，变化得很厉害，这种变化，名叫生、克。

中国古代思想家把水、火、木、金、土视为构成大自然万物的五种基本元素，合称"五行"。其说又与"阴阳"说相结合，形成影响深远的"阴阳五行学"。汉以后日趋发展的"易学术数学"，即参入浓厚的阴阳五行思想。

五行学说认为，事物与事物之间存在着一种联系，这种联系又促进着事物的发展变化。五行之间存在着相生相克的规律。相生，含有互相滋生，促进助长的意思。相克，含有互相制约、克制和抑制的意思。

五行相生：木生火，火生土，土生金，金生水，水生木。

五行相克：木克土，土克水，水克火，火克金，金克木。

相生相克，是事物不可分割的两个方面。象没有阴就没有阳一样，没有相生就没有相克，没有相克，就没有相生。没有生，就没有事物的发生和成长；没有克，就不能维持事物的发展和变化中的平衡与协调。这种生中有克，克中有生，相反相成，互相为用的关系，推动和维持着事物的正常生长、发展和变化。

五行之间的生克制化关系失常，则事物的协调性便遭到了破坏，从而出现反常的变化现象，在自然界则表现为自然灾害，在人体则表现为疾病。

八宫所属五行

乾、兑金。坤、艮土。震、巽木。坎水。离火。

八卦各有自己的属性。乾、兑属金，坤、艮属土，震、巽属木，坎属水，离属火。

八宫，指八卦所分领的八宫卦。西汉京房的《易》学条例。其说以八纯卦①各变为八卦，凡初爻变所成之卦为一世卦；二爻变所成之卦为二世卦；三爻变所成之卦为三世卦；四爻变所成之卦为四世卦；五爻变所成之卦为五世卦；上爻不变，再回变已变之第四爻，遂成游魂卦；再变游魂卦的下体三爻，终成归魂卦。如此由八纯卦衍变为六十四卦，纯卦为本宫，八纯卦分领八宫，成为有特殊规律的组合，称"八宫卦"。

八宫卦表

兑	离	巽	坤	艮	坎	震	乾	
困	旅	小畜	复	贲	节	豫	姤	一世
萃	鼎	家人	临	大畜	屯	解	遁	二世
咸	未济	益	泰	损	既济	恒	否	三世
蹇	蒙	无妄	大壮	睽	革	升	观	四世
谦	涣	噬嗑	夬	履	丰	井	剥	五世
小过	讼	颐	需	中孚	明夷	大过	晋	游魂
归妹	同人	蛊	比	渐	师	随	大有	归魂

---

① 六画卦。

卦气旺

震、巽木旺于春。离火旺于夏。乾、兑金旺于秋。坎水旺于冬。坤、艮土旺于辰、戌、丑、未月。

卦气衰

春坤、艮。夏乾、兑。秋震、巽。冬离。辰、戌、丑、未坎。

汉代《易》家孟喜、京房等①以《易》卦分配于十二月气候，作为《易》筮、占验之用，称为"卦气"。

所谓"气"，就是指同一事物的两种对立属性，系统地说，就是指事物的"阴"与"阳"，即事物的多少、大小、高低、寒热、早晚、明暗、吉凶等各个对立统一的方面。把卦与气合起来，就可以用八卦来表象事物的阴阳对立的静态属性和消长的动态属性。古人把这种方法应用到一年四季寒暑变化上，就是一直传承到现代的，我们今天看到的，独树一帜的卦气学说。

卦气可以用《周易》一解释一年的节气变化，包括三种因素：一、卦；二、气候；三、五行。在卦气学说中，不包含坎、离、震、兑四正卦的六十卦，与四时、十二月、二十四节气、七十二候相配合，每一爻主（值）一日，六十卦一共就是360天，其余的五日四分之一日均匀的分摊到六十卦中，于是就形成了一卦主六日八十分之七日的所谓六日七分卦气。坎、离、震、兑四正卦，主春夏秋冬四时；其爻二十有四，主二十四节气；余六十卦，主三百六十五又四分之一日，每卦主六日七分。内自复至乾，自姤至坤为十二月消息卦，主十二辰；其爻七十有二，主七十二候。汉代以来，学者们不仅用卦象来模拟四时更迭、斗移星转的气候和天象规

---

① 刘大钧先生以为，汉代易学中的"卦气"说在孟喜之前早已有传，其源出于先儒古说；在春秋战国时期的《子夏易传》和《易传》中，均有"卦气"说的思想；殷墟甲骨文中的四方之名以及《尚书·尧典》中的记载，与后天八卦方位中的四正卦相同，由此可知"卦气"说渊源久远。见《"卦气"溯源》，原文载于《中国社会科学》2000年5期。

律，也用于历学，更用于推断人事吉凶。

但是在这里，八卦的卦气，指的是八卦各有其五行属性，故而在不同的季节表现出衰旺不同的特征。与我们传统意义上所讲的卦气并不相同。也就是说，此处的卦气，指的是其五行之气。

我们之所以详细讲述了汉代的卦气概念，就是让大家分别二者，以免在今后的应用中混淆。但是，这里的八卦卦气衰旺虽与汉代的卦气之说不同，但也是脱胎于其观念。此处不再详细讲解，因为实在是说起来太长了，各位可以自己体会。

十天干

甲乙东方木。丙丁南方火。戊己中央土。庚辛西方金。壬癸北方水。①

十二地支

子水鼠，丑土牛，寅木虎，卯木兔，辰土龙，巳火蛇。

午火马，未土羊，申金猴，酉金鸡，戌土犬，亥水猪。

将记录时间的符号十天干与十二地支分别与方位、五行、十二生肖组合，这是占卦的基础。在以后的占法中，依方位起卦或依年月日时起卦等多种方法中，都要灵活运用十天干和十二地支的方位、五行等属性。

天干，亦称"十干"、"十天干"、"十母"。是古代表示年、月、日、时的符号。是甲乙丙丁戊己庚辛壬癸的总称。其中的甲丙戊庚壬为五阳干；乙丁己辛癸为五阴干。

《说文解字》是如是阐释天干的：

甲：东方之孟，阳气萌动。

乙：象春草木冤曲而出，阴气尚强，其出乙乙也。

丙：往南方，万物成炳然。阴气初起，阳气将亏。

丁：夏时万物皆丁实。

---

① 一说为：寅为初生之木，卯为极盛之木，辰为渐衰之木；巳为初生之火，午为极盛之火，未为渐衰之火；申为初生之金，戌为渐衰之金；亥为初生之水，子为极盛之水，丑为渐衰之水。

戊：中宫也，象六甲五龙相拘绞也。

己：中宫也，象万物辟藏诎形也。

庚：位西方，象秋时万物庚庚有实也。

辛：秋时万物成而熟。

壬：位北方也，阴极阳生，象人怀妊之形。

癸：冬时，水土平，可揆度也，象水从四方流入地中之形。

把天干与五行及方位相配成圆图，即如下图所示：

天干配五行图

地支，亦称"十二支"、"十二地支"、"十二子"，别称"岁阴"、"十二辰"。是古代表示年、月、日、时的符号，为子、丑、寅、卯、辰、巳、午、未、申、酉、戌、亥的总称。支，指树枝。《汉书·食货志》颜师古注："支，犹枝也。"司马迁在《史记》中相对于十干十母，称十二支为十二子。

《说文解字》是如是解释地支的：

子：十一月阳气动，万物滋。

丑：纽也，十二月万物动用物，像手五形。

寅：正月阳气动，去黄泉欲上出，阴尚强也。

卯：冒也，二月万物冒地而出，像开门之形。

辰：震也，三月阳气动，雷电振，民农时也，物皆生。

巳：已也，四月阳气已出，阴气已藏，万物见，成文章。

午：悟也，五月阳气悟逆阳，冒地而出也。

未：味也，六月滋味也，象木重枝叶也。

申：神也，七月阴气成体，自申束。

酉：就也，八月黍成可为酎酒。
戌：灭也，九月阳气微，万物毕成，阳下入地也。
亥：荄也，十月微阳起接盛阴。
把地支与五行及方位相配成圆图，即如下图所示：

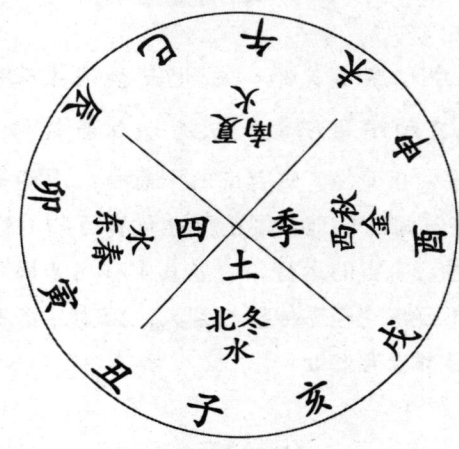

地支配五行图

在农历月份上，我们通常用地支分别代表十二月。一月寅，二月卯，三月辰，四月巳，五月午，六月未，七月申，八月酉，九月戌，十月亥，十一月子，十二月丑。在一天中，我们也通常用地支分别代表十二个时辰。子时23点—1点；丑时1点—3点；寅时3点—5点；卯时5点—7点；辰时7点—9点；巳时9点—11点；午时11点—13点；未时13点至15点；申时15点—17点；酉时17点—19点；戌时19点—21点；亥时21点—23点。在五行和方位上；寅卯东方木；巳午南方火；申酉西方金；亥子北方水。

八卦象例

乾三连☰，坤六断☷。震仰盂☳，艮覆碗☶。
离中虚☲，坎中满☵。兑上缺☱，巽下断☴。

这一段话，其实也是一首运用象形的办法快速记忆八卦符号的歌诀，出自大学问家朱熹所著的《周易本义》。乾卦：三画连接不间断；坤卦：分为六根截断的卦画；震卦：上两阴爻，下一阳爻，看上去像仰着的钵盂；艮卦：像一个倒扣着的碗；离卦：两阳爻中间是一阴爻，中间空虚，坎卦：与离卦相反，中间充满；兑卦：下两阳爻，上一阴爻，上有缺口；巽卦：下一阴爻，上两阳爻，下端断裂。

占法

易中秘密穷天地，造化天机泄未然。

中有神明司祸福，从来切莫教轻传。

这里的"易"字，指变易。这首诗的大意是：用变易的方法，或用变易的规律①来穷尽宇宙间的道理，创造天地化育万物的这种秘密，还从来没有人发现和运用过。宇宙的运行，恰如其中有司掌祸和福神明一样。如果你掌握了，一定不要将它轻易传授给别人。因为品德不好的人掌握了造化的秘密，于人于己都没有好处。

玩法

一物从来有一身，一身还有一乾坤。

能知万物备于我，肯把三才别立根。

天向一中分造化，人于心上起经纶。

仙人亦有两般话，道不虚传只在人。

此诗与邵雍《击壤集》中的《观易吟》极其相似。大意是说：世间万物各有其本性，万物也各有自己的乾坤。人们只要知道了天人合一，物我无间的大道，就能"万物皆备于我"，就可以在天、地、人三才之间确立自己的本源。天地从混一的太极中分化出来创造和化育万物，人从自己的心中确立经天纬地的志向。即使是出世的仙人，也和我们凡人一样，有两般境界。天地间的大道不会虚传，要想得传大道，只在于自己的努力。

卦以八除

凡起卦，不问数多少，即以此数作卦数。过八数即以八数递

---

① 即《周易》之中的奥妙。

除，一八除不尽，再除二八、三八，直至除尽，以余数作卦。如得八数整，即坤卦，更不必除也。

爻以六除

凡起动爻，以重卦总数除六，以余数作动爻。如不满六，止用此数为动爻，不必再除。如过六数，则除之一六，不尽再除二六、三六，直至除尽，以余数作动爻。若一爻动，则看此一爻，是阳爻则变阴爻，阴爻则变阳爻。取爻当以时加之。

上面两段，讲的是本书起卦的体例，因此把两段合起来讲。

先说起卦。凡起卦，凡八以内的数，不问数为多少，直接作为卦数。大于八的数，用八去除，用所得余数作卦数。如果正好被八除尽，就是坤卦，无须再除。按《周易》先天八卦顺序数，一为乾卦，二为兑卦，三为离卦，四为震卦，五是巽卦，六是坎卦，七是艮卦。

再说断卦。以上面的方法起了卦后，即须起动爻。起动爻的方法很简单，就是即以重卦的总数用六除。能被除尽，即用上爻。如有余数，则余数为几，即取几爻为动爻。

如以年月日时取卦，举例如下：2009年1月6日中午12时起卦，查万年历，得以下时辰：农历戊子年、十二月、十一日、午时。

地支数：子1、丑2、寅3、卯4、辰5、巳6、午7、未8、申9、酉10、戌11、亥12。

先天八卦数：乾一，兑二，离三，震四，巽五，坎六，艮七，坤八。

以年支序数加农历月份数，再加农历日数，总和除以8，以其余数为上卦。若年月日相加的和数在8以下，就不用除8，是几就算几。那么，此时的年数为1（子年），月数为12（十二月），日数为11（十一日），则年月日之总数为24，被8除，可整除（即余8），对应先天卦数坤八，即上卦为坤卦。

再以年月日相加的总和数，加上算卦的时辰序数7（午时），其和为31，除以8，其余数为7，对应先天卦数艮七，则艮为下卦。

上下卦相配，为上坤下艮，为本卦地山谦卦。

再以年月、日、时相加的总和31除以6，余数为1，取其余数为动爻，则为谦之初六爻。动爻须变，是阳爻就变成阴爻，是阴爻就变成阳爻，不动的卦爻不变，动爻所在的卦将变成另外一个卦。则本卦谦之初六爻变成阳爻，下卦变离，本卦谦卦变为之卦地火明夷。

实际梅花易数起卦法多种多样，不一定非得以时间来起卦预测。我们也可以让别人直接报数字预测；或让其写一个字，数其字的笔画数起卦预测；或听到某种声音，数其几声起卦。梅花易数预测法起卦灵活，但准确性很高，因为这种方法符合"易简而天下之理得"的至理妙道。

互卦起例

互卦只用八卦，不必取六十四卦名。互卦以重卦去了初爻及第六爻，以中间四爻分作两卦，看得何卦。

又云：乾坤无互，互其变卦。

互卦，亦称"互体卦"、"约象"、"中爻"。所谓互卦，就是把一个重卦的上爻和初爻去除不用，由中四爻的二三四爻为下卦，三四五爻为上卦，组成的新的重卦。重卦的互卦，只用八卦的名称，不必用六十四卦的名称。互卦以重卦去除初爻合上爻，以中间四爻分作两卦，看得到什么卦。乾坤两卦没有互卦，乾的变卦为坤，坤的变卦为乾。

以地天泰为例，下互卦为兑卦，上互卦为震卦。

年月日时起例

年月日为上卦。年月日加时总数为下卦。又以年月日时总数取爻。如子年一数，丑年二数，直至亥年十二数。月如正月一数，直至十二月，亦作十二数。日数如初一一数，直至三十日，为三十数。以上年月日共计几数，以八除之，以余数作卦。如子时一数直至亥时为十二数，就将年月日数加时之数，总计几数，以八除之，余数作下卦；以六除，余数作动爻。

这里的年月日均以农历为准。年月日数之和除八之余数为上卦，年月日时数之和除八之余数为下卦。

以天干地支计年，子年数一、寅年数三、卯年数四、辰年数五、巳年数六、午年数七、未年数八、申年数九、酉年数十、戌年数十一、亥年数十二。

月数随月份数，是几月即取几数。

日数以初一为一至三十日之数为准，是几日即取几数。

时数的取法：子时（23点～1点）数一、丑时（1点～3点）数二、寅时（3～5点）数三、卯时（5～7点）数四、辰时（7～9点）数五、巳时（9～11点）数六、午时（11～13点）数七、未时（13～15点）数八、申时（15～17点）数九、酉时（17～19点）数十，戌时（19～21点）数十一、亥时（21～23点）数十二。

以年、月、日之数总和除以八的余数得上卦。以年、月、日时之数的总和除八的余数得下卦；除以六的余数得动爻。本书已经在前面的举例中对此起卦法详细说明。

物数占例

凡见有可数之物，即以此数起作上卦，以时数配作下卦。即以卦数并时数总除六取动爻。

如果起卦时见到可以数的物体，可以以这些物体数直接起卦并作为重卦的上卦，再用当时的时数配作重卦的下卦。最后用这个卦的卦数加上时数，被六除，用余数取动爻。

声音占例

凡闻声音，数得几数，起作上卦，加时数配作下卦。又以声音，如闻动物鸣叫之声，或闻人敲击之声，皆可作数起卦。

凡听到声音，如动物鸣叫声、敲击声、叩门声等等，以声音数（如敲门几下）起作上卦，时数配作下卦。以卦数加时数之和被六除，取余数为动爻。

字占

凡见字数如停匀，即平分一半为上卦，一半为下卦。如字数不匀，即少一字为上卦，取天轻清之义，以多一字为下卦，取地重浊之义。

　　凡见字数，如果能平均分成两半，即平分一半为上卦，一半为下卦，如字数为奇数，不能平均分，即以少一字为上卦，表示天轻清于上的意思；以多一字为下卦，①表示地重浊于下的意思。如仅一个字，以左边笔画数为上卦，右边笔画数为下卦。另外，从四字至十数字还有一种起卦方式，即上下卦划分后取平仄音调相加。其中，平声为一，上声为二，去声为三，入声为四。相加后得总数，得卦之法仍是"卦以八除，爻以六除"之法。

一字占

　　一字为太极未判。如草，混沌不明，不可得卦。如楷书，则取其字画，以左为阳，以右为阴。画居左者看几数，取为上卦。居右者看几数，取为下卦。又以一字之阴阳全画取爻。"彳"、"丿"，此为左者；"一"、"乙"、"、"，此为右者。

　　来人求占，如书一个字，应以如下方法得卦。因为一字象征着太极未判，必须把字分开来得卦。如果是草书，或者字迹不清楚，或者是只有一个笔画的字，不能起卦，应再以其他方法起卦。如果此字以是楷书，是左右结构的，则取左边为阳数，取为上卦；取右边为阴数，取为下卦。如是上下结构的，则取上边为阳数，取为上卦；下边为阴数，取为下卦。取动爻时，以阴画阳画数之和以六除即可。偏旁"彳"、"丿"，一般取为左边的阳数；偏旁"一"、"乙"、"、"，一般取为右边的阴数。

二字占

　　二字为两仪平分。以一字为上卦，以一字为下卦。

　　两个字就如两仪，平分阴阳。两个字起卦，应按书写的先后顺序，以前一个字的笔画作上卦，以后一个字的笔画数作下卦，以两个字的笔画总

---

① 如七个字，以三为上卦，四为下卦，三为离，四为震，上离下震，成火雷噬嗑卦。

数除以六，余数取动爻，其余部分与一字占相同。

三字占

三字为三才。以一字为上卦，二字为下卦。

三个字象征着三才"天地人"。按书写的先后顺序，以第一个字的笔画数为上卦，其余两个字的笔画数相加为下卦。

四字占

四字为四象。平分上下为卦。又四字以上，不必数画数，只以平仄声音调之。平声为一数，上声为二数，去声为三数，入声为四数。

四字代表四象，即少阳，太阳，少阴，太阴，分别代表春夏秋冬四时。四个字起卦，以前两个字作上卦，后两个字作下卦，合四字的笔画除六，余数取动爻。四字以上，算笔画较为繁复，易算错，故而起卦就不必数笔画，就以字的音调数起卦，即按"平、上、去、入"四声起卦。字读平声的为一数，字读上声的为二数，字读去声的为三数，字读入声的为四数。古代的四声计调法是"平、上、去、入"。但在现代的普通话中，并无入声，是"阴平、阳平、上声、去声"，这一点要注意。

五字占

五字为五行。以二字为上卦，三字为下卦。

五字书写出来取卦，象征着五行，也就是金、木、水、火、土五行。五个字起卦，以前两个字的音调数为上卦，以后三个字的音调数为下卦，以五个字的音调数总和，除以六，余数取动爻。

六字占

六字为六爻之集。平分上下为卦。

《周易》六十四卦，任意一卦，从下至上，分别为初爻、二爻、三爻、四爻、五爻、上爻，共为六爻。六字为一重卦共六爻之集的象征。以前三个字的音调数为上卦，以后三个字的音调数为下卦，平分起卦，并合两卦之的音调数除以六取动爻。

七字占

七字为齐七政。以三字为上卦，四字为下卦。

古人把金木水火土五星加上日月合起来称为七政或七曜。七个字是七政的象征。七个字起卦，以前三个字的音调数为上卦，以后四个字的音调数为下卦，合并上下卦的音调数除以六取动爻。

八字占

八字为八卦定位。平分上下为卦。

八个字起卦好比是八卦定位。八卦就是乾、坤、巽、震、坎、离、艮、巽，代表着天、地、风、雷、水、火、山、泽等八种自然界的现象。八个字起卦，以前四个字的音调数为上卦，以后四个字的音调数为下卦，并合两卦的音调数总和除以六取动爻。

九字占

九字为九畴之义。以四字为上卦，五字为下卦。

九畴：传说大禹治理天下的九类大法，即《洛书》。畴，类。《书·洪范》：九个字起卦，前四字的音调数为上卦，后五字的音调数为下卦，合上下卦的音调数之和除六取动爻。

十字占

十字为成数。平分上下为卦。

成数，就是整数，如五百、一千。十字为成数的象征。十个字起卦，取前五个字的音调数为上卦，后五个字的音调数为下卦，并合两卦音调数之和除以六取动爻。

十一字占

　　十一字以上直至百余字，皆可起卦。但十一字以上，又不用平仄声调之，只用字数。如字数均平，则以半为上卦，以半为下卦。又合二卦总数取爻。

　　十一字及以上，直接用字数起卦。总字数是多少，把总字数一分为二。平分后各作上下卦的数字，然后进行运算。如果总字数为偶数，就平分前后两部分；如果字数为奇数，按天轻地重的观点，上卦比下卦少一个字。总字数除以六取动爻。

举例如下：39个字起卦。

按照总字数一分为二，39除以2，得19余1。

上卦应取19个字，下卦应取20个字。

19除以8，得2余3，取3数为上卦，即离卦。

20除以8，得2余4，取4数为下卦，即震卦。

39除以6，得6余3，则取第三爻为动爻。

故39起卦，得火雷噬嗑卦，六三爻为动爻。

丈尺占

　　丈尺之物，以丈数为上卦，尺数为下卦。合尺丈之数取爻。寸数不用。

尺寸占

　　以尺数为上卦，寸数为下卦。合尺寸之数，加时取爻。分数不用。

　　丈、尺、寸，都是古代的计量单位。现在起卦，即用现代的丈、尺、寸单位即可，没有必要用古代的计量单位。对可丈量之物，以丈数为上卦，尺数为下卦，寸数可不计。或以尺数为上卦，寸数为下卦，分数不计。加时取动爻。

为人占

凡为人占，其例不一。或听语声起卦，或观其人品，或取诸身，或取诸物，或因其服色，触其外物，或以年月日时，或以书写来意。

右听其语声者，如或一句，即如其字数分之起卦，如说两句，即用先一句为上卦，后一句为下卦。语多，则但用初听一句，或末后所闻一句。余句不用。

观其人品者，如老人为乾，少女为兑之类。

取诸其身者，如头动为乾，足动为震，目动为离之类。

取诸其物者，如人手中偶有何物，如金玉及圆物之属为乾，土瓦及方物之属为坤之类。

因其服色者，如其人青衣为震，赤衣为离之类。

触其外物者，起卦之时见水为坎卦，见火为离卦之类。

年月日时，如观梅之类推之。

书写来意者。其人来占，或写来意，则以其字占之。

所谓为人占是为别人而预测的方法，这种方法在实践中运用得最多，也最广。对人起卦很活，全在临时掌握。可听其声，取首句或末句，据其字数分而起卦；可观其他，老人为乾，少女为兑等；可看其动作，头动为乾，足动为震，目动为离；可观其肤色或观其服色，青为震，赤为离，根据五行系统区分；还可看其执何物，执金玉或圆物为乾，执方物之属为坤；其若写字，便可以字起卦。等等。正因为如此，所以它的起卦方式不是一种，而是多种形式，为别人预测。由于所知条件甚少，要凭仅已知的一个或几个条件来对人或要求问的事作出判断，难度比较大。但由于它是最实用最常用的预测方法，因而具有很高的研究价值。——举例如下：

一、听其语而起卦。所谓听其语声，就是听来人所讲的话，把来人所讲的话写出来，即可起卦。如只说了一句话，字数在十一字以内，即可用上述字占的方法起卦。如果来人说了两句话，即可用上句的字数起作上卦，下句的字数起作下卦。如果来人说了很多话，也可以用第一句话的字数起作上卦，最后一句话的字数起作下卦，中间的话不用来起卦。不用何种方式起卦，起卦后二卦总数加时辰数取动爻。取动爻的方式都是以六除即可。

二、观其人品起卦。所谓观其人品起卦，就是以来人是男是女、年纪大小来起卦。如是男人，少年为艮卦，青年为坎卦，中年为震卦，老年为乾卦。如是女人，少女为兑卦，青年为离卦，中年为巽卦，老年为坤卦。以来人的人品作上卦，以来人的方位作下卦。二卦总数加时辰数取动爻。取动爻法与各占法相同。

三、取诸身起卦。从自己的身体以及周围环境发生的异常变化来取象，用以进行或大或小的形势判断和结果预测。取卦法则依据"不动不占"的原则。比如，来人在问事过程中，摇头晃脑，或频频点头，或有其他头部的动作，则配以乾卦，因为乾为首。其起卦方式是：以身体部位作上卦，以问何事作下卦；或是以来人人品作上卦，以身体部位作下卦；或是以身体部位作上卦，来人方位作下卦。如何起卦，总在一念之间，不必拘泥。

四、取诸物起卦。所谓取诸物，就是取来人所带物品起卦的方式。其起卦方法是：以手拿的各种物品为上卦，以问何事为下卦，或以来人方位为下卦，或以其他方面作下卦。或是以来人人品作上卦，以手执何物为下卦。二卦总数加时辰数取动爻。其起卦方式及取动爻方式与其他方式相同。

五、观其服色起卦。所谓观服色就是观察来人所着服装的颜色起卦的方式。可以来人上身所着服装之色起上卦，来人下身所着服装之色起下卦，以二卦总数加时辰数取动爻，其起卦取动爻方式与其他占法相同。

六、触其外物起卦，也就是外应起卦法。来人问某事时，看四周何物有动静，即以此物起卦的方式。如来人问事之时正好见水，则配之以坎卦，因为坎为水；见火，则配以离卦，等等。其起卦方式是：以见外应为上卦，以时辰数作下卦，以外应加时辰数取动爻，其起卦取动爻方式与其他占法相同。

七、按时间起卦。所谓按时间，就是以来人问事的时间来起卦的方式，这种方法又称为按年月日时起卦。其起卦方法同前面介绍。或简单地以来人来到的公历时间起卦，不必换算成农历时刻。方法可参考"年月日时起卦法"，并无定法，可自己根据兴趣灵活掌握。

八、按来人方位起卦。所谓按来人方位起卦，就是来人从何方来，则用方位来起卦的方式。八卦配方位，均是用的后天八卦方位。

自己占

凡自己欲占，以年月日时或闻有声音，或观当时有所触之外物，皆可起卦。以上三例，与前章《为人占》法同。

所谓自己占，就是为自己预测，这也是经常运用的占法。自己占，方法同"为人占"。但是要特别注意，自己占一定要依照"不动不占"，"无事不占"，"无异常现象不占"的原则。

占动物

凡占群物之动，不可起卦。如见一物，则就以此物为上卦，物来之方位为下卦。合物卦数及方位卦数，加时数取爻，以此卦总断其物，如后天占"牛鸣"、"鸡叫"之类。又凡牛马犬豕之类初生，则以初生年月日时占之。又或置买此物，亦可以初置买之时推之。

所谓占动物就是以动物来起卦预测动物的方式。凡是占动物，一群动物是不能以此来起卦的，只有一只动物，才能起卦。见到一个动物，即可以此物为上卦，所来之方位为下卦，合物卦数及方位卦数加时数被六除取动爻。比如马配之以乾卦，因为乾为马，牛配之以坤卦，因为坤为牛，鸡配之以离卦，因为离为鸡等等。根据动物起卦也很活。除上法外，也可据其叫声起卦。即以动物为上卦，以动物叫声和数字为下卦，以两卦总和数加时辰数取动爻。如是家畜，以动物刚出生的时间起卦，即按年月日时起卦法。如果是从外人手中买来的，可根据以动物买回家的时间起卦，以两卦总和数加时辰数取动爻。

占静物

　　凡占静物，有如江河山石，不可起卦。若至屋宅、树本之类，则屋宅初创之时，树木初置之时，皆可起卦。至于器物，则置成之时可占，如枕、椅之类是矣。余则无故不占。若观梅，则见雀争枝坠地而占。牡丹，则见有问而占。茂树，则枝枯自坠而后占也。

　　所谓静物占，就是用静物来起卦预测静物的方式。凡是占静物，比如江，河，湖，海，山，石等自然界所属静物是不能起卦的，只有一些人为的静物才能起卦。屋宅、树木、桌椅之类，可根据宅建成之时，树木种下之时或移来之时，桌椅购置之时起卦。邵雍认为，静物"无故不占"，如观梅见雀争枝才起卦。其起卦方式是年月日时起卦法。参见本书之卦例《观梅占》、《牡丹占》、《枯枝坠地占》等。

端法后天起卦之例

物卦起例

　　后天端法：以物为上卦，方位为下卦，合物卦之数与方卦之数加时数以取动爻。

　　端法本是一种推拿手法名称。指用两手或一手拿定治疗部位，依据病情从下向上或从外向内用力托起。此处用"端法"二字，是指恰到好处地使用后天八卦起卦之意。后天八卦起卦方法，是以万物为上卦，方位为下卦，以事物的卦数与方位的卦数之和，再加上时辰数除六以取动爻。

八卦万物属类 并为上卦

　　八卦万物属类，即是给世间万物的八卦属性做一归纳之意。因为世界在发展，世事之繁复，故而新生之事物，往往不易归纳。现将当今世界常见现象亦一一归属，以附表中。

乾卦

天、父、老人、官贵、头、骨、马、金宝、珠玉、水果、圆物、冠、镜、刚物、大赤色、水寒。

人象	皇帝、总统、独裁者、首相、董事长、资本家、有名望的人、父亲、丈夫、官僚、君子、长辈、老人、修道者、狂妄之人、头、脖子、脸、肺、骨、精神。
物象	宝石、贵金属、一切交通工具、重型枪炮、钟表、机械类、帽子、伞、蚊帐、外套、口罩、袜子、资本、铁矿、大企业、筷子。
食物	干果类、带馅的点心、玻璃纸包装的甜点、鱼干、米、豆类、干贝、鱼松。
动物	龙、马、老马、猛兽、虚构的动物、狗、野猪、鹤。
植物	草药、菊花、秋天开花的植物、干果、巨树。

坤卦

地、母、老妇、土、牛、金、布帛、文章、舆、辇、方物、柄、黄色、瓦器、腹、裳、黑色、黍稷、书、米、谷。

人象	母、妻、老婆婆、庶民、一般劳动者、农夫、杂役、团体、穷人、无能力者、迷路者、同业者、认识很久的朋友、乡下人、近亲、部下、次长、副手、死人、下属、腹、血、消化器官。
物象	土地、旧房子、农业耕地、抹布、裤子、袋、颈垫、垫被、陶器、桌子、海绵、棉织物、旧衣服、有角的东西、平面的东西、空箱子、皮包、纸、棉。
食物	面粉、糙米、芋类、鱼类、面包、方便面、羊肉、猪肉、甜食、砂糖、自助火锅、鱼肉、山芋丸子、鱼糕。

动物	牛、母马、羊、猴子、鱼类、蛎。
植物	蕨类、木耳、蚂蚁、苔。

震卦

雷、长男、足、发、龙、百虫、蹄、竹、萑苇、马鸣、馵足、的颡、稼、乐器之类、草木、青碧绿色、树、木核、柴、蛇。

人象	长男、贵人、祭主、名人、青年、勇士、行人、武夫、性急之人、部首为木的姓、右足、肝脏、肋膜、咽喉、拇指、律师。
物象	钢琴、风琴、口琴等乐器；烟火、炸药等爆炸物；车、电信、电话、电气器具；① 文字自动处理器、个人电脑。
食物	凉拌菜、凉菜、柑橘类、酸梅、蔬菜类、海藻类、水果、笋类。
动物	马、鹫、鹰、燕子、黄莺、金丝雀、云雀、青蛙、一切会鸣叫的昆虫、蜈蚣。
植物	草芽、树芽。

巽卦

风、长女、僧尼、鸡、股、百禽、百草、白、香气、臭、绳、眼、羽毛、帆、扇、枝叶之类、仙道工匠、直物、工巧之器。

人象	长女、秀才、尼姑、额头宽、脸颊窄的人、眼白多的人、有胡子而头发少的人、迷路的人、女佣人、肠、头发、大腿、神经、气管、食道、左手。

---

① 保温照明之器具除外。

物象	电风扇、扇子、建材、电话线、铁丝、木材、火柴、线、绳子、铅笔、信、明信片、奠仪、线香、飞机、有香味的东西、瓦斯、木材、竹器、木器、抽屉。
食物	面食、多纤维的蔬菜、醋拌的凉菜、柑橘类的水果、有刺激性气味的食物、① 山上出产的蔬菜。
动物	蛇、蚯蚓、长颈鹿、蜻蜓、牛、猪、鸡、山村禽鸟。
植物	芋类、牵牛花、藤蔓类、杨柳、蒿。

坎卦

水、雨、雪、工、豕、中男、沟渎、弓轮、耳、血、月、盗、宫律、栋、丛棘、狐、蒺藜、桎梏、水族、鱼、盐、酒、醢、有核之物、黑色。

人象	中男、盗窃、恶人、病人、盲人、流浪者、淫妇、色情狂、死者、设计者、参谋、黑幕、脱走者、耳、肛门、阴部、鼻孔、血液、妊娠、脊髓、蛋白质、汗、泪、肾脏。
物象	月、水晶、带、细绳、针、酒器、涂料、墨水、汽油、石油、煤焦油、卡式机、印刷机、笔、珊瑚、有伸缩性的东西、车、毒药、消防器材、锚。
食物	酒、盐、酱油、酱菜、盐渍后晒干之物、果汁类、豆腐、牛奶、海藻类、生鱼、芋类、脂肪、汤。
动物	猪、马、狐、老鼠、鱼。
植物	香椿、红梅、水仙、福寿草、冬天开的花、丝瓜、水草。

离卦

火、雉、日、目、电、霓霞、中女、甲胄、戈兵、文书、槁

---

① 如葱、蒜、薤、韭、芫荽等。

木、炉、兽、鳄、龟、蟹、蚌。凡有壳之物、红赤紫色、花纹人、干燥物。

人象	中女、美人、智者、文人、学者、艺人、军人、艺术家、美术家、装饰家、孕妇、恶人、精神、耳、心脏、眼、乳房、以火为部首的姓氏。
物象	书籍、信纸、印章、证券、公债、票据、证书、装饰品、饰物、照明器具、眼睛、锅、航天器、枪、枯木、花木、申请书、网类、许可证、执照、书面。
食物	海苔、晒干的食品、马肉、螃蟹、蚧、色彩美丽的肴馔、贝类。
动物	雉鸡、鸟类、龟、螃蟹、虾、贝类、金鱼。
植物	西瓜、红檀、红叶、牡丹、花、一切美丽的植物。

艮卦

山、土、少男、童子、狗、手、指、径路、门阙、果蓏、阍寺、鼠、虎、狐、黔喙之属、木生之物、藤生之物、爪、鼻。

人象	小个子、孩子、肥胖并肩膀高耸的人、身体强壮的人、欲望强的人、蓄财的人、无知的人、囚犯、狱吏、勤务员、身体、背、腰、鼻、手、左足、指、关节、瘤。
物象	石、小径、丘、门、塀、城、叠起来的东西、桌子、重箱、背心、椅子、坐垫、拼凑起来的东西、磨过的东西、矿物、岩石、土中的东西。
食物	含牛肉的食物、晒干的青鱼子、咸鲑鱼子、炸薯条、丸子、高级糖果、可以贮藏的东西、兽肉。
动物	嘴尖且强韧的鸟、老虎、鹿、长颈鹿、鹤、猪、虎、龙、牛、狗。
植物	树上的果实、竹、笔头菜。

兑卦

泽、少女、巫、舌、妾、肺、羊、毁折之物、带口之器、属金者、废缺之物、奴仆、婢。

人象	少女、妾、下级军人、下级官吏、艺妓、非处女、通奸、趣味人、肉多而懦弱的人、女服务员、孤儿、离婚回到娘家的女人、口、颊、舌、肺、齿、呼吸器官。
物象	锅、斧、水桶、有刃的东西、破损的东西、修理好了的东西、乐器、铃、笔、纸、废物、扇、水牛、无头的东西、借款。
食物	鸡肉、年糕、小豆汤、咖啡、红茶、啤酒、汤、酒、牛奶、泡泡糖。
动物	羊、虎、豹、鸡、在沼泽地生活的鸟类、沼泽地中的动物。
植物	秋天开的花、长在沼泽地里的草木、生姜、雀、小禽。

八卦方位图

右离南坎北，震东兑西，人则介乎其中。凡物之从花甲来，并起作下卦，加时取爻。

此图称为文王后天八卦图。《梅花易数》在端法后天起卦时，以占卦的人为中心，南方为离、北方为坎，东方为震、西方为兑、西北为乾、西南为坤、东南为巽、东北为艮。凡占卦，由我们上面所讲的《八卦万物属类》起卦，作为上卦；再由上面的后天八卦方位图得卦，作为下卦，便组成所要占得的卦。在这里，讲到"凡物之从花甲来"，意思就是不论从哪个方向来的意思。因为在中国古代的《通书》中，常常把六十甲子排成一个圆圈作图，因而系指四面八方、各个方向。

无论用来起卦之物处于以人为中心的任意一个方向，都可以用后天八卦方位图起下卦。用上卦、下卦的先天卦数作为基数，再加上时数，总和被六除，用余数取爻。

观梅占 年月日时占例

辰年十二月十七日申时，康节先生偶观梅，见二雀争枝坠地。先生曰："不动不占，不因事不占。今二雀争枝坠地，怪也。"因占之，辰年五数，十二月十二数，十七日十七数，共三十四数，除四八三十二，得二，属兑，为上卦，加申时九数，总得四十三数，五八除四十，零得三数，为离，作下卦。又上下总四十三数，以六除，六七除四十二，余一为动爻，是为泽火革。初爻变咸，互见乾巽。

断之曰：详此卦，明晚当有女子折花，园丁不知而逐之，女子失惊坠地，遂伤其股。右兑金为体，离火克之。互中巽木，复生起离火，则克体之卦气盛。兑为少女，因知女子之被伤，而互中巽木，又逢乾金、兑金克之，则巽木被伤，而巽为股，故有伤股之应。幸变为艮土，兑金得生，知女子但被伤，而不至凶危也。

泽火革䷰ 体/用，互见乾巽䷀䷸，初爻动变泽山咸䷞。

这一段话，讲的是《梅花易数》中最重要的一个卦例，也是此书得名的由来。辰年十二月十七日的申时，康节先生偶然观赏梅花，看见两只麻雀为抢占枝头而坠落在地上。先生说："不发生变动不占卦，没有什么事不占测，现今两只麻雀为争枝而落地，真是奇怪。"因此而起卦占断。辰年中的辰为五数，辰年的数是五，十二月的数是十二，十七日的数是十七，三数相加共三十四。用三十四除以八，得四余二，二数对应的卦为兑卦，作上卦。三十四数加上申时九数，共得四十三数，用四十三除以八，得五余三，三数对应的卦为离卦，作下卦。又将上卦、下卦的总数四十三除以六，得七余一，一所对应的爻为初爻，初爻变。本卦为泽火革䷰卦，初爻变则成了泽山咸䷞卦，其中革卦中间的四个爻互体是乾卦与巽卦。

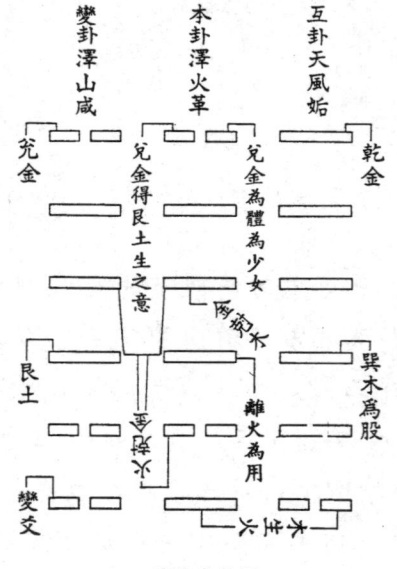

观梅占卦图

康节先生按卦推断说：细推这一卦，明天晚上应当有女子来此折花，管花的园丁不明就里，于是就赶走她，女子惊慌失措而摔倒在地，伤了大腿。为什么爻这样说呢？所得的泽火革卦中，上卦兑金为体，下卦离火为用，克体兑金；互卦中有巽卦木，生下卦离火，三起离火，卦气很旺。兑卦代表着少女，因此能知到少女要受伤；而互卦中的巽木，又遇到乾金兑金所克。乾金兑金克巽木，那么巽木定要受伤，巽的卦象在人体为大腿，所以有伤大腿的应验。幸亏初爻动，离变成艮，咸卦☷的下卦为艮卦，艮为土，土生金，兑金得到艮土的生扶，因此知道女子只是受点轻伤，但不会有什么大的凶险。

在《梅花易数·八卦万物类占》中，单单兑卦类象，作者列举了二十七类一百多种类象。仅在兑卦的人物类外应中，即有"先生、客人、巫、匠、媒人、牙人、少女、妾、娼"等九种，为什么在"观梅占"中，邵雍先生不取其他卦象，而独独以兑卦为少女呢？

为了准确地理解这个卦例，我们不妨先看另一个观物占例。据清周亮工所辑录的《字触》载：

徽守见（汪）龙之门如市，恐其惑众，意欲处之。一日召至，问："我手中何物？如合则释尔，不合毙杖下矣。"龙求指一物示之，方好卜决。时堂下有少妇诉冤，守即指此妇为数，龙曰："一麻雀耳。"守惊，曰："生乎死乎？"龙曰："生死在老爷掌握中。"守曰："此瞽可与语数也。"盖曰生则毙之，曰死则出之。守已知其喻意矣。但问何以云麻雀。曰："此妇少年佳人，又穿孝服，以意解之，为麻雀云。"

《字触》是清代人周亮工所著的一部测字专著，它详细地介绍测字之说。《字触》辑录了历代文献中有关文字占验的记载，其中包括大量的测字实例。《字触》中所辑收的这个卦案，讲的是在南宋时期，安徽新安人汪龙善于"遇物起数，多奇中"，因而门庭若市。由于此人双目失明，故人称之为"瞎龙"。徽州太守怕他妖言惑众、聚众滋事，想刁难他一下，并顺势除去这个社会不安定因素。于是，太守召汪龙到府衙，问他："我手中何物？如果说对了，就放了你；如果说错了，就将你毙命于乱杖之下。"真是灭门的太守，没有什么法制可言。汪龙当然即时起卦了，但是想准确地猜中，信息还是不够，因此请求指一个东西提示一下。正好大堂之上刚好有一位身穿孝服的少妇来打官司，鸣冤叫屈，于是太守指了指少妇，汪龙立刻回答说："是一只麻雀。"太守吃惊地问："是活的还是死的?"汪龙机敏地答道:"生死在老爷手中掌握着。"太守听罢,心中也暗自佩服,说:"可以与这个盲人谈术数之学。"并问何以知之。汪龙回答说:"那个妇人是一个少年佳人,又穿孝服,以意解之,就知道是麻雀。"

从这个占例中,我们可以得到一个启示:从拆字的角度看,"雀"可拆为"少"、"佳",以"对关法"完整地说,乃"少年佳人"。反之,遇"少年佳人",即对应的"雀"字。那么,为什么是"麻雀"而不是其他的"雀"类呢?因为这是一个身穿孝服的少年佳人。孝服,也就是缌麻之服。古代的孝服,是麻做的。因此,手中此物,正是麻雀。

研究完上面的这个占例,即可在理解"观梅占"中,邵子见"二雀争枝坠地",即以"雀"为"少年佳人"了。以兑卦应少女,其来有自,不是信手拈来的外应,它正是《梅花易数·三要灵应篇》中的第十一应,即"拆字之应"。而见孝服知"麻"字,正是第十二应,为"物叶音之义"。

外应系统并不复杂,只要用心体悟,一窍通,百窍通。断卦之道,"难以详备,在于变通。"书不尽言,言不尽意。下面的卦例,读者自可用心体悟,仔细揣摩。

牡丹占

巳年三月十六日卯时,先生与客往司马公家共观牡丹。时值花开甚盛,客曰:"花盛如此,亦有数乎?"先生曰:"莫不有数。且因问而可占矣。"遂占之。以巳年六数,三月三数,十六日十六数,总得二十五数,除三八二十四数,零一数为乾,为上卦。加卯时得四数,共得二十九数,又除三八二十四得零五为巽卦,作下卦,得天风姤。又以总计二十九数,以六除之,四六除二十四,得零五爻动,变鼎卦,互见重乾。遂与客曰:"怪哉,此花明日午时,当为马所践毁。"众客愕然不信,次日午时,果有贵官观牡丹,二马相啮,群至花间驰骤,花尽为之践毁。

断之曰:巽木为体,乾金克之。互卦又见重乾,克体之卦多矣,卦中无生意,固知牡丹必为践毁。所谓马者,乾为马也。午时者,离明之象,是以知之也。

天风姤 ☰用/体，互上乾下乾 ☰，五爻动变火风鼎 ☲。

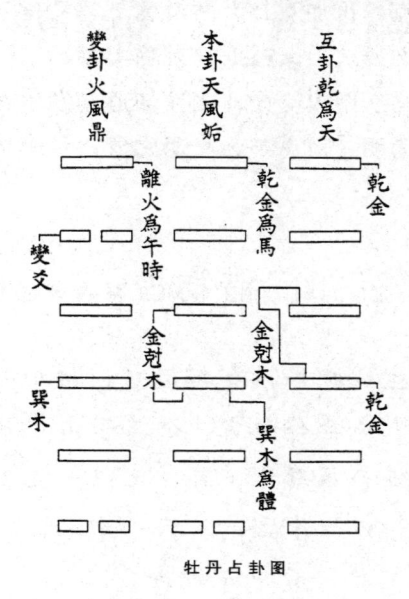

牡丹占卦图

巳年三月十六日的卯时，康节先生与客人前往司马温公家一同观赏牡丹。司马温公，就是小时候就会砸缸救人的司马光。当时正值牡丹花盛开之际，有位客人试探着征询邵康节先生："牡丹花如此盛开美好，也有定数吗？"康节先生回答说："万物都有定数，而且只要问，就可以起卦占测。"于是，就为盛开的牡丹花起卦占算。用巳年六数、三月的三数、十六日的十六数相加，共二十五。除以八，余数是一，为乾卦作上卦；二十五再加上卯时的四数，共二十九，再被八除，余数为五，得巽卦，作下卦，得天风姤卦☰。又用二十九除以六，得余数五，姤卦第五爻动，变为火风鼎卦☲。姤卦的中间四个爻互见两个乾卦。

于是，康节先生对客人说："奇怪！这些牡丹花明天午时当被马所踏毁。"客人们都惊讶不信。第二天午时，果然有达官贵人来观赏牡丹，两匹马相撕咬，到牡丹花丛中奔跑，所有的花全被踏毁了。

推断道：巳月三月十六日卯时，按时间起卦法巳年为6，加上月日本身之数，除以8，(6十3十16)÷8得3余1，余数1为上卦乾；上述数再加时辰地支数卯为4，除以8，(6十3十16十4)÷8得3余5，余数5为下卦巽。再将算下卦时的总数除以6，(6十3十16十4)÷6得4余5；余数为动爻，即第五爻动。本卦天风姤，变卦为火风鼎，互见两乾卦。

因为姤上卦为乾，乾为金，下卦为巽为木，动爻在上卦，则下卦为体，出现本体木被金克。再加互卦为两个乾卦，又是金。三金克一木，卦中没有什么生机，木必残败。又根据《万物类象》，乾为天、为圆、为马，因此断为牡丹花将为马所踏毁。为什么又知道会发生在午时呢？变卦的上卦为离卦，离为日、为明，而离卦为光明之象，午时是一天中阳光最充足的时候。

邻夜扣门借物占 系闻声占例

冬夕酉时，先生方拥炉，有扣门者，初扣一声而止，继而又扣五声，且云借物。先生令勿言，令其子占之试所借何物。以一声属乾为上卦，以五声属巽为下卦，又以一乾五巽共六数，加酉时数，共得十六数，以六除之，二六一十二，得天风姤，第四爻动，变巽卦，互见重乾。卦中三乾金，二巽木，为金木之物也，又以乾金短，而巽木长，是借斧也。

子乃断曰："金短木长者，器也，所借锄也。"先生曰："非锄。必斧也。"问之，果借斧。其子问何故，先生曰："起数又须明理。以卦推之，斧亦可也，锄亦可也；以理推之，夕晚安用锄？必借斧。盖斧切于劈柴之用耳。"推数又须明理，为卜占之切要也。推数不推理，是不得也。学数者志之！

天风姤 用／体，互上乾下乾，四爻变巽。

有一年冬天，下着大雪。傍晚时昏，邵康节正与他的儿子在家里烤火。突然听到院子外面有人叩门，先敲一声，停了一下再敲五声，并且说是来借东西的。当时，邵康节叫儿子暂不开门，先用所学的《梅花易数》推断一下，这个邻居要来借什么东西？

他儿子按敲门声起卦，先敲了一下，于是用"一"对应的乾卦做上卦，后来又敲了五下，用"五"对应的巽卦作下卦，得天风姤卦。乾数一与巽数五之和共六，加上酉时的数十，共是十六。用六去除十六，得二余四，即第四爻动，变为巽卦。姤卦的中间四爻互得两个乾卦。这样卦中共有三个乾卦金，两个巽卦木，因此所借之应该是金木合成的东西。又根据乾卦的金短，巽卦的木长，他儿子分析卦意说："这是一个器具，木长金短的，一定是借锄头了。"邵康节看了一下卦象，说："你错了，他一定是借斧子的。"果然，邻居借的是斧子。

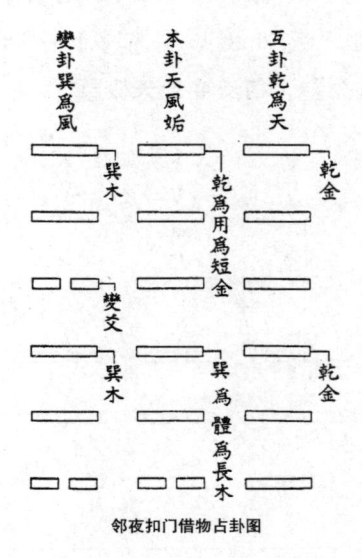

```
变卦巽为风    本卦天风姤    互卦乾为天

  ▬▬ ▬▬       ▬▬▬▬▬       ▬▬▬▬▬
   巽木         乾为用为短金    乾金
  ▬▬▬▬▬       ▬▬▬▬▬       ▬▬▬▬▬
  ▬▬ ▬▬        变爻
  ▬▬▬▬▬       ▬▬▬▬▬       ▬▬▬▬▬
   巽          巽为体为长木    乾
   木                        金
  ▬▬▬▬▬       ▬▬▬▬▬       ▬▬▬▬▬
  ▬▬ ▬▬       ▬▬ ▬▬
```

邻夜扣门借物占卦图

康节先生的儿子问其中的缘故，先生说："起卦占例还必须明白卦理，用卦象推测，斧子也可以，锄头也可以；用卦理去推测，冬季的黄昏怎么还会用锄头呢？一定是借斧子。大概是急等着用斧子劈柴吧。"

《梅花易数》起卦简单，推断也不复杂，但是世间万物必须纷繁复杂，用简单的卦象来推断无穷的事物，就必须明白卦一般的常识。仅仅知道如何起数，而没有生活知识，那是不行的，也是预测不准的。

今日动静如何系声音占例

有客问曰："今日动静如何？"遂将此六字占之。以平分，"今日动"三字为上卦，"今"平声一数，"日"入声四数，"动"去声三数，共八数，得坤为上卦；以"静如何"为下卦，"静"去声三数，"如"平声一数，"何"平声一数，共五数，得巽为下卦。又以八五总为十三数，除二六一十二，零得一数，为地风升。初爻动，变泰卦，互见震、兑。遂为客曰："今日有人相请，客不多，酒不醉，味止鸡黍而已。"至晚果然。

断曰：升者，有升阶之义，互震、兑，有东西席之分。卦中兑为口，坤为腹，有口腹之事，故知有人相请。客不多者，坤土独立，无同类之卦气也。酒不醉，卦中无坎。味止鸡黍者，坤为黍稷耳。盖卦无相生之气，故知酒不多，食品不丰也。

地风升☷☴，互见震兑☳☱，初爻变地天泰☷☰。

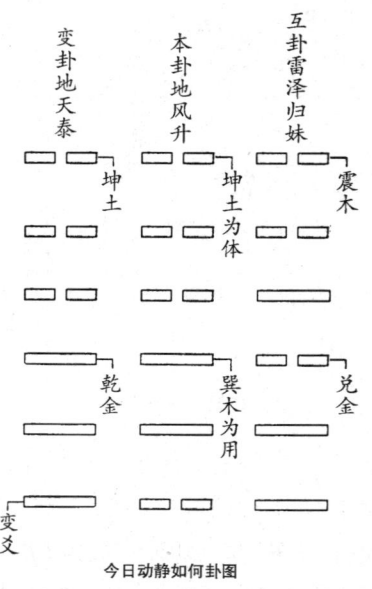

今日动静如何卦图

有客人曾问先生："今日动静如何？"康节先生于是将"今日动静如何"这六个字进行起卦占测。均分六字，用"今天动"之字作为上卦，"今"字为平声，平声则是一数，"日"字为入声，入声则是四数，"动"字为去声，去声则是三数，三字总数为八，八所对应的卦为坤卦，作为上卦。以"静如何"三字作下卦。"静"字去声，去声为三数，"如"字平声，平声为一数，"何"字平声，平声为一数，这三字总数为五，五所对应的卦为巽卦，作为下卦。又用八数和五数相加得十三，用十三除以六，得二余一，一为初爻，初六爻动，得地风升卦。变动地风升卦☷☴的第一爻，变得变卦为泰卦☷☰，互卦见震卦、兑卦。

根据以上这些情况，先生对客人说："今天有人请你吃饭，客人不多，酒也不管够，饭菜一般，菜只有鸡，饭只有黍。"到了当晚，果然应验如神。

推断道：升卦的升字又登上台阶的意思，互卦见震卦和兑卦，此两卦有东西之分，震居东方，兑居西方，即为东席、西席的区分。卦中兑的卦象为口，坤的卦象为腹，象征口腹之事，因此知道有人请吃饭。所说"客不多"，是根据坤卦的土独立存在，并没有同类比和或相生的卦出现。所以说"酒不醉"，是根据卦中没有坎水。所以说"味止鸡黍"，根据是坤卦象征的仅仅是小米杂粮而已，升卦☷又没有相生之气，因此知道酒不多，所以饭菜不会怎么丰盛。

西林寺碑额占 系字画占例

先生偶见西林寺之额，"林"字无两钩，因占之，以西字七画为艮，作上卦；以林字八画为坤，作下卦。以上七画下八画总十五画，除二六一十二，零数得三，是山地剥卦。第三爻动变艮，互见重坤。

断曰：寺者，纯阳之所居，今卦得重阴之爻，而又有群阴剥阳之兆。详此，则寺中当有阴人之祸。问之果然，遂谓寺僧曰："何不添'林'字两钩，则自然无阴人之祸矣。"僧信然，即添"林"字两钩，寺果无事。

又纯阳之人，所居得纯阴之卦，故不吉。又有群阴剥阳之义，故有阴人之祸。若添"林"字两钩，则十画，除八得二为兑卦，合上艮，是为山泽损。第五爻变，动为中孚卦，互卦见坤、震，损者益之，始用互俱生体，为吉卦。可以得安矣。

山地剥☷，三爻变艮☶，互坤☷。

山泽损☶，互见坤震☳，五爻变风泽中孚☴。

以上并是先得数，以数起卦，所谓先天之数也。

邵康节一次来到一座寺庙，叫做西林寺。他偶然抬头看见寺庙的牌额"西林寺"三个字，中间的"林"字无两钩。于是，他用《易经》八卦进行占测。以"西"字算作七画，七数所对应的卦为艮卦，作上卦，以"林"字八画作下卦，八数所对应的卦为坤卦，艮卦上，坤卦下，得山地剥卦☷。上卦数七，下卦数八，共得十五数，十五除以六，得二余三，六三爻动，山地剥卦的第三爻阴爻变为阳爻，剥变为艮卦，剥卦中互卦为两坤卦，即坤上坤下。寺院是纯阳之人（即僧人）所居住的地方，现今得山地剥卦☷，一爻为阳，五爻为阴，多重阴之爻，并且又具有很多阴爻剥阳爻征兆。根据卦象推断，寺院中当有女人所引起的灾祸。

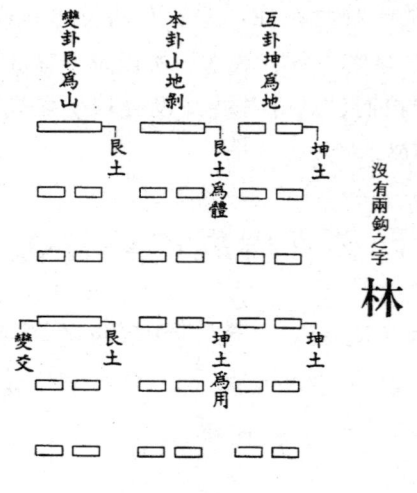

变卦艮为山　本卦山地剥　互卦坤为地

艮土　艮土为体　坤土

没有兩鈎之字

林

变爻　艮土　坤土为用　坤土

西林寺碑额占卦图

  他根据占测的结果，告诉寺里面的和尚，最近以来，寺里必然要连续发生女人之祸。寺里面的和尚听了很吃惊，并告诉邵康节，他们寺里确实是连续发生过这一类祸事，并请邵先生指点迷津。

  康节先生便对寺院里的和尚说："为什么不添上'林'字的两钩呢？这样一来便自然没有因女人而起的灾祸了。"和尚也认为正当如此，便按照邵康节的话去做，在西林寺三字中的"林"字上添加了两钩，寺院里果然再也没有出现此类事情了。

  邵康节对西林寺的预测及改变现状的方法，同样依《易经》中的万物类象进行的。首先，邵康节发现西林寺的牌额上，"林"字没有二钩。按照当时的书写习惯，"林"字通常是带有钩的，这一点，按照他的思维，这是与整体不对称的。或许在我们平常人看来，"林"字有钩还是少了二钩，不会有什么特别的感觉。然而，在一个易学大师邵康节的眼里，这二钩是整体上的缺陷，由点上的缺陷，容易引起整体上的事件，这也是《易经》的点、面之间具有泛对称的连环事件。这又将应在什么事件上呢？于是，邵康节先生便以"西林"二字起卦，因"西"字书写牌额笔迹中间有断笔，因此计七画，"林"字计八画。七为山为艮，八为坤为地，组合起来便是山地剥卦。剥卦的本体意义便是群阴削阳。而寺庙是属于纯阳（男性）的僧人所居住的地方。在纯阳之地的西林寺，出现群阴削阳的卦象。寺院是属于纯阳的和尚居住的地方，却得到了纯阴之卦，因此不吉利。再加上剥卦有群阴剥阳之义，所以推断有因阴人引起的灾祸。因而，邵康节先生据此判断，这寺里一定会出现因女人的事件引发的灾祸。

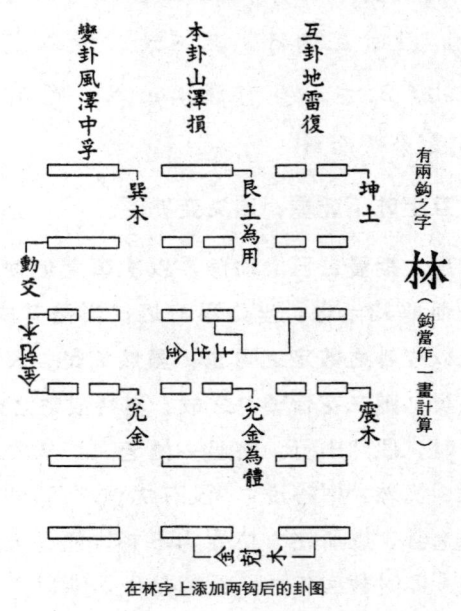

在林字上添加两钩后的卦图

为什么"林"添上二钩就没有事了呢？如果在"林"字加上两钩，此字便成了十画，十除以八余二，二数所对应的卦为兑卦，上卦艮，下卦兑，得山泽损卦☶☱。损卦☶☱的第五爻变，由阴爻变为阳爻，六五爻动，之卦为风泽中孚☴☱，这样一来，阳多阴少，群阴削阳的局面改变了，阳爻占了上风，损卦☶☱的互卦为坤卦、震卦。天之道，损有余以补不足，同时中孚卦又具有诚信正直的卦德。因此卜得损卦，正得天地的增益。损卦☶☱用卦为艮土，互卦坤也属土，均生扶体卦兑金，为吉利卦，以后自然也就平安无事了。

以上的几则卦例，都是先得到数，再以数起卦，即所谓的先天起卦法。

老人有忧色占 端法占例

己丑日卯时，偶在途行，有老人往巽方，有忧色。问其何以有忧，曰"无"。怪而占之，以老人属乾为上卦，巽方为下卦，是天风姤；又以乾一巽五之数，加卯时四数，总十数，除六得四为动爻，是为天风姤之九四。《易》曰："包无鱼，凶。"是易辞不吉矣。以卦论之，巽木为体，乾金克之，互卦又见重乾，俱是克体，并无生气，且时在途行，其应速。遂以成卦之数中分而取其半，谓老人曰："汝于五日内谨慎出入，恐有重祸。"果五日，此老赴吉席，因鱼骨鲠而终。

天风姤䷫ 用/体，互上乾下乾䷀，四爻变巽䷸。

又凡占卜，克应之期看自己之动静，以决事之迟速，故行则应速，以遂成卦之数，中分而取其半也。坐则事应迟，当倍其成卦之数而定之也。立则半迟半速，止以成卦之数定之可也。虽然如是，又在变通，如"占牡丹"及"观梅"之类，则二花皆朝夕之故，岂特成数之久也？

己丑那一天卯时，偶然出行，路遇一位老人，从巽方走来，脸上有忧愁之色。问他为什么忧愁，回答说："没有忧愁。"感到奇怪，便为他占了一卦。老人属乾作上卦，以所在方位巽为下卦，便是天风姤卦䷫。又用乾卦数一、巽卦数五、卯时数四相加，总数是十，除以六，余数是四，为第四爻动。《周易》姤卦的九四爻辞说："包无鱼，起凶。"爻辞已不吉利。就卦来说，巽卦木为体，乾卦金克之；互卦中又出现两个乾卦。全都是克体卦，没有生的气息。而且此时又在途中行走，其应验必迅速。于是用成卦的数十平均分成二半即五日，告诉老人说："你在五天之内，要小心出入，恐怕有大祸。"果然在五天之内，这位老人赴喜宴时，被鱼骨头鲠死。

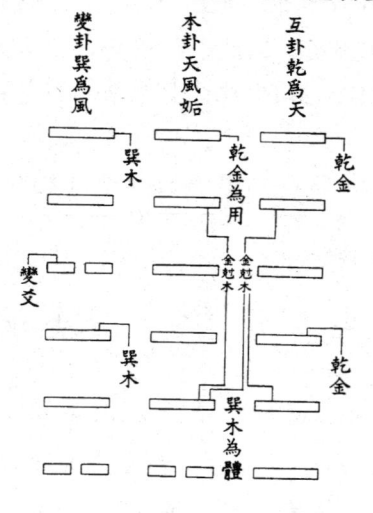

老人有忧色占卦图

凡是占卜应验的期限，看自己的动静，来决断事情的迟速。所以，如果占卦时自己正在行走，其结果应验迅速，用成卦总数的一半来确定应验的时间；如果自己其时正在端坐，事情应验的时间长，应当用其成卦数的双倍之数来确定应验时间。如果自己当时正在站立，则应验的时间则不长不短，只用成卦之数确定应验时间就行了。虽然确定应验的时间分以上三种情况，但又需要变通。例如占牡丹及观梅花之占等，两种花花开花落的时间都非常短暂，哪里还非得用成卦之数那么长的时间呢！

少年有喜色占

壬申日午时，有少年从离方来，喜形于色，问有何喜，曰"无"。遂占之，以少年属艮为上卦，离为下卦，得山火贲。以艮七离三加午时七，总十七数，除十二，得零五为动爻，是为贲之六五。爻曰："贲于丘园，束帛戋戋，吉。"《易辞》已吉矣。卦则贲之家人，互见震、坎，离为体，互变俱生之。断曰：子于十七日内必有聘币之喜。至期，果然定亲。

山火贲䷕ 用/体，互见震坎䷧，五爻变风火家人䷤。

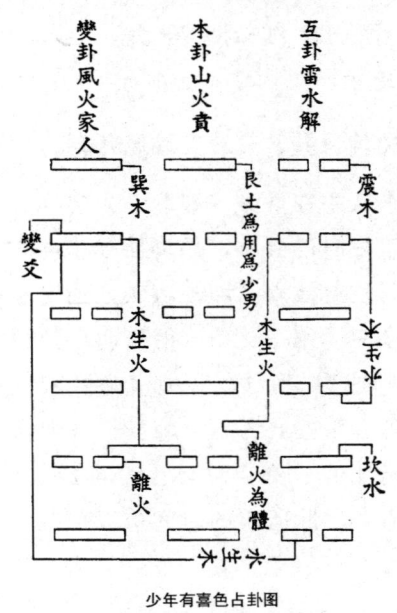

少年有喜色占卦图

壬申日那天的午时，有位少年从离方（正南方）走来，看上去此少年满脸欢喜。问他有什么喜事，他回答说；"没有什么喜事。"于是便为他占了一卦，少年人属于艮卦，为上卦，以离方的离卦为下卦，得山火贲卦。艮卦数七，离卦数三，加上午时七，共得十七数，用十七除以六，得二余数为五，余数五确定动爻，即是贲卦的第五爻动。贲卦六五爻辞说："贲于丘园，束帛戋戋，吉。"《周易》中的爻辞已经吉利了。山火贲卦，变卦又得到风火家人卦，互卦又见震卦、坎卦，离卦为体卦。按五行生克，互卦中的震木、变卦中的巽木，均生体卦离火，使体卦兴旺。后推断道："你在十七天之内，必定有订婚的大喜事。"到了第十七天那位少年果然定亲。

牛哀鸣占

癸卯日午时，有牛鸣于坎方，声极悲，因占之。牛属坤，为上卦，坎方为下卦。坎六坤八，加午时七，共二十一数，除三六一十八，三爻动，得地水师之三爻。三爻《易辞》曰："师或舆尸，凶。"卦则师变升，互坤、震，乃坤为体，互变俱克之，并无生气。

断曰：此牛二十一日内必遭屠杀。后二十日，人果买此牛，杀以犒众。悉皆异之。

地水师䷆体用，互见坤艮䷛，三爻变地风升䷭。

癸卯日午时，有一头牛在坎方（即北方）鸣叫，其声音极为悲哀。因此而起卦占测。牛属于坤卦的卦象，用坤卦作上卦，用方位坎方的坎卦作下卦，便得地水师卦。坎卦数六，坤卦数八，加上午时的七数，共得二十一数，用六除，得三余三，第三爻动，得到地水师䷆的六三爻动。《易经》师卦六三爻辞说："师或舆尸，凶。"地水师的六三爻动，变为地风升卦䷭，师卦的上互卦为坤，下互卦为震。师卦以坤卦为体卦，互卦震、变卦中的巽都属木，按五行生克，都克坤体土，再加上牛的悲鸣，没有生气。因为起卦的时候是站着，因此所应的时间应以成数二十一为准，故断为应验的时间为二十一日左右。

推断道："这头牛二十一天之内，必遭屠杀"。到了第二十天，果然有

牛哀鸣占卦图

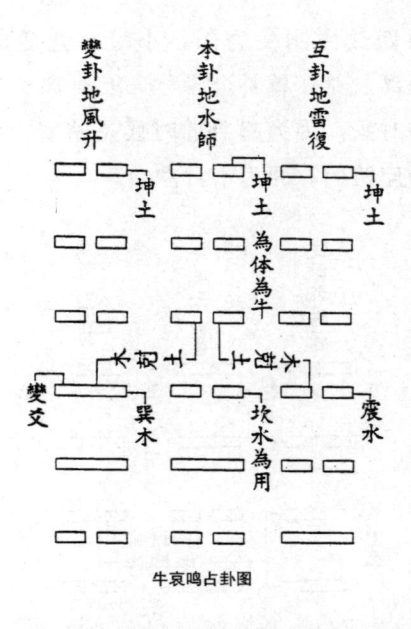

人买了这头牛去杀了，犒赏大众。知道这件事的人都惊异其占断之准。

鸡悲鸣占

甲申日卯时，有鸡鸣于乾方，声极悲怆，因占之。鸡属巽，为上卦，乾为下卦，得风天小畜。以巽五乾一共六数，加卯时四数，总十数，除六，得四爻动，变乾，是为小畜之六四。《易》曰："有孚，血去惕出。无咎。"以血推之，割鸡之义。卦则小畜之乾，互见离、兑。乾金为体，离火克之。卦中巽木离火，有烹饪之象。

断曰：此鸡十日当烹。果十日客至，有烹鸡之验。

风天小畜 用/体，互见离兑，四爻变乾。

甲申日那天的卯时，有一只鸡在乾方鸣叫，声音极为悲怆，因此而占。鸡为巽卦的卦象，就用巽卦作上卦，方位之卦乾为下卦，于是得到风天小畜卦。以巽卦数五，乾卦数一，共为六数，加上卯时的数四，总和为十数，除六余四，为六四爻动，变为乾卦，《易经》小畜六四爻辞说："有孚，血去惕出，无咎。"用"血去"推算，便可推出杀鸡出血的意思。从卦上看，小畜卦的第四爻由阴变为阳，小畜卦就变成了乾卦。按五行生克，小畜卦的互卦是离、兑；乾卦金为体，互卦离火克体卦乾金。卦中巽木生离火，有烹饪的卦象。因为起卦的时候是站着，因此所应的时间应以成数十为准，故断为应验的时间为十日左右。

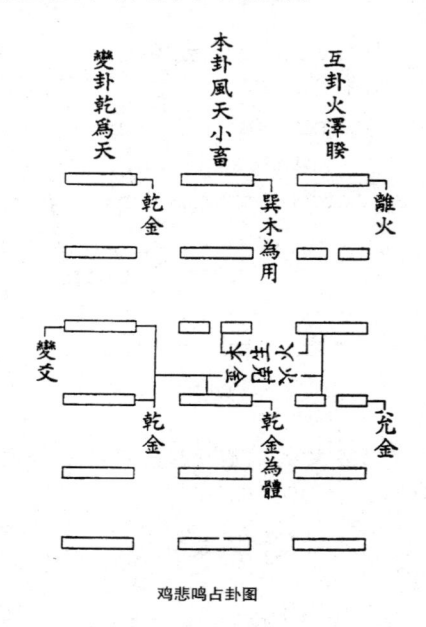

鸡悲鸣占卦图

推断道：这只鸡十天之内应当被宰掉烹饪。果然，第十天有客人来，杀鸡招待客人，应验了。

枯枝坠地占

戊子日辰时，偶行至中途，有树蔚然，无风，枯枝自坠地于兑方。占之，槁木为离，作上卦，兑方为下卦，得火泽睽。以兑二离三，加辰时五数，总十数，去六零四，变山泽损，是睽之九四。《易》曰："睽孤，遇元夫。"卦中火泽睽变损，互见坎、离，兑金为体，离火克之，且睽、损卦名，俱有伤残之义。

断曰：此树十日当伐。果十日，伐树起公廨，而匠者适字"元夫"也。

火泽睽 用／体，互见坎离，四爻变山泽损。

以上诸占例，并是先得卦，以卦起数，所谓后天之数也。

戊子日那一天的辰时，偶然走在路途中，有一棵树长得很茂盛，天没有刮风，树上的枯枝自己坠落在地上的兑方（西方）。于是起卦占测。槁木属离卦的卦象，因此用离卦做上卦，用方位之卦兑卦作下卦，得到火泽睽卦。兑卦属二数，离卦为三数，加上时辰为五数，共有十数，除六余四，九四爻动，便得到了山泽损卦。《易经》睽卦九四爻辞上讲："睽孤，遇元夫。"卦中火泽睽变为山泽损卦，睽卦互卦为坎、离二卦，兑卦金为体，被互卦中的离火所克，而且睽卦和损卦的卦名，都有伤残的意思。于是，推断道："这棵树应当十日内被砍掉。"果然，到了第十天，此树被砍掉用去建造官署衙门，而伐木的人正好叫"元夫"。

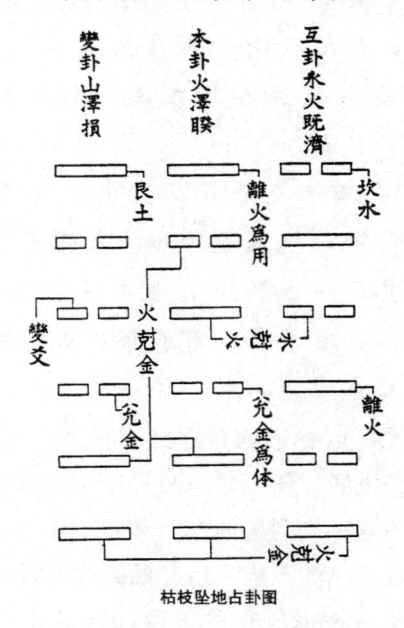

枯枝坠地占卦图

以上的几种占测方法，都是先起卦，再得数，这是以卦起数，即使所谓后天之数的方法。

风觉鸟占

风觉鸟占者，谓见风而觉，见鸟而占也。然非风鸟二占，而谓风觉鸟占也。凡卦之寓物者，皆谓之"风觉鸟占"。如易数，总谓之"观梅之数"也。

所谓风觉鸟占,就是见到风便有所感悟,见到鸟便可以起卦占卜的意思。但是,并非单凭风、鸟两种事物而起卦的占卜才叫做"风觉鸟占"的。凡是由卦所包含的物象而占卦的,都叫做"风觉鸟占"。就象"易数"统称为"观梅之数"一样。

风觉占

风觉占者,谓见其风而觉也,见鸟而占也。凡见风起而欲占之,便看风从何方来,以之起卦。又须审其时,察其色,以推其声势,然后可断其吉凶。

风从何方来者,如风从南方来者为家人①,东方来者为益卦之类。审其时者,春为发生和畅之风,夏为长养之风,秋为肃杀、冬为凛冽之类。

察其色者,带埃烟云气,可见其色。黄者,祥瑞之气;青者,半吉半凶,主白刃;气黑昏者凶,赤色者灾,红紫者吉。

辨其声势者,其风声如阵马,主斗争;如波涛者,有惊险;如悲咽者,有忧虑;如奏乐者,有喜事;如喧呼者,主闹哄;如烈焰者,主火惊。其声洋洋而来,徐徐而去者,吉庆之兆也。

"风觉占",就是看见风有感觉而占卦或看见鸟有感应而占卦的意思。凡是看见风刮起而起卦占测,便要看风从哪个方向刮来,用它刮来的方向起卦。在这同时还必须详审风刮起的时间和季节,详察刮风时云气的颜色和风中尘埃的颜色,以及风的声势,然后根据这些情况判断吉凶。

"风从何方来",就是根据风来的方位起卦的方法。一般是以巽作上卦,风所从来的方向做下卦。如果风从南方来,就是家人卦,这是因为南方属火,风的卦象为巽,巽风作为上卦,离火作为下卦,于是就得到家人卦。如果风从东方来,则用巽风作为上卦,震雷卦作为下卦,于是就得到风雷益卦。其余方向刮来的风,可仿此类推。

"审其时",就是根据时令季节推断风的性质,依据风的性质来推断所卜之事的吉凶,并不用起卦。春季的风为生长万物的和畅之风,夏季的风

---

① 南方属离火,合得风火家人卦。

为万物茂盛的长养之风，秋季的风为遍扫落叶的肃杀之风，冬季的风为冰封大地的凛冽之风。

"观其色"，就是根据风的颜色等属性来判断吉凶，不用起卦。风中的尘埃、烟雾、云气等，各有自己的特征，自然可以观察到第一种风的特征。看见颜色为黄色的风主有祥瑞之气；看见颜色为青色的风，主有一半吉利，一半凶险；看见颜色为白色的风，主有刃气，即肃杀之气。云气颜色黑暗昏浊的预示有大凶，红色的预示有灾难；红紫色的预示有吉祥。

"辩其势"，就是根据风来的声势来判断吉凶，不用起卦。风声像军阵中的战马一样，主有斗争之事；风声像波涛一样，主有惊险之事；风声像悲鸣咽泣，主有忧愁之事；风声像奏乐一样好听，主有喜事；风声像喧哗呼叫一样，主有闹哄之事；风声像烈焰的响声一样，主有火灾之事。风声洋洋而来，缓缓而去，主有吉利喜庆之事。

鸟占

鸟占者，见鸟可占也。

凡见鸟群，数其只数，看其方所，听其声音，辨其毛羽色，皆可起数。又须审其名义，察其鸣叫，取其吉凶。

见鸟而占，数其只数者，如一只属乾，二只属兑，三只属离。

看其方所者，即离南、坎北之数。

听其声音者，如鸟叫一声属乾，二声属兑，三声属离之类，皆可起卦。

听声音者，若夫鸣叫之喧啾者，主口舌；鸣叫悲咽者，主忧愁；鸣叫嘹亮者，主吉庆。此取断吉凶之声音也。

察其名义者，如鸦报灾，鹊报喜，鸾鹤为祥瑞，鸮鹏为妖孽之类是也。

"鸟占"，就是看见鸟便能起卦占测，以定吉凶祸福。凡是看到有一群鸟，要数一数这群鸟有多少只，看一看这群鸟所处的方向位置，或听一听这群鸟叫的声音，辨察这群鸟的羽毛颜色，等等，都可以起卦。还必须审查鸟名鸟类，它们是吉祥之鸟，还是灾害之鸟，辨察其叫的声音，根据这些，以判断吉凶。

"数其只数"，就是根据鸟的数量起卦。如有一只鸟，就属于乾卦，两只鸟就属于兑卦，三只鸟就属于离卦，等等。

"看其方所"，就是根据方向和卦的对应关系，来确定起什么卦。如南方为离卦，北方为坎卦。

"听其声音"，就是根据鸟鸣叫的声音数起卦。如鸟叫一声为乾卦，鸟叫二声为兑卦，鸟叫三声为离卦等等。听其声音，是指鸟叫的声音数；听声音是指鸟叫的属性：鸟叫声喧哗嘈杂的，预示有口舌之争；鸟叫声悲咽凄凉的，预示有忧愁之事；鸟叫声洪亮欢快的，预示有吉庆之事。这是根据鸟声音的区别来预测吉凶。

"察其名义"，就是根据鸟的名字的吉祥与否来判断吉凶。如乌鸦鸣叫主报灾，喜鹊鸣叫主报喜，鸾凤、松鹤鸣叫主有祥瑞，鹗鹏①叫主有妖孽怪异等不祥的征兆。

听声音占

声音者，如静室无所见，但于耳中所闻起卦，或数其数，验其方所；或辨其物声，详其所属，皆可起卦。察其悲喜，助断吉凶。

数其数目者，如一声属乾，二声属兑。

验其方所者，离南、坎北之类是也。

如人语声，及动物鸣叫之声，声自口出者属兑。而静物叩击属震，鼓拍、槌敲、板木之声是也。金声属乾，钟磬钲铎之声是也。火声属离，烈焰爆竹等声是也。土声属坤，筑基、杵垣、坡崩、山裂是也。此辨其物声，详其所属也。

察其悲喜，助断吉凶者，如闻人语笑声，又说吉语娱笑者，有喜也；人悲泣声与怨声、愁语及骂詈穷叹等声，不吉也。

"听声音占"，就是按声音起卦。如在安静封闭的室内，什么也看不见，就可以根据耳朵听到的声音起卦，或者数听到声音的次数，或者审验

---

① 俗称猫头鹰。

声音所发生的方向；或者辨别一下发出的是哪一种声音，这种声音属于哪一种类别，属于哪一卦，凡此种种，皆可以用来起卦。还可以辨别其声音属于悲还是喜，以帮助判断吉凶。

"数其数目"，就是根据声音数来起卦。例如：听到一声，就起乾卦，听到二声，就起兑卦。

"验其方所"，就是根据声音发出的方向对应的处所方位来起卦。例如，声音来自南方，就按离卦起卦；声音来自北方，就按坎卦起卦，等等。

"辨其物声，详其所属"，就是辨别是什么物体发出的声音，这种声音属于什么类别，并以之为依据来起卦。如果察听到人说话的声音，以及动物鸣叫的声音声音是嘴里发出的，就起兑卦。静止的物体叩击的声音，起震卦；像各种摇鼓、木槌敲击的声音，起震卦。金属物体撞击发出的声音，起乾卦；钟磬钲铎这些物体发出的声音，也起乾卦。火声起离卦，像燃烧的烈焰的声音、爆竹发出的声音，都起离卦。土声起坤卦，像打地基、用木棒捣砸土墙、山坡崩滑、山体裂开等泥石所发出的声音，就起坤卦。所谓察其悲喜，助断吉凶，就是根据人们的语声和笑声，又说出吉利的话语，又说出吉祥的话语，有欢乐喜庆的笑声，就是有喜悦的事，是吉利。如果听到他人有悲泣、埋怨声、发愁声、叫骂声、叹息声等等，就可以帮助判断占卦，因为这些都是不吉利的象征。

形物占

形物占者，凡见物形，可以起卦。

如物之圆者属乾，刚者属兑，方者属坤，柔者属巽，仰者属震，覆者属艮，长者属巽，中刚外柔者属坎，内柔外刚者属离，干燥枯槁者属离，有文彩者亦属离，用障碍之势、物之破者属兑。

"形物占"，就是看见了物体的形象便可以起卦。

例如：圆形的物体属于乾卦，因为乾为天、为圆。刚硬的物体属于兑卦，因为兑为金，有坚硬的属性。方形的物体属于坤卦，坤为大地，这是因为天圆地方的缘故。柔顺的事物属于巽卦，巽为风，风有柔软卑顺的性质。仰面朝天的物体属于震卦，震卦的形象如一个开口朝上的碎盂。覆盖于地上的物体用艮卦表示，因为艮卦的卦象好似覆过来口朝下的碗。长的物体用巽卦表示，巽有长、高等性质。内部柔软外面坚硬的事物为坎卦表示，因为坎卦为中间一阳爻外面两阴爻，看上去就外柔内刚。内柔外刚的事物属于离，与坎卦的征象正好相反。干燥枯槁的物体属于离，有火光文采的物体也属于离。物体如果看上去不圆滑，或者是有破损的，属于兑，因为兑有缺毁的象征。

验色占

凡占，色之青者属震，红紫赤者属离，黄色者属坤，白色属兑，黑色属坎之类是也。

这一段讲的和古代相学渊源很深，起卦时参考了流传甚广的相学技法，即通过观察人的气色来起卦。标题为"验色占"，清代诸刻本均为"验"字，唯民国石印本作"脸"字。

凡是"验色占"，青色的用起震卦；红色、紫色、赤色的都起离卦，白色的起兑卦，黑色的起坎卦。

八卦所属内外动静之图

乾	玄黄、大赤色、金玉、珠宝、镜、狮、圆物、木果、贵物、冠、象、马、天鹅、刚物。
坎	水、带子、带核之物、豕、鱼、弓轮、水具、水中之物、盐、酒、黑色。
艮	土石、黄色、虎、狗、土中之物、瓜果、百禽、鼠、黔喙之物。
震	竹木、青绿碧色、龙、蛇、萑苇、竹木乐器、草、蕃鲜之物。
巽	木、蛇、长物、青碧绿色、山木之禽鸟、香、鸡、直物、竹木之器、工巧之器。

离	火、文书、干戈、雉、龟、蟹、槁木、甲胄、螺、蚌、鳖、物赤色。
坤	土、万物、五谷、百禽、丝绵、柔物、牛、布帛、舆、釜、瓦器、黄色。
兑	金刃、金器、乐器、泽中之物、白色、有口缺之物、羊。

八卦万物类占

乾卦

（八宫）	一　金 乾为天　天风姤　天山遁　天地否 风地观　山地剥　火地晋　火天大有
天时	天、冰、雹、霰。
地理	西北方、京都、大郡、形胜之地、高亢之所。
人物	君父、大人、老人、长者、宦官、名人、公门人。
人事	刚健武勇、果决、多动少静、高上屈下。
身体	首、骨、肺。
时序	秋、九十月之交、戌亥年月日时、五金年月日时
动物	马、天鹅、狮、象、良马、老马、瘠马、驳马。
静物	金玉、宝珠、圆物、木果、刚物、冠、镜。
屋舍	公廨、楼台、高堂、大厦、驿舍、西北向居之。
家宅	秋占宅兴隆，夏占有祸，冬占冷落，春占吉利。
婚姻	贵官之眷，有声名之家。秋占宜成，冬夏占不利。
饮食	马肉、珍味、多骨、肝肺、干肉、水果、诸物之首、圆物、辛辣之物。

生产	易生，秋占生贵子，夏占有损，坐宜向西北。
求名	有名，宜随朝内任，刑官、武职、掌权，宜西北方之任，天使、驿官。
谋望	有成，利公门，宜动中有财，夏占不成、冬占多谋少遂。
交易	宜金玉、珍宝、珠、贵货，易成，夏占不利。
求利	有财，金玉之利，公门中得财。秋占大利，夏占损财，冬占无财。
出行	利于出行，宜入京师，利西北之行。夏占不利。
谒见	利见大人、有德行之人，宜见官贵，可见。
疾病	头面之疾、肺疾、筋骨疾、上焦病。夏占不安。
官讼	健讼，有贵人助。秋占得胜，夏占失理。
坟墓	宜向西北，宜乾山气脉，宜天穴，宜高。秋占出贵，夏占大凶。
方道	西北。
五色	大赤色、玄色。
姓字	带金傍者，商音，行一、四、九。
数目	一、四、九。
五味	辛、辣。

乾卦象意说解

本节所谈到的乾卦的象意，是指伏羲所画的八卦之中的乾卦的象意，并非是文王重卦以后的六十四卦之中的乾卦，那包括两个八卦中的乾卦，即乾下乾上。我们后面所讲的七卦，也是如此。八卦模拟了天地的运行，代表着自然界的自然分类——一共八类，因此有八个卦象。

说到乾卦，第一个意义就是代表阳气到了顶点，即芒种后到夏至前的几天。有人可能会问，夏至后入伏，到了小暑、大暑，不是更热吗？阳气不更足吗？事实并非如此。夏至日后，太阳不断向南移动，阳气是一天比一天少，气候要转冷了，虽然气温还是那么高，但是阳气却开始减少了。

乾卦的第二个意义，是说乾卦象征着天地的运行和万物的变化，是永不停息的，就象太阳和地球等永远在不停地运行一样，也就"天行健"的意思。太阳从夏至日起，天天向南行；从冬至日起，天天向北行，亘古如此，永不疲劳。《易经》里说"时乘六龙以驭天"，就是这个永不停息的意思。乾是力量与进取精神的体现，所以用乾来比喻龙，比喻马。因此，我们常常用龙马精神比喻奋发向上的进取精神。

乾卦的第三个意义是天道以指导人事。既然天道的运行是如此的刚健，那么我们中国人做人做事也应该效法天道与自然，永远自强不息，不可轻言放弃。

乾卦的第四个意义是指人的一生中，前面的一半时间里，不断发展与完善，到达体力和智力上的顶点，相当于我们后来所说的"帝旺"阶段。在明清以后，有一种理论，认为生老病死的规律，万物都是相似的，可以把事物发展分为十二个阶段，分别是长生、沐浴、冠带、临官、帝旺、衰、病、死、墓、绝、胎、养。万物至帝旺而盛极，相当于乾卦的阶段，至此而逐渐衰落。

乾卦的第五个意义就是代表最高权威，绝对的支配者。在国家，就是国君；在家庭，就是父亲；① 在军队、社会团体，就是首长；在企业，就是最高决策者。总之，乾卦所代表的人物，都是在一个单位里面，起决定、决策作用的人物，象天一样的人物，是全体成员意志的集中代表者。

乾卦的第六个意义，就是指在人体上，乾为首，表示人的头脑。人的头脑代表着人的意志，控制着人体的全部。

乾卦的第七个意义，乾是独阳，独阳不生，因此代表着干燥与寒冷。乾卦象征的天气特别干燥，没有一点温度，所以古代中国的乾卦的乾字与"乾（干）燥"的乾字就是同一个字。

乾卦的第八个意义，乾代表坚硬。质地比较坚硬、比较集中、不易转换存在状态的事物，都可以归入乾一类。相反，对于温柔的、软的、松散的可以归入坤一类。中医则用乾卦来表示人体高热状态，治疗上就需要用代表阴寒的坤类药物来治疗，就是运用了这一易学思想。

乾卦的第九个意义，在方位上，乾代表西北。因为中国的地热，西高东低，西北代表着中国的最高处和最冷、最干燥处。

---

① 不过在现代的家庭，父亲不一定是最高权威。断卦遇此，不可机械。

如果筮得乾卦,可以推断为一个刚健有力、有钱有权的领导者;企业的董事长、经理、厂长;政府的书记、首脑;军队、警察部门的首长;从事金融业的男子;威严正直、重义气、果决的性格;头、胸部、大肠、肺腑;金玉珠宝、宗教用品、古董文物;辛辣之物;宗教场所,开着一辆圆形的高级车辆,右足踩在坚硬寒冷、易碎的油门上。在拥有;高大建筑物;文化工作者、神职人员、专家教授、老年人;骄横之人;身体某部分硬化症、急性便秘、寒证、结肠之病等等。

坤卦

（八宫）	八　土 坤为地　地雷复　地泽临　地天泰 雷天大壮　泽天夬　水天需　水地比
天时	云阴、雾气。
地理	田野、乡里、平地、西南方。
人物	老母、后母、农夫、乡人、众人、大腹人。
人事	吝啬、柔顺、懦弱、众多。
身体	腹、脾、胃、肉。
时序	辰戌丑未月、未申年月日时、八五十月日。
静物	方物、柔物、布帛、丝绵、五谷、舆、釜、瓦器。
动物	牛、百兽、为牝马。
屋舍	西南向、村居、田舍、矮屋、土阶、仓库。
家宅	安稳、多阴气,春占宅舍不安。
饮食	牛肉、土中之物、甘味、野味、五谷之味、芋笋之物、腹脏之物。
婚姻	利于婚姻,宜税产之家、乡村之家,或寡妇之家。春占不利。
生产	易产,春占难产、有损,或不利于母,坐宜西南方。
求名	有名,宜西南方,或教官、农官守土之职。春占虚名。
交易	宜利交易,宜田土交易、宜五谷、利贱货、重物、布帛,静中有财。春占不利。

求利	有利,宜土中之利,贱货重物之利。静中得财,春占无财,多中取利。
谋望	利求谋,乡里求谋、静中求谋,春占少遂。或谋于妇人。
出行	可行,宜西南行,宜往乡里行,宜陆行。春占不宜行。
谒见	可见,利见乡人,宜见亲朋或阴人。春不宜见。
疾病	腹疾、脾胃之病、饮食停伤、谷食不化。
官讼	理顺,得众情,讼当解散。
坟墓	宜向西南之穴、平阳之地,近田野,宜低葬。春不可葬。
姓字	宫音,带土姓人,行位八、五、十。
数目	八、五、十。
方道	西南。
五味	甘。
五色	黄、黑。

坤卦象意说解

　　坤卦由三个阴爻组成。坤卦代表着大地、母亲、生育、安静、忍耐。佛教中的地藏王菩萨就是因为"安忍不动如大地",因而被称为地藏王菩萨的。

　　坤卦的第一个意义,就是代表着冬天的后一段,代表着大雪以后,冬至以前的一段时间,是太阳在一年中向南移动的最后的一个时段。在坤卦对应的这段时间,万物蛰伏,千里冰封,万里雪飘。动物多穴居,有的冬眠,而在冬天活动的动物,莫不长着厚厚的毛羽。植物都落了叶,或者只在地下保留了生命之根,有的甚至连根也死了,只丢下了种子。鱼儿在冰下继续着生命,也减少了活动,停止了进食。乾卦代表着走向夏至的那个时段,代表着天;坤卦代表着走向冬至日的这一卦,正好代表着地。

　　坤卦的第二个意义,代表着大地。三个阳爻组成的乾卦,代表着永恒的运动,永不停息,所以古人给了个"自强不息"的赞语。三个阴爻组成的坤卦,则代表着相对的停留与休息,表示万物在大地上的存在,因此称大地为母亲，古人用"厚德载物"四个字来赞美大地。

坤卦的第三个意义，是母亲，土地是万物之母。土生万物，土养万物，土载万物，土纳万物，万物之生长繁衍莫不在大地之上，正是万物之母。

坤卦的第四个意义，包容精神，是为人类应有的一种品格。万事万物如果不能包容，不能和谐共处，那这个世界就会在无休止的斗争中走向灭亡。

坤卦的第五个意义，表示人类中的母亲之意、动物中的雌性和母性的个体。母性有无限生机、无限慈爱，古人还用母牛来形容坤卦这一卦的性质。

坤卦与乾卦相对：乾为父，坤为母；乾为天，坤为地；乾为高，坤为低；乾为上，坤为下；乾为干，坤为湿；乾为天玄，坤为地黄；乾代表天道，坤代表地道；乾代表着时间，坤代表着空间，等等。

筮得坤卦，可以断为一个孕妇，一个大腹之人、温顺的人、勤劳温厚、节俭守信之人，五谷杂粮、牛肉、野味、方形的大车、文书、纸张、妇女用品、陶器、石灰。乡村、田野、平原、老家、故乡、广场、空地、平房、农舍，阴天、雾气、潮湿的天气。

震卦

(八宫)	四　木 震为雷　雷地豫　雷水解　雷风恒 地风升　水风井　泽风大过　泽雷随
天时	雷。
地理	东方、树木、闹市、大途、竹木、草木茂盛之所。
身体	足、肝、发、声音。
人事	起动、怒、虚惊、鼓躁、多动少静。
人物	长男。
时序	春三月、卯年月日时、四三八月日。
静物	木竹、萑苇、乐器（属竹木者）、花草繁鲜之物、苍筤竹。
动物	龙、蛇。

屋舍	东向之居、山林之处、楼阁。
家宅	宅中不时有虚惊。春冬吉，秋占不利。
饮食	蹄肉、山林野火、鲜肉、果、酸味、菜蔬。
婚姻	可有成，声名之家，利长男之婚，秋占不宜婚。
求利	山林竹木之财、宜东方求财，动处求财，或山林竹木茶货之利。
求名	有名，宜东方之任、施号发令之职，掌刑狱之官。有茶竹木税课之任，或闹市司货之职。
生产	虚惊，胎动不安，头胎必生男。坐宜东向，秋占必有损。
疾病	足疾、肝经之疾、惊怖不安。
谋望	可望、可求，宜动中谋。秋占不遂。
交易	利于成交。秋占难成，动而可成。山林竹木茶货之利。
官讼	健讼，有虚惊，行移取勘反覆。
谒见	可见，见山林之人，利见宜有声名之人。
出行	宜向利于东方，利山林之人。秋占不宜行，但恐虚惊。
坟墓	利于东向，山林中穴，秋不利。
姓字	角音，带木姓氏，行位四、八、三。
数目	四、八、三。
五味	酸味。
五色	青、绿、碧。

震卦象意说解

　　震仰盂，是说震卦这个符号由一阳二阴组成，二阴在上，一阴在下，正向一个正向放置的钵盂。震卦表示春天来了，一阳从下而上发生，冲破阻碍，奋发向上，蓬勃而起。震卦表示太阳不断从南向北移动，阳气开始发生，阴气逐步减少，不断驱逐着冬天的寒气，春暖花开。天空打雷是这时候自然界最大的特征，是最令人振奋的现象。隆隆的雷声振动了大地，也振奋了人心，带来了春雨春风，和万物萌动，生命蓬勃发展。于是，我们将一阳上有二阴的这个八卦符号命名为震。震是什么？震就是雷的振动，声音很大，力量无穷。八卦是自下而上画成的，象征着一阳自下而上，不断增强，冲破上面的二阴，万物开始复苏，蛰伏的昆虫开始出来活动。

震卦的第一个意义就是动，因为雷震动了万物。

震卦的第二个意义，就是声音很大，一切喧闹的地方、声音很大的地方，都可以用震卦来表示。

震卦的第三个意义，象征着长子、成年人。家庭成员中，长负有更大的责任，处于同一辈人的领导地位，为了生产与生活，他出的力气大，脾气也大，非如此难以组织全家人同心协力，这样又用震卦表示家庭成员中的长子。在国家机器中，只有军队才是力量的象征，所以又用震表示军队，表示军人，表示军队中的首长。

震卦的第四个意义，就是象征着正面的东西，如人的腿足。

震卦的第五个意义，象征愤怒。因为愤怒的人总是要大声喧闹。震卦的第六个意义，是象征着春天。种子从地下往地上长，先生根，后发芽。

震卦的第六个意义，是指迅速。因为雷声闪电的速度是非常快的，所以一切震卦可以描述一切高速的东西、迅速的行动。

震卦的第七个意义，是指绿色。因为雷的震动，春天大地开始披上了绿装，所以用这个符号表示绿色，表示树木，表示人发怒时胆汁分泌增多，刺激胃肠，古人说听一言将人的肝胆气炸，这样又用这个符号表示表示肝胆。

震卦的第八个意义，象征着生育。古人发现，在春天，动物开始怀孕繁衍，植物开始发芽生长，这震卦又像是子宫里的胎儿。

震卦的第九个意义，是指东方。因为天气暖和了，太阳越来越热了，就好像太阳从东方升起，于是人们又用这个符号表示东方。

总之，古人将每年中这第一个八分之一时间段落里自己周围的空间中发生的自然现象与社会现象都与震这一卦相联系，并作了归类总结。这一段时空中万物的一切运动，都可以用震卦来表示。

如果筮得震卦，可以断为一个好动、勤奋、有才干、性格直爽的小伙子。他可能从事着警察或部队的工作，前途无量。震卦对应着腿足、肝胆等人体部位，如果是占病，要小心这些地方。如果是占生育，那就恭喜了，您将喜得贵子。如果是占职业，您将从事一个与电有关的职业或者是喧闹的场所工作的职业。你如果是占来人，那将是一位粗心、性急而且大声吵闹的人。

巽卦

（八宫）	五　木 巽为风　风天小畜　风火家人　风雷益 天雷无妄　火雷噬嗑　山雷颐　山风蛊
天时	风。
地理	东南方之地、草木茂秀之所、花果菜园。
人物	长女、秀士、寡妇之人、山林仙道之人、寡发、广颡、多白眼。
人事	柔和、不定、鼓舞、利市三倍、进退不果，长，高，工。
身体	股肱、气、风疾。
时序	春夏之交、三五八之月日时、三月，辰巳年月日时。
静物	木香、绳、直物、长物、竹木、工巧之器。
动物	鸡、百禽、山林中之禽虫。
屋舍	东南向之居、寺观楼园、山林之居。
家宅	安稳利市。春占吉，秋占不安。
饮食	鸡肉、山林之味、蔬果、酸味。
婚姻	可成，宜长女之婚。秋占不利。
生产	易生，头胎产女。秋占损胎，宜向东南坐。
求名	有名，宜文职，有风宪之力。宜入风宪，宜茶课竹木税货之职，宜东南之任。
求利	有利三倍，宜山林之利。秋占不吉，竹木茶货之利。
交易	可成，进退不一。交易之利，山林交易，山林茶木之类。
谋望	可谋望，有财，可成。秋占多谋少遂。
出行	可行，有出入之利。宜向东南行。秋占不利。

谒见	可见，利见山林之人，利见文人秀士。
疾病	股肱之疾、风疾、肠疾、中风、寒邪、气疾。
官讼	宜和、恐遭风宪之责。
坟墓	宜向东南方，山林之穴，多树木。秋占不利。
姓字	角音，草木傍姓氏、行位五、三、八。
数目	五、三、八。
方道	东南。
五味	酸味。
五色	青、绿、碧、洁白。

巽卦象意说解

伏羲画八卦时，通常用阴爻表示下半年。阴爻上面再画一阳爻，表示上半年的前一半，即秋天。再在阳爻上面画一阳爻，表示秋天的前一半时间。这个卦就是一阴爻上面有二阳爻，就是巽卦。巽卦表示风，表示早秋，表示天象从炎热向凉爽转变，表示一阴生于二阳之下，太阳从夏至日向南移动，阴气逐步显现。有道是"早晨立了秋，下午凉飕飕"，尽管总体上天气仍然较热（因为有二阳），可是寒冷一天天增强，炎热一天天退却，万物明显感到的气温开始下降。我们的祖先总是从大自然中寻找最显著的自然现象来给卦象起名字，于是就选择了秋风的意象作为这一卦的名字。因为代表着秋风，因此巽卦就是风卦。因为风有无孔不入的特性，故而用巽表示入的意象。秋风来到，万物即开始准备寒冬的到来。昆虫开始为蛰居作准备，鸟儿生了新羽，兽长新的细毛，以备越冬。巽就是顺大自然的变化之势，及时进入退却阶段，才能使生命继续进而获得新生。古人总结说，巽者入也，巽者顺也。万物在顺从大自然的时候，与天地同行，才能并行而不悖。

巽卦的第一个意义，就是风。秋风，早秋的风。

巽卦的第二个意义，就是入。风有流动不居的特性，有渗入的特性，并承载着能量。

巽卦的第三个意义，就是顺。风的特性，和乾卦不同，并非是勇往走前，无紧不摧。巽卦的特性，是顺势而为，就象道家的道法自然。顺应大自然，利用一切现有的条件，合理进行的计划，达到预定的目标，是巽卦给予我们的启示。

巽卦的第四个意义，就是巽卦有灵性。对应在人事上，常常代表着有灵性的人，练功的人，宗教人士。因为巽代表着长女，因此筮得巽卦的时候，常常对应着按照一定条件划分后的团体中年龄较长的女性。

巽卦的第五个意义，是对应着人体的呼吸系统。因为巽有灵性，也往往指神经系统。如果占问疾病，即指呼吸系统或者是神经系统的疾病。

巽卦的第六个意义，就是代表着道路。因为风行的道路无孔不入，巽卦往往指长轨道、窄路、狭长的路等。有这些道路的场所，如机场、码头，也对应着巽卦。

筮得巽卦，可断为她是一位柔和细心、责任心强的处女。巽卦常常指山村里的动物，鸡、鸭、鹅等家禽。巽卦指有灵性的人，对应着宗教人士、专业技能人。巽卦对应着外柔内刚的人，头发稀少、三白眼，且薄情多欲，极爱清洁和疑惑说谎的人，仙人、气功师及商人、医生、造谣者。巽卦对应的疾病，为神经炎之神经痛、坐骨神经之寒痹痛和呼吸哮喘、大腿上的毛病、肠疾胀气、病情不稳定，等等。

坎卦

（八宫）	六　水 坎为水　水泽节　水雷屯　水火既济 泽火革　雷火丰　地火明夷　地水师
天时	雨、月、雪、霜、露。
地理	北方、江湖、溪涧、泉井、卑湿之地（沟渎池沼、凡有水处）。
人物	中男、江湖之人、舟人、盗贼。
人事	险陷卑下，外示以柔、内序以利，漂泊不成、随波逐流、隐伏智利。
身体	耳、血、肾。
时序	冬十一月、子年月日时、一六之月日。

静物	水，带子、带核之物，弓轮矫輮之物，酒器水具，于木为坚多心。
动物	豕、鱼、水中之物。
屋舍	向北之居、近水、水阁、江楼、茶酒肆、宅中湿地之处。
饮食	豕肉、酒、冷味、海味、羹汤、酸味、宿食、鱼、带血、淹藏、有带核之物、水中之物、多骨之物。
家宅	不安、暗昧、防盗。
婚姻	利中男之婚，宜北方之姻，不利成婚，不可婚辰戌丑未月。
生产	难产有险，宜次胎男，中男。辰戌丑未月有损，宜北向。
求名	艰难，恐有灾陷。宜北方之任，鱼盐河泊之职。
求利	有财失，宜水边财，恐有失陷。宜鱼盐酒货之利，防阴失，防盗。
交易	不利成交，恐防失陷。宜水边交易，宜鱼盐酒货之交易，或点水人之交易。
谋望	不宜谋望，不能成就。秋冬占可谋望。
出行	不宜远行，宜涉舟，宜北方之行。防盗，恐遇险阻陷溺之事。
谒见	难见，宜见江湖之人，或有水傍姓氏之人。
疾病	耳疼、心疾、感寒、肾疾、胃冷水泻、痼冷之病、血病、加忧、为血卦。
官讼	不利，有阴险，有失困讼，失陷。
坟墓	宜北向之穴、近水傍之墓，不利葬。
姓字	羽音，点水傍之姓氏，行位一、六。
数目	一、六。
方道	北方。
五味	咸、酸。
五色	黑。

坎卦象意说解

坎卦一阳二阴，阴占上风，阳占下风，而且阳爻还处于被包围之中。坎卦在气象上讲，相当于晚秋。在黄河流域，晚秋这一段时间是一年又一个多雨的季节，"淫雨霏霏"，说的就是这个时候。这一段时间秋雨过多，有的年份这一段能接连下几十天雨，雨在天上是云，在地上是水，秋雨统治了这个世界，地上到处都是水，是水让江河横溢，因此坎卦即是水卦。水卦外表顺从而柔情，实际却刚强，容易使人沉溺其中却难以自拔。水面很平，却潜藏着无比的凶险。因此坎卦代表着凶险与陷阱。因此，总结坎卦的意义如下：

坎卦的第一个意义，就是水。坎卦代表的时令就是雨季，坎卦正是水卦。一切有水的地方，江河湖海等，均可以用坎卦来表示。

坎卦的第二个意义就是寒冷，因为坎卦代表的节气是寒冷。冷藏、冷冻等，也可以用坎卦来表示。

坎卦的第三个意义，就是凶险。筮得此卦象，一定要小心在现实平静的表面下，暗藏着凶险。这就好比大水聚集在一起，小而冲出了坑陷，而外面看起来恰恰是水平如镜。

坎卦的第四个意义，就是北方之卦。因为北方是与其相配的。

坎卦的第五个意义，就是盗贼。坎，险也。因而一切有对我方不利的因素，均可归为此卦象中。

坎卦的第六个意义，就是辛劳。这个卦代表着社会下层人士，代表着处境的艰难。因为坎，陷也。

坎卦的第七个意义，就是黑色。坎卦的阳爻陷入了二阴之中，代表着光线少的地方，黑暗的地方，对应的颜色就是黑色。

坎卦的第八个意义，就是肾脏和血液。如果占病有此卦象，就要小心这方面的疾病。

总之，如果筮得坎卦，代表着与水有关的人，与水有关的职业，凶险的人，凶险的行业，代表着咸味的饮食，腌腊的食物，代表着一个人聪明善谋，有主张，代表着数学家、发明家、书法家等有思想的人，代表着外表柔弱、内心刚强的女子，代表着地下室、牢狱等。

离卦

（八宫）	☲ 火 离为火　火山旅　火风鼎　火水未济 山水蒙　风水涣　天水讼　天火同人
天时	日、电、虹、霓、霞。
地理	南方、干亢之地、窑、灶、炉冶之所、刚燥厥地、其地面阳。
人物	中女、文人、大腹、目疾人、介胄之士。
人事	文画之所、聪明才学、相见虚心、书事。
身体	目、心、上焦。
时序	夏五月，午火年月日时，三二七日。
静物	火、书、文、甲胄、干戈、槁衣、干燥之物、赤色之物。
动物	雉、龟、鳖、蟹、螺、蚌。
家宅	安稳、平善，冬占不安，克体主火灾。
屋舍	南舍之居、阳明之宅、明窗、虚室。
饮食	雉肉、煎炒、烧炙之物、干脯之类、热肉。
婚姻	不成，利中女之婚。夏占可成，冬占不利。
生产	易生。产中女。冬占有损，坐宜向南。
求名	有名，宜南方之职、文官之任，宜炉冶坑场之职。
求利	有财，宜南方求，有文书之财。冬占有失。
交易	可成，宜有文书之交易。
谋望	可以谋望，宜文书之事。
出行	可行，宜动向南方，就文书之行。冬占不宜行，不宜行舟。
谒见	可见南方人。冬占不顺，秋见文书、考案、才士。
官讼	易散，文书动，辞讼明辨。
疾病	目疾、心疾、上焦、热病、夏占伏暑时疫。

坟墓	南向之墓，无树木之所，阳穴。夏占出文人，冬占不利。
姓字	征音，带火及立人傍姓氏，行位三、二、七。
数目	三、二、七。
方道	南。
五色	赤、紫、红。
五味	苦。

离卦象意说解

离卦的卦象，是两阳爻之间夹一阴爻。象征着外刚而内柔，就象火一样，外面释放着热量，火焰的温度很高，而燃烧中心的温度并没有火焰高。因此，离卦的第一个意义，就是通常象征着火。

从此引申开去，因为向外释放着能量，因此，离卦的第二个意义，也表示着太阳，也表示着光明。

离卦的第三个意义，表示着美丽。因为太阳一天天由北向南移动，带来了阳光和热量，春暖花开，桃李春风，山花遍野。

离卦的第四个意义，在季节上象征着晚春，百花竞放、日光明媚的晚春。

离卦的第五个意义，表示着南方。因为太阳运动到了南方，就代表着温暖与热量。离为火，因此在方位上代表南方。

离卦的第六个意义，表示着中空的物体。后来，常常被用来表示人的心脏。因为从卦象看，阳为有，阴为无，阳为实物，阴为虚。二阳夹一阴，是一个中空的卦象。正象征着外刚内柔的中空之物，就象一个空盒子。

离卦的第七个意义，就是表示中女。这是离卦在古代就常常被使用的意象。

离卦的第八个意义，就是表示时间上的短暂。因为美丽的事物都不是非常长久的，好花不常开，好景不常在。人们总是希望美好的事物存在的长久一些，因此总是觉得美丽的东西存在的时间太短暂，故而离卦常常被用来表示与美好事物的分离，与亲人的离别，与朋友的离别等。

如果这样联系下去，离卦的意义是无穷无尽的，只要符合离卦的卦象，任何事物都可以用这一卦来表达。

筮得离卦，象征着你会碰到一个美丽的中女。她的年龄也许很小，但在家中排行居中。她性格火辣，美丽大方，虚心处事，知书达理，眼睛大大的，乳房高高的，穿着紫色的服装。离卦象征的场所，都在阳光充沛的地方，比如大会堂、风景名胜地、教堂、学校来。此外，你还要小心以下事件，烧伤、烫伤、发烧炎症、血液血压病和肥大症。你碰到的人肚子很大，性子急躁，或许有眼睛的毛病，也许他还便秘。如果你想占问物事，离卦象征着文书，一切有文字的东西，比如美术字画、书报杂志、文章证件。好了，越说越多了，您自己细细看一下离卦代表的东西吧。

艮卦

（八宫）	七　土 艮为山　山火贲　山天大畜　山泽损 火泽睽　天泽履　风泽中孚　风山渐
天时	云、雾、山、岚。
地理	山、径路、近山城、丘陵、坟墓、东北方。
人物	少男、闲人、山中人。
人事	阻滞、宁静、进退不决、反背、止住、不见。
身体	手、指、骨、鼻、背。
时序	冬春之月、十二月、丑寅年月日时、土年月日时、七五十数月日。
静物	土石、瓜果、黄物、土中之物。为门阙、为果蓏、于木为坚。
动物	虎、狗、鼠、百兽、黔喙之物。
家宅	安稳，诸事有阻，家人不睦。春占不安。
屋舍	东北方之居、山居，近石、近路之宅。
饮食	土中物味、诸兽之肉、墓畔竹笋之属、野味。
婚姻	阻隔难成，成亦迟，利少男之婚。春占不利，宜对乡里婚。

求名	阻隔无名，宜东北方之任，宜土官山城之职。
求利	求财阻隔，宜山林中取财。春占不利，有损失。
生产	难生，有险阻之厄。宜向东北，春占有损。
交易	难成，有山林田土之交易。春占有失。
谋望	阻隔难成，进退不决。
出行	不宜远行，有阻，宜近陆行。
谒见	不可见，有阻，宜见山林之人。
疾病	手指之疾、脾胃之疾。
官讼	贵人阻滞、未讼未解、牵连不决。
坟墓	东北之穴，山中之穴。春占不利，近路边有石。
姓字	宫音，带土字傍姓氏，行位五、七、十。
数目	五、七、十。
方道	东北方。
五色	黄。
五味	甘。

艮卦象意说解

艮卦，艮卦卦象一阳爻在上、二阴爻在下，阳少阴多，阳小阴大，因而上小下大，有山象。所以艮卦的正象为山。艮卦还有一层意思，就是表示有阻碍，困难，事物的发展被阻碍，象山路一样难行。艮卦还表示一个事物发展已经达到了顶点，到达了转折点、拐点，必须谨慎小心从事，否则事物就要向相反方向发展了。艮卦阳爻在上，阴爻在下，故而还能表示一种向下向右发展的趋势。艮卦阳少阴多，故而还能表示表面实的、内里虚的或上实下虚的事物。

艮卦的第一个意义，就是表示它表示自然界的高山，山静静地稳稳地立在大地上，岿然不动。

艮卦的第二个意义，就是阻止、阻挡，也是取象于山的意义，大山是阻止人们前行的。各家各户各房各室的门、还有城门与国门，都是隔离与阻挡外人随便进入的。

艮卦的第三个意义，是指静止。事物发展到一定的阶段，都有一个相对的稳定期，相对静止。百尺竿头，我们必须慎之又慎。

艮卦的第四个意义，是指少男，即少年男子。山上树木郁郁葱葱，富有生气。少年男子，也是人类最富有朝气和力量、最富有生命力的一个群体，正像是早上八九点钟的太阳。

艮卦的第五个意义，指四肢。艮为手，艮为足。在人体，艮为胃。

艮卦的第六个意义，是指四足的百兽和家畜。这也是从第五个意义衍生出来的。

总之，如果筮得艮卦，你会碰到一个朝气蓬勃的小伙子，或许他的手上拿着石块、凳子之类，牵着狗，沉着、冷静地在丘陵、坟墓、土包、假山处行走。艮卦象征着堤坝、山路的最高点、矿山采石场等。艮卦还象征着脾胃不食虚胀、鼻炎和手脚背之疾病，而且还指关节麻木、手指肿瘤、结石和气血不通、血液循环不定之病。艮卦的物象，指钱包、伞、屏风、手套等一切有止的意义的东西。艮在气象上，还指有云无雨、无风、雾气的天气。

兑卦

(八宫)	二　金 兑为泽　泽水困　泽地萃　泽山咸 水山蹇　地山谦　雷山小过　雷泽归妹
天时	雨、泽、新月、星。
地理	泽、水际、缺池、废井、山崩破裂之地、其地为刚卤。
人物	少女、妾、歌妓、伶人、译人、巫师。
人事	喜悦、口舌、谗毁、谤说、饮食、毁折、附决。
身体	舌、口、肺、痰、涎。
时序	秋八月、酉年月日时、金年月日、二四九数月日。
静物	金刃、金类、乐器、缺器、废物。

动物	羊、泽中之物。
屋舍	西向之居,近泽之居,败墙壁宅,户有损。
家宅	不安,防口舌。秋占喜悦,夏占家宅有祸。
饮食	羊肉、泽中之物、宿味、辛辣之味。
婚姻	不成,秋占可成。又喜主成婚之吉,利婚少女,夏占不利。
生产	不利,恐有损胎、或则生女。夏占不利,坐宜向西。
求名	难成,因名有损。利西之任,宜刑官、武职、伶官、译官。
求利	无利,有损财利,主口舌。秋占有财喜,夏占破财。
出行	不宜远行,防口舌或损失。宜西行,秋占宜行,有利。
交易	不利,防口舌,有争竞。夏占不利,秋占有交易之财喜。
谋望	难成,谋中有损。秋占有喜,夏占不遂。
谒见	利行西方,见有咒诅。
疾病	口舌咽喉之疾、气逆喘疾、饮食不餐。
坟墓	宜西向,防穴中有水,近泽之墓。夏占不宜,或葬废穴。
官讼	争讼不已,曲直未决,因公有损,防刑。秋占为体得理,胜讼。
姓字	商音,带口字金字傍姓氏,行位四、二、九。
数目	二、四、九。
方道	西方。
五色	白。
五味	辛辣。

兑卦象意说解

兑卦二阳爻在下,一阴爻在上,上虚下实,上小下大,因此兑卦一般表示向上发展的趋势。二阳爻如沼泽之底部厚重,阴爻有浅水之象,因此兑卦正象为沼泽。兑卦二阳爻在下,一阴爻在上,代表着事物有向上有发展的趋势。占卦时，象征着外柔软、内里刚硬、外虚内实的东西。

兑卦的第一个意义，就是表示湖泊沼泽，这也是兑卦的正象。

兑卦的第二个意义，就是表示喜悦。兑卦的卦象，正象口，一个喜悦的人张开的口。兑是快乐的意思，现在人们说兑现，也是高兴的事情。

兑卦的第三个意义，就是象征着事务的上升阶段。兑卦二阳爻在下，一阴爻在上，表示阳气很旺盛，但不是最旺盛。这种状态的好处是还有发展的余地，还处于上升阶段。

兑卦的第四个意义，就是表示西方。

兑卦的第五个意义，就是表示少女，温柔的女性。

兑卦的第六个意义，就是表示歌唱以及歌唱的场所。关于兑卦就说到这儿，由这种联想与命名的过程看，我们为每一卦所纳的事物，都是同一时空状态下万物与人事共同相处的境界。古人想问题总是将同一地点、同一时间范围内的万物与人事联系在一起，用一个卦象进行表示，这是自然而然的，因为世界是一个整体，万事万物莫不紧密地联系在一起。在同一境界中出现的一切，实际上是有共同原因的。用佛教的话说，就是缘分。物以类聚，人以群分。非我族类，其心必异。古人总是从事体的观念、普遍联系的观念出发，来研究自然与社会。相对于对个体的关注，古人显然更重视事物的群体性和外部的大环境。相对于我们当今"头痛医头、脚痛医脚"的处理问题的方式，这种思维方法要高明多了。

总之，如果筮得兑卦，象征着现实中的她是一个集笑、骂、吵闹、用口说唱的可爱的少女明星，是风头正劲的超女。兑卦还表示翻译、教授、牙科医生和老师，金融界、经销人员兼失败、破坏者，或者是一位钢琴音乐家。兑卦表示的场所是沼泽地、坑洼地边的井坑、旧屋宅以及欢乐喜庆的地方。兑卦表示饮食用品和带口的器物，等等。

万物之象，庶事之多不止于此。占者宜各以其类而推之耳。

梅花易数卷二

梅花易数是中国传统预测学中一个最重要的分支。梅花易数预测法起卦快速，断卦灵活，要言不烦。本章讲的主要是断卦的技巧。包括体用、生克以及十八类大占等。起同样的卦，可以断出不同的结果，运用之妙，存乎一心。

"梅花易数"的核心就是"数"，卦从心生，数从心得。要么先起卦后得数，要么先得数后起卦。如果离开了数，梅花易数便不可能准确地进行起卦或者断卦。那么，如何准确地得数或准确地得卦呢？除了技巧上的灵活掌握以外，用"心"是关键。因此，梅花易数也叫做"心易"，其基本原则是"不立文字，会心为上"。一个人如果有高深的修养，或者通过修行，达到物我合一，人天两忘的境界，自然起卦和断卦不再繁难。这也是许多占测术的不二法门。此中深意，只可意会，不可言传。

心易占卜玄机

天下之事有吉凶，托占以明其机。天下之理无形迹，假象以显其义。故乾有健之理，于马之类见之。故占卜寓吉凶之理，于卦象内见之。然卦象一定不易之理，而无变通之道，不可也。易者，变易而已矣。至如今日观梅复得革兆，有女子折花，异日果有女子折花，可乎？今日算牡丹得姤兆，为马所践，异日果为马所践毁，可乎？且兑之属，非止女子。乾之属，非止马。谓他人折花有毁，皆可切验之真，是必有属矣。嗟呼！占卜之道，要变通。得变通之道者，在乎心易之妙耳！

梅花易数起卦断卦，非常玄妙。这一段讲的是断卦的学问。大概的意思是说，天下万事万物莫不有吉凶成败，难以明察，但是我们可以凭借易占来了解其深奥玄妙的道理。天下万事万物的内在运行规律并不是非常明显，易于掌握的，而是没有形迹，难于识见的，但是凭借易象，我们就可以对其进行认识和掌握。比方说，乾卦有刚健的涵义，我们在断卦的时候，如果有乾象，就可以断为马类。因此，占卜的形式寓涵了事物发展的吉凶趋势，我们可以通过研究卦象而通晓明白。但是，如果仅仅机械地按照既定的卦象内容进行推断，而不懂得变通，那是绝对不行的。我们前面说过，"易"一名而含三义，"变易"是其重要的方面。《连山》、《归藏》和《周易》，史称"三易"。其中，《周易》就是占变的。易占法的理论核心，就是在于"通变"二字，所谓"穷则变，变则通，通则久"。比如我们今天去观梅起数，又得革卦，如果仍然机械地按照邵雍先生的卦例，断为几天后必有女子折花断股，那结果必然是不准确的。如果我们今天算牡丹又得姤卦，邵雍先生得姤卦后断为牡丹为马所践毁，我们也一成不变地来应用他的推断，说过几日有马来践踏牡丹花，那就会贻笑大方了。这是为什么呢？这是因为，兑卦之类的取象非常多，具体如何取象，要结合当时的情况，根据外应和时间、地点等等，直接判断，最好脱口而出，并不依赖成法。如果再三思索，一一推算，即落下乘，失去梅花易数的本义了。在取象时，要活学活用，并不一定要把那些所举的类象一一记在脑子里，而只需掌握八卦象意的精神即可。占卜之道，关键在于取得卦象之后，根据具体情况来揭示事物的内在运行规律，灵活、圆融、通达，不可固执一端。明白了易占的变通之道，就可通晓易道的奥妙玄机了

占卜总诀

　　大抵占卜之法，成卦之后，先看《周易》爻辞，以断吉凶。如乾初九"潜龙勿用"，则诸事未可为，宜隐伏之类；九二"见龙在田，利见大人"，则宜谒见贵人之类。余皆仿此。

　　次看卦之体用，以论五行生克。体用即动静之说。体为主，用为事应。用事体及比和，则吉；体生用及克体，则不吉。

　　又次看克应。如闻吉说见吉兆则吉，闻凶说见凶兆则凶；见圆物事易成，见缺物事终毁之类。

　　复验己身之动静。坐则事应迟，行则事应速，走则愈速，卧则愈迟之类。

数者既备，可尽占卜之道。必须以易卦为主，克应次之。俱吉则大吉；俱凶则大凶；有凶有吉，则详审卦辞，及克用体应之类，以断吉凶也。要在圆，机不可执。

《占卜总诀》这一节，讲的是断卦的方法和程序。

首先，起卦之后，可以查看《周易》的卦辞、爻辞来占断吉凶。如占得乾卦初九爻动，其爻辞是"潜龙勿用"，那么就可知外在形势的大的基本面对自己不利，时机还没有成熟，什么事情都难以有所作为，应该韬光养晦，以待时机。如占得乾卦九二爻动，其爻辞是"见龙在田，利见大人"，那么就是说，时机已经有了，但还没有非常成熟，这时可以做一些准备工作，比如可以去拜谒贵人。其他卦爻辞皆可根据此类规则而推断。

其次以体用、五行生克、比和关系来推断吉凶。"体用"即指"动静之说"，即根据动爻来区分体卦、用卦。在前面的卦例中，我一一标出了体卦用卦。六十四卦的任意一卦，都是两个八卦相重而成，均可分为上下两个八卦的卦象。得卦之后，察动爻所在。不论动爻在上卦还是下卦，其所在的那个八卦，即为用卦；不变的则是体卦。在断卦中，体卦为主，为自己；用卦为次，为所占之事，或所占之人。用卦生体卦，或者体用比和，则所谋吉利；体卦生用卦，或用卦克体卦，不吉，谋望难成。

再次，通过外应来帮助占断吉凶。所谓"外应"，就是本节中所说的"克应"，即成卦或析卦的这个时间段中，外在事物的突然变化。比方说，听到有人说吉利的话语，或看到某些好兆头，就是吉利的先兆，可以断为吉；听到有人正说凶恶的话语，或见到某些凶恶的兆头，则可断为不吉而凶。如果见到圆物，则预示事情容易办成功；如果见到残缺、损坏了的物体，则预示事情不顺、最终不成。这是因为，万事万物具有普遍联系，外在事物的细微变化恰恰预示了事物变化发展的趋势。依此而断，百不失一。

最后，根据占卜时自己的动静状况来确定应验之期。如果起卦时自己是坐着的，则表示所推算的结果应期较迟；如果起卦时自己是在行走中，则表示应期较短，所推算的结果会迅速到来。如果起卦时自己是在跑动，则表示所推算的结果应验更为迅速；如果起卦时自己是躺着的，则表示所占问事情的应验最为迟缓。当然，对于动静状况的理解，不可机械。我们不仅仅可以根据自己的动静状况来帮助判断应验之期，也可以考察来求占者的动静来确定应验之期。比哪，来求占的人是跑着来的，走着来的，开车来的；神情是舒缓的，还是急切的，等等。这都可以作为外应来帮助占断。

对以上几种情况都予以考察，就可以说是完全掌握了占卜的道理，全面通晓了占卜之术。断卦时必须以易卦为主，以克应关系为次。二者都吉利，结果就会有大吉利。二者都凶险，结果就会十分凶险。如果易卦和克应的关系比较复杂，既有吉又有凶，就要仔细考察卦辞是吉是凶，以及体用生克比和的具体状况和克应所预示的吉凶涵义，结合考察易卦和克用体应之间的关系，来推断时吉还是凶。当然，吉凶二字并不足以判断所有占断的结果。一个事情的结果，往往是吉凶参半，或者是凶中有吉，吉中有凶。既有得之，又有失之。因此，碰到这种情况，要细细推断，结果中哪些方面较好，哪些方面不好，自应一一详察。占卜的关键，就在于圆融变通，切忌胶柱鼓瑟、偏执一端。

上面这一节，是对梅花易数成卦法以及断卦步骤的一个详细阐释。现在一一总结如下：

第一，起卦、成卦；

第二，根据《周易》卦爻辞来判断吉凶；

第三，考察其体用生克比和关系；

第四，看外应的情况；

第五，根据卜者之动静来判断应期。

但是，以上所讲的断卦方法和步骤，只是一个示例性的解说。其实，析卦、断卦是一个复杂的综合过程，梅花易数的断卦过程并非是绝对的，其顺序也并非一成不变的，断卦的关键还是在于综合分析上。

我们不要太过于迷信本书所举的卦例和所讲的这些方法，这些东西只是启发我们所抛的砖，真正的东西在砖后面所引来的玉。这本书所讲的，都是理论和入门的东西。最终的应用，自应一切随心所欲，不可执著，而应当直指根本。当然，对于初学者来说，这些方法还是必要的，"孰能学不由径？"初学者一开始不妨按此研习，熟能生巧，一段时间后，自然会有心得，逐步掌握梅花易的精髓。"**随时应变，切勿拘泥。**"这是我总结的梅花易数断卦法的八字要诀。

占卜论理诀

　　数说当也，必以理论之而后备。苟论数而不论理，则拘其一见而不验矣。且如饮食得震，则震为龙。以理论之，龙非可取，当取鲤鱼之类代之。又以天时之得震，当有雷声。若冬月占得震，以理论之，冬月岂有雷声？当有风撼震动之类。既知以上数条之诀，复明乎理，则占卦之道无余蕴矣。

　　梅花易数的理论是按照取象和起数两个方面来研究万物的，象数学说固然确切精当，有独到之处，但必须用理来阐释它，参照易理加以探究，义理象数结合，而后占卜才能算是推衍完备。如果仅仅论数而不论理，就难免限于只是从一个侧面看问题，往往偏于一端、拘其一见，而难以达到灵验的目的。如果只讲数的推算而不讲事物之常理，得卦的结果往往非常可笑。比如占饮食得到震卦，震卦属龙，难道就会有龙来给我们吃吗？按正常道理来说，宴席之上，龙是不可能得到的，如果得到震卦，即应当以鲤鱼之类而代之。又如占天时得到震卦，震卦属雷，从卦象来看震占天时应有雷声。如果冬月占得震卦，按正常道理来说，冬季哪有雷声？正因为冬天不可能有雷声，因此当断为是风劲吹而撼动外物的情形。知道了以上几条占卜的总原则和具体诀窍后，又能明瞭万事万物的常理，占卜之道也就一览无余、尽为所用，没有什么神秘了。

先天后天论

　　先天卦断吉凶，止以卦论，不甚用《易》之爻辞。后天则用爻辞，兼用卦辞，何也？盖先天者未得卦、先得数，是未有《易》书，先有易理，辞前之《易》也。故不必用《易》书之辞，专以卦断。后天则以先得卦，必用卦画，辞后之《易》也。故用以爻之辞，兼《易》卦辞以断之也。

　　用先天起卦之法来推断事物之吉凶，只根据卦象的生克比和来推测，不常使用《周易》的卦爻辞；而用后天起卦之法来推断事物之吉凶，除了看卦之体用互变的生克比和关系之外，还兼用《周易》的卦爻辞。为何要如此呢？因为先天起卦之法在未成卦之前，先求取卦数，由数而起卦，用的是先天易数理论。这种理论早于文王的《周易》成书之前就存在，用的不是文王易的易理，而是文王写了卦爻辞的《周易》前的易学理论。因此，不必使用《周易》的爻辞，而专用卦象进行分析推断就可以了。当然，易理是相通的，无论辞前之易，还是辞后之易，并不是两种截然不同的理论。如果你喜欢，也可以参考卦爻辞，只是说可以不用。而后天起卦之法则是先得到卦象以后，再根据卦辞爻辞以及卦象之生克比和关系来推断吉凶。这种方法，必然要用到卦辞爻辞。这是因为后天起卦法用的是《周易》的理论。文王著《周易》，已经写了卦爻辞了，因而我们如果使用卦爻辞来断卦，将会非常的简便，结果也会非常准确。既然后天起卦法用的就是《周易》成书后的易理，那么断卦时就必须用《周易》之卦爻辞来推断吉凶。

又后天起卦，与先天不同，其数不一。今人多以坎一、坤二、震三、巽四、中五、乾六、兑七、艮八、离九此数为用。盖圣人作《易》画卦，始以太极、两仪、四象、八卦加一倍，数自成乾一、兑二、离三、震四、巽五、坎六、艮七、坤八。故占卜起卦，合以此数为用。又今人起后天卦，多不加时，得此一卦，止此一爻动，更无移易变通之道。故后天起卦定爻必加时而后可。

此外，后天起卦之法与先天起卦之法的不同之处，主要是在于卦数的不同。现在人们多以坎一、坤二、震三、巽四、中五、乾六、兑七、艮八、离九作为后天应用的数。但是这种用法是不对的，而应该使用先天卦数。这是为什么呢？因为古代先贤圣哲作《周易》画卦的时候，其顺序是以太极、两仪、四象、八卦，自然而然的加一倍，于是就得到了乾一、兑二、离三、震四、巽五、坎六、艮七、坤八的先天数体系。因此，如果我们以后天方位起卦，先得卦，后得数，就该以先天八卦的卦数为用。现在人们用后天法起卦后，在起动爻时往往不加上时间数。也就是说，卦得到了，动爻也就是一定的了，而没有考虑到起卦时的时间因素，看不出所谓的"移易变通"的规律，难免舛误。所以，后天起卦之法的起卦定爻，加时辰数，一定要考虑到时间因素，才能符合后天起卦的道理。

在这里，我明确一下：梅花易数在方位上使用的是后天八卦方位，即离南坎北，震东兑西，巽东南艮东北，乾西北坤西南；在卦数上用的是先天八卦卦数，即乾一、兑二、离三、震四、巽五、坎六、艮七、坤八。而前面讲到了先天八卦方位和后天八卦卦数，在《梅花易数》中一般并不使用，因而我们只要掌握了后天八卦方位和先天八卦卦数即可。

又先天之卦，定事应之期，则取之卦气，如乾、兑则应如庚、辛及五金之日，或乾为戌、亥之日时，兑为酉日时。如震、巽当应于甲、乙及五木之日，或震取卯，巽取辰之类。后天则以卦数加时数总之，而分行、卧、坐、立之迟速，以为事应之期。卦数时类应近而不能决诸远者，必合先后之卦数取诀可也。

先天卦定应期的方法与后天卦定应期的方法亦不同。以先天起卦之法确定事物的克应日期，常常用卦气来确定，只取卦气的旺衰。如乾、兑属金，克应的日期就定在庚日、辛日等五行中属金的日子；或者定在戌、亥日，这是因为乾在八卦方位中为西北方，而戌、亥亦为西北方，属乾的位置；同理，兑之应期就定在酉日或酉时，因为兑在八卦方位中为西方，酉属于西方，属兑的位置。如再比如，震、巽之卦，应期当定于甲日、乙日，以及五行中属木的日子，即寅日、卯日；或者震卦的应期定在卯日或卯时，巽卦的应期定在辰日或辰时，等等。

关于天干地支与八卦及方位的关系，如图所示：

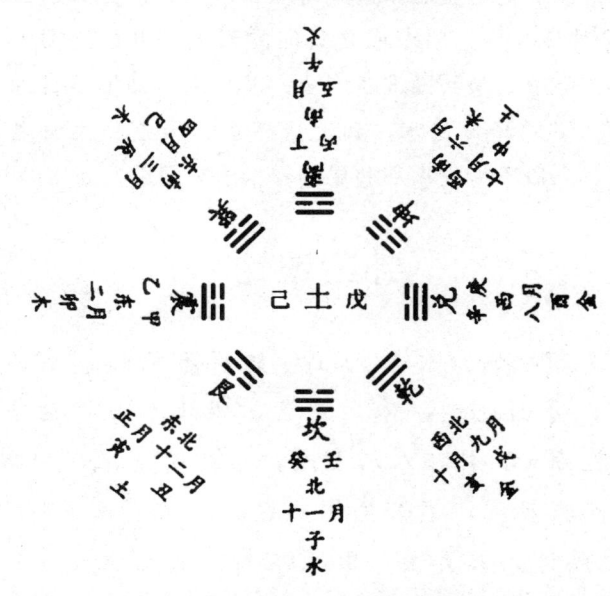

后天起卦法定应期是以卦数加时数的总和来确定，又根据当时求卜者

当时的姿态，比如行、卧、坐、立等，或者根据求占者心情的迟缓与急速的情况，来确定事物的应验之期。但是，前面在《占卜总诀》中讲到的，却是根据占算者自己的姿态与行动迟缓来确定，似乎又出现了牴牾。其实，在实际应用中，如果有来求占之人，即以来人之缓急来断；无求占之人，即以己身之动静来断。如是而已。根据卦数、时辰之类的取用方法，在推断为应验在近期还是在长远，有时候非常难以决断。比如，得乾卦，是断为庚、辛年，还是庚、辛日，更或是庚、辛时？在这个时候，必须综合先天卦数与后天卦数来判断应期，才能准确无误地断出。情况复杂时，更应该考虑事理，不可执于一端。比方说为小本流动性大的生意断财运，其取应期当然应该取日。如果是房地产等周期长的生意，应期当然应该取月，甚至是取年，视具体情况而定。

又凡占卦中决断吉凶，其理洞见，止于全卦体用生克之理，及参《易》辞，斯可矣。今日以后天卦，却于六十甲子之日，取其时方之魁、破、败、亡、灭迹等，以助断决。盖历象选时，并于《周易》不相干涉，不可用也。

大凡占卦时推断吉凶，方法非常简单，不要人为的把简单的推断搞得非常复杂。道理非常显然，因为断卦只需在全卦的体用生克关系中寻找信息，并参照《周易》上的爻辞，这就可以了。当今的后天起卦之法却是根据六十甲子的时日排列，用求占之日时的时辰、方位的河魁、月破、大败、空亡、灭迹等等，来帮助推断吉凶，以此来帮助推断吉凶，这是不对了。因为上面所讲的择日之术，其理论体系是历象和星命之学，与《周易》并不相干，所以不能根据那些星煞和术语来帮助决断吉凶。

卦断遗论

凡占卜决断，固以体用为主，然有不拘体用者。如起例中"西林寺额"，得山地剥，体用互变，俱比和，则为吉，而乃不吉，何也？盖寺者，纯阳人居之地，而纯阴爻象，则群阴剥阳之义显然也。此理甚明，不必拘体用也。又若有人问："今日动静如何？"得地风升，初爻动，用克体卦，俱无饮食矣，而亦有人相请，虽饮食不丰而终有请，何也？此人当时必有当日之应，又有"如何"二字带口，为重兑之义。又有用不生体，互变生之而吉者。若少年有喜色，占得山火贲是也。又有用不生体，互变俱克之而凶者。如牛哀鸣，占得地水师是也。盖少年有喜色，占则略知其有喜，而易辞又有"束帛戋戋"之吉，是二者俱吉，互变俱生，愈见其吉矣。虽用不生体不吉，不为其害也。牛鸣之哀，则略知其凶，而易爻复有"舆尸"之凶，互变俱克，愈见其凶。虽用爻不克，不能掩其凶也。盖用《易》断卦，当用理胜处验之，不可拘于执一也。

大凡用《梅花易数》的占卜方法来决断吉凶祸福，固然以体卦用卦之生克比和关系为主，但例外的情况总是存在的，也有不拘泥于二者，不按照体用生克比和关系来决断吉凶的时候。如前面起卦所示例的中的"西林寺额占"中，得卦为山地剥卦，体卦、用卦、互卦、变卦五行俱属土，此四者都是比和，按说应为大吉之象，而仍推断为不吉，原因何在呢？这是因为庙宇是和尚居住的地方，僧侣是纯阳之人，理应显现纯阳之象，但所起之卦却是阴爻、阴卦居多，乃群阴爻象。那么，阴气过盛，众阴爻剥蚀阳爻，故断为有阴人之累，必对寺庙不利。因此，道理已经非常明显的情况下，就没有必要拘执体用之义，而可以直接据理而断。

又如，有人问"今日动静如何"。得卦为地风升，初爻发动，用卦巽木克体卦坤土，本来是无饮食之象，却断为有人相请，虽然酒食并不丰盛，是何道理？因为特定的占卦人正处在当日，当时共外应；况且"如何"二字都常带口，兑为口，为重兑之义，则知必有饮食。

还有用卦虽不生体卦，但互卦、变卦却生体，亦断为吉的情形。如"少年有喜色占"卦得山火贲，就是如此。又有用卦不生体卦，互卦、变卦都克体卦，被断为凶的情形。如"牛哀鸣占"卦得地水师，就是如此。上面的例子中，因为"少年有喜色"，占卦便可大略推断其有喜事，因为这是断卦时要重点参考的外应，"遇喜而以喜断"。查《易经》贲卦六五爻辞，又有"贲于丘园，束帛戋戋，吝，终吉"的吉辞，亦是喜事无疑。有以上两种吉兆，再加上互卦、变卦皆生卦体，便可断为大吉大利了。虽然用不生体，也无妨害。牛鸣的声音悲哀，作为断卦的外应，即可大略推断其将有凶险，不吉。查《易经》师卦，又有六三"师或舆尸，凶"之凶辞，而互卦、变卦均克制体卦，愈见其凶，可见其灾难已难避免。虽然用卦不克制体卦，但综合考虑以上几处凶险之象，其大凶的结局也就无法掩盖了。原因就在于，用《易经》来起卦断卦，应当辅以明白的易理予以验证，不可拘泥于一端，而应综合判断之。

八卦心易体用诀

心易之数，得之者众；体用之诀，有之者罕。余幼读易书，长参数学，始得心易卦数。初见起例，以知占其吉凶。如以蠡测海，茫然无涯。后得智人见授体用心易之诀，而后占事之诀，疑始有定。据验则验。如由基射的，百发百中。其要在于分体用之卦，察其五行生克比和之理，而明乎吉凶悔吝之机也。于是易数之妙始见，而易道之卦义备矣。乃世有真实，人罕遇之耳。得此者，幸甚秘之！

这一段是写在秘诀前的一节说明性的文字，阐述了当时"梅花易数"的传播和使用情况。大概的意思是：

"梅花心易"中的易数变化之道、推衍方法，得到其传授的人还是比较多的，但是既懂卦数，又能通晓体用生克比和与其吉凶意义的秘诀的人，却是少之又少。我从小开始研读《周易》，长大之后又研习术数之学，才开始悟得心易卦数的真谛。

开始研究时，无非就是占卦起例，只知道占断事情的吉凶而已，却难得其要领，就好象以蠡测海，茫然而不着边际，令人不知所措。后来碰到一个智人并得到其精心指点，教授我心易之体用生克比和的秘诀，方豁然开朗。从此之后，占卜事理、判断吉凶才有了把握，并逐渐渐开始有定准。只要占就灵验，就像周朝神射手养由基射箭一样，百发百中，万不失一。

由此我认识到占卜的关键在于先分辨体卦与用卦，然后考察体卦用卦之间的五行生克比和的道理，从而才能明所占之事吉凶悔吝的玄机。于是，才慢慢发现了《周易》八卦之数的玄妙和渊深，而体载《周易》之道的卦德和卦义也就慢慢掌握了。世上确实有真正明白通晓易数的高人，只不过一般人难以遇到罢了。易数玄妙无穷，渊奥博深，有幸得其真传，可谓三生有幸，不可轻易再传授他人。

体用总诀

体用云者，如易卦具卜筮之道，则易卦为体。以卜筮用之，此所谓"体用"者，借"体用"二字以寓动静之卦，以分主客之兆，以为占例之准则也。大抵体用之说，体卦为主，用卦为事，互卦为事之中间，刻应变卦为事之终应。

《周易》常见的占法中，以易卦为体，以卜筮为用，这就是所谓的"体用"的由来。《梅花易数》借"体用"二字，以代表事物运动、变化和相对静止之意，来作为分别主体，客体的征兆，以及占筮的通例准则。"体用"之说，区分动卦与静卦，来作为主卦和客卦的征兆，以体卦为主体为自己，用卦为他人或所占之事，互卦为事物发展的中间阶段，外应和变卦为事物发展的终结。"刻应"即"克应"，也就是外应。

体之卦气宜盛不宜衰。

盛者，如春震、巽，秋乾、兑，夏离，冬坎，四季之月坤、艮是也。衰者，春坤、艮，秋震、巽，夏艮、兑，冬离，四季之月坎是也。

体卦的卦气宜于旺盛，不宜于衰弱。卦气旺盛的，如春天时震、巽卦气旺，秋天时乾、兑卦气旺，夏天时离卦气旺，冬天时坎卦气旺，四季之月则坤、艮卦气旺。每季之最后一月，即辰戌丑未月，皆为土用事，为土旺相之月，因而坤艮卦气旺。卦气衰弱的，春季时坤、艮卦气衰，秋季时震、巽卦气衰，夏季时乾、兑卦气衰，冬季时离卦气衰，四季之月则坎卦卦气衰。

宜受他卦之生，不宜他卦之克。

他卦者，谓用互变也。生者，如乾、兑金体，坤、艮生之；坤、艮土体，离火生之。离火体，震、巽木生之。余皆仿此。克者，如金体火克，火体水克之类。

体卦最好是得到他卦的生扶，不要出现受他卦的克制情况。他卦是什么？即用卦、互卦和变卦。生扶，指的是一卦的五行属性对另一卦的五行属性的对应关系是五行相生的关系，即金生水，水生木，木生火，火生土，土生金，如：乾兑属金体，坤艮土生扶它，因为土生金；坤艮属土体，离火生扶它，因为火生土；离火属火体，震巽木生扶它，因为木生火；其余仿此类推。这里所讲的"克"，就是指的是一卦的五行属性于另一卦的五行属性的克制，即金克木，木克土，土克水，水克火，火克金。诸如金体火克之、火体水克之之类。

体用之说，动静之机；八卦主宾，五行生克。体为己身之兆，用为应事之端。体宜受卦用之生，用宜见卦体之克。体盛则吉，体衰则凶。用克体固不宜，体生用亦非利。体党多而体势盛，用党多则体势衰。

如卦体是金，而互变皆金，则是体之党多。如用卦是金，而互变皆金，则是用之党多。体生用，为之泄气，如夏火逢土。①

"体用"之说，指的就是事物动静的玄机，八卦都有主客体之别，可以区分为主卦、宾卦，五行也有生克比和的种种不同。体卦表示所占者自己这方面的征兆，用卦则为所占之人或所占之事方面的端绪。体卦宜于受用卦生扶，用卦宜于被体卦克制。如果在用卦、用互卦、体互卦、变卦中，多有五行与体卦五行同类，则体卦气盛，则事情吉利；反之则体卦气衰，则事情凶险。一卦的用卦克制全卦固然不妙，但体卦生扶用卦也不吉利；体卦的同类繁多，则体卦卦气、卦势旺盛；用卦的同类繁多，则体卦卦气、卦势必然衰弱。

若卦体为金，并且互卦、变卦都属金，那么体卦同类就多；若用卦为金，并且互卦、变卦都属金，则用卦同类就多。体卦生扶用卦，结果会使体卦卦气丢泄，即为耗损自己的力量，当然不吉利。如夏季火体遇土体，就会出现火生土而使卦气损耗的情况。

体用之间，比和则吉，互乃中间之应，变乃末后之期。故用吉变凶者，先吉后凶；用凶变吉者，先凶后吉。体克用，诸事吉；用克体，诸事凶。体生用，有耗失之患；用生体，有进益之喜。体用比和，则百事顺遂。

这一段讲的是体卦和用卦之间的比各关系的不同而产生的不同的结果。总的来说，体卦和用卦之间，比和卦最为吉利。互卦表示的是事物发生中间阶段所发生的人或事，变卦表示的是事物发展最后阶段所发生的人或事。

---

① 亦泄气。

又看全卦中，有生体之卦，看是何卦。

这里的"全卦"二字，石印本等诸本作"金卦"，不通。故宫本作"全卦"，通。这段话浅显明白，不再多讲，大意是：起卦后，考察全卦，看看生扶体卦的是什么卦。共分为如下八种情形：

乾卦生体，则主公门中有喜益，或功名上有喜，或因官有财，或问讼得理，或有金宝之利，或老人上进财，或尊长惠送，或有官贵之喜。

乾卦生扶体卦，应此卦者政府机关中将有喜事迎门；或在功名、事业方面有喜庆之事，或因职位晋升而得到更高的薪水，或在诉讼中得理胜诉，或更多的金银财宝上的收益，或者家中老人方面发了财，或有尊贵长辈惠送财物或照顾了自己的利益，或者升官、社会地位的提高等事。

坤卦生体，主有田土之喜，或于田土进财，或得乡人之益，或得阴人之利，或有果谷之进，或有布帛之喜。

坤卦生扶体卦，主有田土方面的喜庆：或因田地的变化进财，或得到种地人的好处。或得到女人的好处，或有瓜果果五谷的进益；或有布帛的进益。

震卦生体，则主山林之益，或因山林得财，或进东方之财，或因动中有喜，或木货交易之利，或因草木氏人称心。

震卦生扶体卦，主有山林方面的进益，或因山林出产之物而得财，或者从东方进财，或有乔迁、调动之喜，或有木制品交易买卖交易之利，或因姓氏中有"草"旁或"木"旁的人而称心如意。

巽卦生体，亦主山林之益，或因山林得财，或于东南得财，或因草木姓人而进利，或以茶果得利，或茶果菜蔬馈送之喜。

巽卦生扶体卦，也是预示将会得到山林方面的好处；或因山林出产得到钱财，或者在东南方而得财；或因姓中有"草木"而获利，或在茶叶、水果之类的交易中获利，或得到茶叶、水果、蔬菜的馈送。

坎卦生体，有北方之喜，或受北方之财，或水边人进入，或因点水人称心，或因鱼盐酒货文书交易之利，或有馈送鱼盐酒之喜。

坎卦生扶体卦，就会有来自北方的喜事；或获得来自北方的财物，或因为居位在水边的人或当时在水边之人而有进益之喜，或因为姓氏有带点水或三点水偏旁之字的人而称心如意，或在鱼、盐、酒、文书、交易中获利，或有别人馈送鱼、盐、酒之喜事。

离卦生体，主有南方之财，或有文书之喜，或有炉冶场之喜，或因火姓人而得财。

离卦生扶体卦，主有南方之财利，或有公文方面的喜事，或有炉冶矿场之利，或因姓中有"火"旁的人而获得财利。

艮卦生体，有东北方之财，或山田之喜，或因山林田土获财，或宫音带土人之财。物当安稳，事有终始。

艮卦生扶体卦，主有东北方之财利，或有山林田产的进益，或因山林田地中的出产而获得财利，或者因姓氏带宫音或姓氏带土旁的人而进财。若逢艮卦生体，占测物体则必当安稳，占测事物就会有始有终。

兑卦生体，有西方之财，或喜悦事，或食物玉金货利之源，或商音之人，或带口之人欣逢，或主宾之乐，或朋友讲习之事。

兑卦生扶体卦，主有西方之财；或得到食物、金宝珠玉、货利等财利之源，或者与姓氏带商音的人或与江湖上能说会道的人欣然相逢，或有主宾相见之乐，或有朋友聚在一起讲习宴乐之美事。

又看卦中有克体之卦者，看是何卦。

如乾卦克体，主有公事之扰，或门户之扰，或有财宝之失，或于金谷有损，或有怒于尊长，或得罪于贵人。

又看卦中，有无克体之卦。如果有克体之卦，看克体之卦为何卦。克体之卦亦分为八种，讲解如下：如果乾卦为克体之卦，主有公事的纷扰，或有家事的烦扰，或有财宝的损失，或有金银谷物上的损耗；或触怒于尊贵的长辈或师长；或者得罪了有地位有权势之人。

坤卦克体，主有田土之扰，或于田土有损，或有小人之害，或有阴人之侵，或有小人之害，或失布帛之财，或丧谷粟之利。

坤卦克制体卦。主有田土地产房屋之类的争扰，或因在田土地产方面有损失，或因得到阴险小人的暗算，或被女人欺负，或损失布匹丝帛之财物，或失去粮食方面的利益。

震卦克体，主有虚惊，常多恐惧，或身心不能安静，或家宅见妖灾，或草木姓氏之人相侵，或于山林有所失。

如果震卦为克体之卦，主有虚惊不安之事，或者常多恐惧之事；或者自己的身心不能安静；或者家宅有妖孽或灾忧之事出现；或者有姓氏上带草或木偏旁的人来加害；或者于山林资产方面有所损失。

巽卦克体，亦有草木姓人相害，或于山林上生忧。谋事乃东南方之人，处家忌阴人小口之厄。

如果巽卦为克体之卦，则主有姓氏中带草、木偏旁的人加害于己，或在山林出产方面有损失；求谋办事需防东南方之人作梗；居家过日子则忌有女性之人和小孩的灾厄。

坎卦克体，主有险陷之事，或寇盗之忧，或失意于水边人，或生灾于酒后，或点水人相害，或北方人见殃。

坎卦克制体卦，主有凶险诬陷之事发生，或有寇贼盗匪的忧患，或失意于居住在水边之人，或生灾于酒醉之后，或因酒后乐极生悲而生灾，或有姓氏偏旁带三点水或二点水的人相害，或有北方之人来算计。

离卦克体，主文书之扰，或失火之惊，或有南方之忧，或火人相害。

离卦克制体卦，主有文书、书信方面的麻烦事，或家中遭遇失火而受惊吓，或有来自南方的烦忧，或有姓氏上带火旁之人相害。

艮卦克体，诸事多违，百谋中阻。或有山林田土之失，或带土人相侵，防东北方之祸害，或忧坟墓不当安稳。

艮卦克制体卦，主多种事情就会纠缠在一起而不顺利，各种谋划都会遇到巨大阻力；或有山林、田地、房屋、地产之类财产的损失，或有姓氏上带土旁之人相侵害，或有来自东北的祸害，或有坟墓不安稳的忧虑。

兑卦克体，不利西方，主口舌事之纷争。或带口人侵欺，或有毁折之患，或因饮食而生忧。生克不逢，止随本卦而论之。

兑卦克制体卦，将会在西方有不利的事情出现，不利于往西方求财或办事。多主有口舌纷争之事，或有姓氏上带口旁之人来欺凌；或有事物毁坏残缺的忧患，或有饮食方面的忧虑，那些即非生体之卦又非克体之卦的卦，只随着本卦来论述即可。

天时占第一

凡占天时，不分体用；全观诸卦，详推五行。离多主晴，坎多主雨；坤乃阴晦，乾主晴明。震多则春夏雷轰，巽多则四时风烈。艮多则久雨必晴，兑多则不雨亦阴。夏占离多而无坎，则亢旱炎炎。冬占坎多而无离，则雨雪飘飘。

大凡用梅花易数占卜天时，不必区分体卦和用卦，只要综观上下经卦以及上下互卦，根据卦的五行属性和五行生克之理详细推测即可。卦中离卦多，离卦属火，多主天气晴朗。卦中坎卦多，坎卦属水，多主降雨。卦中如坤卦多，坤属地，主阴沉晦暗之象；卦中如乾卦多，乾为天，主晴明之象。卦中震卦多，震为雷，则主春夏两季雷声轰鸣；卦中巽卦多，巽为风，则主四时风力强劲；卦中艮卦多，艮为止，则久雨必晴；卦中兑卦多，主小雨和阴晦不晴。若夏天占卜时卦中离卦多而无坎卦，则火盛而无水制，主赤日炎炎，亢旱之年；若冬季占卜时卦中坎卦多而无离卦，则水盛而无火制，主大雪飘飘。

全观诸卦者，谓互变卦。五行谓离属火，主晴；坎为水，主雨；坤为地气，主阴；乾为天，主晴明；震为雷，巽为风。秋冬震多无制，亦有非常之雷。有巽佐之，则为风撼雷动之应。艮为山云之气，若雨久，得艮则当止。艮者，止也，亦土克水之义。兑为泽，故不雨亦阴。

所谓综观诸卦，观察包括互卦、变卦在内的所有卦。因卦不分体用，故不用考察体卦和用卦。重点考察八卦的五行属性，卦中哪种卦多，就依其五行属性而断。五行属性不同，天气也就随之不同。离卦属火，主晴明；坎卦为水，主降雨，巽卦属风，若秋冬季节占卜遇到的震卦多而无其他卦来克制，将有不寻常的雷声；再有巽卦来帮助，将有风雷大作的异常天象。艮卦为山云之气，如久雨之后占得此卦，淫雨肯定停止。因为按照《易经》卦象，艮为止。兑卦为泽，在天象上主非雨即阴。

夫以造化之辨固难测，理数之妙亦可凭。是以乾象乎天，四时晴明；坤体乎地，一气惨然。乾坤两同，晴雨时变。坤艮两并，阴晦不常。

天地间万物的运动固然难以测度，而易数、易理所揭示的玄机却可凭依。乾象征着天，一年四时之中，不论哪个季节，如果占得乾卦，就会有晴朗的天气。坤象征地，一年四时之中，不论哪个季节，如果占得坤卦，就会阴气惨然。那么，如果出现两个属性相反的卦出现在同一个卦中，就要综合考虑。比方乾卦坤卦同处于一卦中，时晴时雨。是坤卦和艮卦出现在同一卦中，时晴时阴。

卜数有阳有阴，卦象有奇有偶。阴雨阳晴，奇偶暗重。坤为老阴之极，久晴必雨；乾为老阳之极，久雨必晴。若逢重坎重离，亦曰时晴时雨。坎为水，必雨；离为火，必晴。乾兑之金，秋明晴；坎之水，冬雪凛冽。坤艮之土，春雨泽，夏火炎蒸。《易》曰："云从龙，风从虎。"又曰："艮为云，巽为风。"艮巽重逢，风云际会；飞沙走石，蔽日藏山；不以四时，不必二用。坎在艮上，布雾兴云；若在兑上，凝霜作雪。乾兑为霜雪霰雹，离火为日电虹霓。离为电，震为雷，重会而雷电俱作。坎为雨，巽为风，相逢而风雨骤兴。震卦重逢，雷惊百里。坎爻叠见，润泽九垓。

易数既有奇数也有偶数，奇数数阳，偶数数阴；八卦卦象既有阴也有阳，阳卦爻数为奇，阴卦爻数为偶。阳卦奇数象征着晴明，阴卦偶数象征着阴雨。奇偶明晦，各有所主。坤卦为老阴，谓为阴之极限。如果在久晴的天气占卜遇到坤卦，则久晴必雨；如果在久雨的日子占卜遇到坤卦，那么阴上加阴，老阴必变，坤阴之气泄散，又会久雨转晴。如果占卜时得坎卦、离卦相重，通常会时晴时雨。这是因为坎为水，故有雨。离为火，故主晴。二卦相逢，并无主卦，故时雨时晴。占得卦中有坎卦，坎为水，主阴雨；占得卦中有离卦，离为火，主晴明。若秋季占得卦中有乾兑，乾兑五行属金，主秋高气爽、天天朗气清；若冬季占得卦中有乾兑，则主北风呼啸、大雪纷飞。若春天占得卦中有坤艮，坤艮五行属土，主细雨霏霏。若夏天占得卦中有离火，夏天属火，离又属火，火上加火，则烈日炎炎、暑气腾蒸。《易经》说"云从龙，风从虎"，又说"艮为山，巽为风"。艮卦与巽卦相逢，可谓风云际会，无论在哪个季节占得此二卦相逢，都会飞沙走石、天昏地暗，风起云涌、遮天蔽日；而且这种情况不会因一年四时的变化而有所改变。坎卦在上艮卦在下，将会云遮雾罩、水气腾蒸。如果坎卦在上兑卦在下，将会千里冰封、万里雪飘。乾兑卦属金，象征着霜雪霰雹。离卦属火，象征着太阳、闪电、彩虹、霓霞。离卦为闪电，震卦为雷霆，二卦相会，雷电交加。坎卦为雨，巽卦为风，二卦相逢，暴风骤雨。两个震卦相碰，雷声大作、震惊百里。两个坎卦重叠，就会大雨滂沱、水漫九州。

故卦体之两逢，亦爻象之总断。地天泰，水天需，昏蒙之象。天地否，水地比，黑暗之形。八纯离，夏必旱，四季皆晴。八纯坎，冬必寒，四时多雨。久雨不晴，逢艮必止。久晴不雨，得此亦然。又若水火既济，火水未济，四时不测风云；风泽中孚，泽风大过，三冬必然雨雪。水山蹇，山水蒙，百步必须执盖。地风升，风地观，四时不可行船。离在艮上，暮雨朝晴；离互艮宫，暮晴朝雨。巽坎互离，虹霞乃见；巽离互坎，造化亦同。

这一段是讲属性不同的两卦相逢后预示的各种天气情况。两个不一样的卦体相逢，要根据两卦的阴阳属性作出综合推断。

如得地天泰、水天需二卦，上卦都属阴。阴为晦暗，所以二卦皆是天昏地暗、蒙昧不明之象。如得天地否、水地比二卦，否卦之阳与地阴离绝，比卦为两阴卦重叠，二卦皆为天昏地暗、日月无光之象。

如果夏天占卜时得到纯离卦，肯定大旱；其它时节得到此卦，天气晴明。如果冬季占卜时得到纯坎卦，久雪不晴；其它时节得到此卦，淫雨霏霏。

如果占得水火既济、火水未济之卦，天气必然变化无常、风云难测。如果冬天占天气碰到风泽中孚、泽风大过之卦，必然大雪飘飘。

久雨时占卜得到艮卦，雨肯定会停；天气久晴不雨时占得到艮卦，必然晴转雨。

如果四季之中占得水山蹇、山水蒙之卦，大雨将转瞬即至，出门不过百步的距离也要带上雨具。如果占得地风升、风地观之卦，一年四季之中无论何时得卦，均不可以行船。

如果离卦在艮卦之上，必然是早上晴朗黄昏下雨；如果是卦中有离卦且互出艮卦，必然是早上下雨黄昏晴朗。

如果属于巽宫、坎宫之卦互出了离卦,① 可以见到飞虹和彩霞。巽卦互坎卦,会与上述情况有相同变化。有时天空中会出现雨虹和彩霞;如果属于巽宫、离宫之卦互出坎卦,同样会出现这样的天气。②

又须推测四时,不可执迷一理。震离为电为雷,应在夏天;乾兑为霜为雪,验于冬月。天地之理大矣哉!理数之妙至矣哉!得斯文者,当敬宝之。

推测四时的风云变幻,还需根据春夏秋冬四季的具体情况而断卦,不可只执著于卦象和推断过程而不会变通。震象征着惊雷,离象征着闪电,只有在夏天才能出现;乾兑卦象征着冰霜和雪花,最验之时多在冬季。无论何时得卦,都要灵活变通。如果冬天起卦得震,可断为北风呼啸,不可断为惊雷。夏天起卦得到乾兑之卦,亦不可断以冰雪。四时有常,依时而断。天地之间的变化规律难以尽述,易理和易数的变化却又如此玄妙。掌握此术,可知天地之玄机。因此,卜筮之人,须要"洁静精微",有一种宗教般的虔诚心,才能百占百中,灵应如响。有幸研读此文的人,自应视如珙璧,好好珍惜。

人事占第二

人事之占,详观体用。体卦为主,用卦为宾。用克体不宜,体克用则吉。用生体有进益之喜,体生用有耗失之患。体用比和,谋为吉利。更详观互卦变卦,以断吉凶;复究盛衰,以明休咎。③

占测人事,需要详细观察体卦、用卦的变化。以体卦为主,以用卦为宾,应以体卦为中心详细分析诸卦与体卦的关系。用卦克制体卦,不吉;体卦克制用卦,吉。用卦生扶体卦,主有进益之喜;体卦生扶用卦,主有损耗之忧。若是体卦与用卦五行属性相互比和,所谋之事易于成功。此外,还应详细观察互卦、变卦与体卦的五行属性与生克关系,综合判断是吉是凶。最后还要研究体卦用卦的卦气旺衰情况,以明断事情的发展是凶

---

① 如风天小畜、同山渐、风火家人、水天需、水山蹇、水火既济等卦。
② 此处可参看前面的《八宫卦表》。
③ 休咎:吉与凶;善与恶。

是吉。

人事之占，则以全体用总章，同决吉凶。若有生体之卦，即看前章八卦中生体之卦有何吉；又看克体之卦有何凶，即看前章克体之卦。无生克，止断本卦。

占测人事，可参照《体用总诀》一章中所阐述的具体原则及其具体内容来推断吉凶祸福。如果在卦中有生体之卦，可参照该卷"生扶体卦"一节，看有何吉利；参照"克制体卦"一节，看有何凶险。卦中无生扶或克制本卦的情况，那么只根据本卦的卦象来推断即可。

家宅占第三

凡占家宅，以体为主，用为家宅。体克用，则家宅多吉；用克体，则家宅多凶。体生用，多耗散，或防失盗之忧；用生体，多进益，或有馈送之喜。体用比和，家宅安稳。如有生体之卦，即以前章《人事占》断之。

所谓家宅，包括家中的房产、财物、人口平安与否，关系是否和美等。大凡占测家宅的吉凶祸福，以体卦为主，用卦为所占之家宅。体卦克制用卦，家宅大吉；用卦克制体卦，家宅有凶。体卦生扶用卦，多有损耗家财之患，或要谨防失盗之事；用卦生扶体卦，多有进益之喜。体卦与用卦比和，家宅便会安稳无恙。如果在用卦、互卦中出现了生扶体卦的情况，可依据前面《人事占》一章中的理论来推断。

屋舍占第四[①]

凡占屋舍，以体为主，用为屋舍。体克用，居之吉；用克体，居之凶。体生用，主资财衰退；用生体，则门户兴隆。体用比和，自然安稳。

大凡占测所居屋舍之吉凶祸福，以体卦为主，以用卦代表所占之屋舍。体卦克制用卦，主居此屋吉利；用卦克制体卦，主居此屋凶险。体卦

---

① 此占卜遇创之吉凶。

生扶用卦，主居此屋资财耗损；用卦生扶体卦，主居此屋兴旺发达。体用比和，主居此屋自然安稳、吉祥如意。

婚姻占第五

占婚姻，以体为主，用为婚姻。用生体，婚易成，或因婚有得；体生用，婚难成，或因婚有失。体克用可成，但成之迟；用克体不可成，成亦有害。体用比和，婚姻吉利。

凡占测婚姻，以体卦为主，用卦代表婚姻。用卦生扶体卦，则婚姻容易成功，或因婚姻而获利。体卦生扶用卦，则婚姻难成，或因婚姻有所损失；用卦克制体卦，所测之婚姻不会成功。即便勉强成婚，也一定会有妨害。体卦与用卦比和，主婚姻美满幸福，大吉大利。

占婚，体为所占之家，用为所婚之家。体卦旺，则此家门户胜；用卦旺，则彼家资盛。生体，则得婚姻之财，或彼有相就之意；体生，则无嫁奁之资，或此去求婚方谐。若体用比和，则彼此相就，良配无疑。

上面的黑体字的一段文章及下面的一段黑体字文字，是第一段的注释性文字。大意是：占测婚姻，体卦为所占之家，用卦为婚约之家。体卦卦气旺，所占之家的门第就高于对方。用卦卦气旺，说明对方资财富厚。用卦生扶体卦，将会由于婚事而获得财产，或对方有相就之意；体卦生扶用卦，可能难得嫁妆之财，或者所占之家必须前去求婚才能使婚姻成就。如若体卦与用卦比和，预示着双方互相满意，天缘良配，婚姻定能成就。

乾：端正而长。坎：邪淫、黑色、嫉妒、奢侈。艮：色黄多巧。震：美貌难犯。巽：发少稀疏，丑陋心贪。离：短赤色，性不常。坤：貌丑，大腹而黄。兑：高长，语话喜悦，白色。

乾，健也，象征着对方相貌端正，身体颀长。坎为险，为陷，为水，象征着对方淫邪、黝黑皮肤、天性嫉妒、奢侈无度。艮为山为石，象征着对方黄皮肤，聪明灵巧。震为雷，朝气蓬勃之卦，象征着对方美貌而难以亲近。巽为寡发，象征着对方毛发稀少、相貌丑陋、欲壑难填。离为火，象征着对方身材矮小，皮肤红色，性情像火一样反复无常。坤为土，象征着对方面貌丑陋、大腹便便、黄皮肤。兑为泽，又为口，象征着对方身材修长苗条，言谈招人喜欢，皮肤白皙。

生产占第六

占生产，以体为母，用为生。体用俱宜乘旺，不宜乘衰。宜相生，不宜相克。体克用，不利于子；用克体，不利于母。体克用而用卦衰，则子难完；用克体而体卦衰，则母难保。用生体，易于母；体生用，易于子。体用比和，生育顺快。

占测分娩，以体卦作为产妇，用卦代表分娩的小孩。体卦和用卦卦气皆宜于旺相，不宜于衰弱。体卦和用卦宜于相生，不宜于相互克制。体卦克制用卦，不宜于孩子；用卦克制体卦，不利于母亲。体卦克制用卦，用卦便会因受到克制而衰弱，婴孩难以保全。用卦克制体卦，体卦就会因受到克制而衰弱，产妇会有生命危险。用卦生体卦，有利于母亲的分娩。体卦来生用卦，有利于婴孩的出生。体卦与用卦比和，那么生育顺利快捷，母子平安。

若欲辨其男女，当于前卦审之：阳卦阳爻多者则生男，阴卦阴爻多者则生女。阴阳卦爻相生，则察所占左右人之奇偶以证之。如欲决其日辰，则以用卦之气数参决之。日期用卦之气数者，即看何为用卦，于八卦时序之类决之。

想要知道生出来的婴儿是男是女，详细考察本卦卦象即可。如果是阳卦，阳爻多，便会生男孩；如果阴卦，阴爻多，便会生女孩。如得三阴爻三阳爻之卦，阴阳爻之数相等，就要观察占卜时左右之人的奇偶之数来确定。若是奇数则可能生男，若是偶数则可能生女。若要推断分娩日期和时辰，应当参考用卦的卦气旺相的时间和所属八卦数字来确定。

饮食占第七

凡占饮食，以体为主，用为饮食。用生体，饮食必丰；体生用，饮食难就。体克用，则饮食有阻；用克体，饮食必无。体用比和，饮食丰足。又卦中有坎则有酒，有兑则有食。无坎无兑，则皆无。兑、坎生身，酒肉醉饱。欲知所食何物，以饮食推之。欲知席上何人，以互卦人事推之。

饮食人事类者，即前八卦内万物属类是也。

大凡占测饮食，以体卦为主，用卦代表饮食。用卦生扶体卦，饮食必然丰盛；体卦生扶用卦，饮食不易得到。体卦克制用卦，主饮食过程中会有不利因素前来阻碍。用卦克制体卦，主根本就没有什么可吃的。体卦与用卦比和，饮食必然丰盛充足。如果卦中有坎，是必然有酒水；若卦中有兑，则饭菜必然丰盛。若兑卦、坎卦生扶体卦，必然是酒足饭饱。如果既无坎卦又无兑卦，则酒与饭菜皆无。

要想知道在饭桌上吃什么饭菜，以《八卦万物属类》中"饮食"之项中推断。要知席上有什么人，则根据互卦所主的"人事"之项来推断。

求谋占第八

占求谋，以体为主，用为所谋之应。体克用，谋虽可成，但成迟。用克体，求谋不成，谋亦有害。用生体，不谋而成；体生用，多谋少遂。体用比和，求谋称意。

占测谋求计划，以体卦为主，用卦代表谋求的结果。体卦克制用卦，谋求即使能够成功，成功也迟；用卦克制体卦，谋求不能成功。如果明知其不可为而强为之，反而有害。用卦生扶体卦，不用费心，自然就会成功。体卦生扶用卦，费心虽多，遂意者却少。体卦与用卦比和，谋求之事顺心如意。

求名占第九

凡占求名，以体为主，用为名。体克用，名可成，但成迟。用克体，名不可成。体生用，名不可就，或因名有丧。用生体，名易成，或因名有得。体用比和，功名称意。

凡占测功名，以体卦为主，以用卦代表求名。体卦克制用卦，功名虽成，但成得迟。用卦克制体卦，不会成名。体卦生扶用卦，功名难成，或因追求功名而遭受损失。用卦生扶体卦，功名就容易到手，或因功名而得到其他好处。体卦与用卦比和，追求功名就会称心如意。

欲知名成之日，生体之卦气详之。欲知职任之处，变卦之方道决之。若无克体之卦，则名易就。止看卦体时序之类，以定日期。若在任占卜，最忌见克体之卦。如卦有克体者，即居官见祸。轻则上责罚，重则削官退职。其日期克体之卦气者，于八卦万物所属时序类中断之。

若想得知功名成就的日子，可根据生体之卦卦气的衰旺情况来推断。若想知道在什么地方任职，可根据变卦的方位来推断。如果没用克制体卦的卦，那么功名容易成就。决断时应只需看卦体的旺相时序，即可确定应验的日期。如果是在任时占卜，最忌出现用卦克制体卦的情形。如果出现了这种情况，在任上就会遇到祸端。轻则遭到上司责罚，重则被降级撤职。应验日期，则参考克体之卦的卦气和《八卦万物属类》之"时序"一项综合推断。

求财占第十

占求财，以体为主，以用为财。体克用，有财；用克体，无财。体生用，财有损耗之忧；用生体，财有进益之喜。体用比和，财利快意。欲知得财之日，生体之卦气定之。欲知破财之日，克体之卦气定之。

占测求财之事，以体卦为主，以用卦代表求财。体卦克制用卦，代表有财可求；用卦克制体卦，代表无财可求。体卦生扶用卦，不但不要去求财，还有财物损耗之忧；用卦生扶体卦，即纳财进宝之喜。体卦与用卦比和，主求财顺利，称心如意。要想知道得财的确切日期，可根据生扶体卦之卦的卦气旺衰来确定；若想知道破财或损失财产的日期，可根据克体之卦的卦气旺衰来确定。

又若卦中有体克用之卦，及生体之卦，则有财，此卦气即见财之日。若卦中有克体之卦，及体生用之卦，即破财，此卦气即破财之日。

若是卦中出现体卦克制用卦的情况，或者他卦生扶体卦的情况，就有财运。体卦卦气旺相的时间，便是获得钱财的时间。若是卦中出现了他卦克制体卦的情况，或者体卦生扶用卦的情况，就会破财。他卦卦气旺相时间，就是破财的时间。

交易占第十一

占交易，以体为主，用为交易之应。体克用，交易成迟；用克体，不成。体生用，难成，或因交易有失。用生体，即成，成必有财。体用比和，易成交易。

占测交易，以体卦为主，以用卦代表交易。体卦克制用卦，交易可以成功，但费时间；用卦克制体卦，交易不能成功。体卦生扶用卦，交易难成，或因为此交易而带来其他损失。用卦生体卦，交易即成，并且能够带来财利。体卦与用卦比和，交易容易成功。

出行占第十二

占出行，以体为主，用为所行之应。体克用，可行，所至多得意。用克体，出则有祸。体生用，出行有破耗之失；用生体，有意外之财。体用比和，出行顺快。

占测出行，以体卦为主，以用卦作为出行。体卦克制用卦，可以出行，所至之处，称心满意。用卦克制体卦，出行路上有祸端。体卦生扶用卦，出行路上有耗散。用卦生扶体卦，出行路上有意外之财。体卦用卦比和，一路平安，万事顺利。

又凡出行，体宜乘旺，诸卦宜生体。体卦乾、震多，主动。坤、艮多，不动。巽宜舟行，离宜陆行。坎防失脱，兑主纷争之应也。

凡出门远行，体卦的卦气旺盛，变卦、互卦的卦象生扶体卦为吉。体卦中震、乾多，出门得成，因为乾、震之卦性属动；体卦中坤、艮多，远行不成，因为坤、艮之卦性属静。得巽卦，宜于乘船走水路；得离卦，宜于坐车走陆路。得坎卦，坎为盗贼，要谨防途中财物丢失；得兑卦，竟为口舌，预示者路上有纷争。

行人占第十三

占行人,以体为主,用为行人。体克用,行人归迟;用克体,行人不归。体生用,行人未归;用生体,行人可即归。体用比和,归期不日矣。

占测在外之行人,以体卦为主,以用卦为在外之行人。体卦克制用卦,行人在旅途中,归来尚需时日。用卦克制体卦,行人在外,无意返乡。体卦去生用卦,人在旅途,并未归来。用卦生体卦,不久即回。体卦用卦比和,归期不远。

又以用卦为行人之盈旺。逢生,在外顺快;逢衰受克,在外灾殃。震多不宁,艮多有阻。坎有险难,兑主纷争之应。

此外,还可以根据用卦来判断在外之人顺逆与否。用卦遇他卦生扶,在外之人顺心快意;用卦卦气本已衰弱,又逢他卦来克制,主在外之人有灾殃。若用卦为震,震为动,多主四处漂泊、不能安宁;若用卦为艮,艮为阻,多主四处碰壁、诸事不利。若用卦为坎,坎为险为陷,多主在外有险难。若用卦为兑,兑为口舌,多主在外之人有口舌纷争。

谒占见第十四

占谒见,以体为主,用为所见之人。体克用,可见;用克体,不见。体生用,难见,见之而无益;用生体,可见,见之且有得。体用比和,欢然相见。

占卜谒见,以体卦为主,用卦代表要拜见的人。体卦克制用卦,便得晋见。用卦克制体卦,不得晋见。体卦生扶用卦,难以晋见,即使勉强会面,也不会有什么好处。用卦生扶体卦,可以晋见;而且会因晋见得到好处。体卦、用卦比和,双方欣然相见。

失物占第十五

占失物，以体为主，用为失物。体克用，可寻，迟得；用克体，不可寻。体生用，物难见；用生体，物易寻。体用比和，物不失矣。

占测失物能否找到，以体卦为主，用卦失物。体卦克制用卦，失物可以找到，但需要过一段时间；用卦克制体卦，失物不能找到。体卦生扶用卦，失物难以找到；用卦生扶体卦，失物容易找到。体卦用卦比和，物品并没有丢失，定在原处，只不过是一时想不起来放置的地方而已。

又以变卦为失物之所在。

如变是乾，则觅于西北，或公廨楼阁之所，或金石之傍，或圆器之中，或高亢之地。

变卦是坤，则觅于西南方，或田野之所，或仓廪之处，或稼穑之处，或土窖穴藏之所，或瓦器方器之中。

震则寻于东方，或山林之所，或丛棘之内，钟鼓之傍，或闹市之地，或大途之所。

巽则寻于东南方，或山林之所，或寺观之地，或菜蔬之园，或舟居之间，或木器之内。

坎则寻于北方，多藏于水边或溪井沟渠之处，或酒醋之边，或鱼盐之地。

离则寻于南方，或庖厨之间，或炉冶之傍，或在明窗，或遗虚室，或在文书之侧，或在烟火之地。

艮则寻于东北方，或山林之内，或近路边，或岩石傍，或藏土穴。

兑则寻于西方，或居泽畔，或败垣破壁之内，或废井缺沼之中。

变卦代表失物所在的地方。依据八卦万物属类之方位对应如下：

变卦为乾，应向西北方寻找。失物不是在官署楼阁之内，就是在金属乱石之旁，不是在藏在圆形的器物之中，就是在又高又干燥的地方。

变卦为坤，应在西南方寻找。失物或在田野间，或在仓库旁，或在劳动处。或在土窖洞穴中，或在泥瓦器物内，或方形器物中。

变卦为震，应在东方寻找。失物或在山林里，或在荆棘丛草中，或在乐器钟鼓边，或在闹市中，或在大街上。

变卦为巽，应在东南方寻找。失物或在山林间，或在寺庙道观内，或在菜蔬果园里，或在舟船车马上，或在竹木器物中。

变卦为坎，应在北方寻找。失物大多藏在水边，或在小溪、水井、阴沟、水渠里，或在酒罐、醋坛旁，或在有鱼盐的地方。

变卦为离，应在南方寻找。失物或在厨房里，或在炉火旁，或在向阳窗户前，或在空房中，或在字纸旁边，或在有烟火之处。

变卦为艮，应向东北方向寻找。失物或在山林间，或在道路旁，或放在岩石旁边，或藏于土穴之内。

变卦为兑，应向西方寻找。失物或在沼泽池塘边，或在断壁残垣间，或藏于废弃的水井和残损的池沼内。

疾病占第十六

凡占疾病，以体为病人，用为病症。体卦宜旺不宜衰，体宜逢生，不宜见克。用宜生体，不宜克体。是故体克用，病宜安；体生用，病难愈。体克用者，勿药有喜；用克体者，虽药无功。若体逢克而乘旺，犹为庶几。体遇克而更衰，断无存日。

凡占疾病，以体卦代表病人，用卦代表疾病；体卦宜于旺相，不宜衰竭；体卦宜于得到生扶，不宜被克制；用卦宜生扶体卦，不宜克制体卦。所以，体卦克制用卦，病人很快转安；体卦生扶用卦，病人便难得痊愈。体卦克制用卦，即使不用药，也会不治而愈。用卦克制体卦，即便服药，也没有功效。若是体卦虽被克制但卦气旺盛，病人就会转危为安。如果体卦被克制后其卦气更加衰弱，神仙难医，断无生理。

欲知凶中有救，生体之卦存焉。体生用者，迁延难好；用生体者，即愈。体用比和，疾病易安。若究和平之日，主体之卦决之。若详危厄之期，克体之卦定之。若论医药之属，当审生体之卦。如离卦生体，宜服热药；坎卦生体，宜服冷药。如艮温补、乾兑凉药是已。

想知道能不能转危为安，可以生体之卦推断。体卦生扶用卦，病情迁延而难痊愈。用卦生扶体卦，病人很快恢复健康。体卦与用卦比和，病势不重，容易痊愈。若要推断病人的康复日期，可依生扶之卦来断；若要详知病危之日，可依克体之卦来定夺。要想知道应该服什么药及其寒热温燥属性，就应当仔细审察生体之卦。如离卦生扶体卦，宜于服用热药；坎卦生扶体卦，宜于服用冷药。艮卦生扶体卦，表示宜于服用温补之药；乾卦、兑卦生扶体卦，表示最好服用凉性药。

又有信鬼神之说，虽非《易》道，然不可谓《易》道之不该。

姑以理推之。如卦有克体者，即可测其鬼神。

乾卦克体，主有西北方之神，或兵刀之鬼，或天行时气，或称正之邪神。

坤则西南之神，或旷野之鬼，或连亲之鬼，或水土里社之神，或犯方隅，或无主之祟。

震则东方之神，或木下之神，或妖怪百端，或影响时见。

巽则东南之鬼，或自缢戕生，或枷锁致命。

坎则北方之鬼，或水傍之神，或没溺而亡，或血疾之鬼。

离则南方之鬼，或猛勇之神，或犯灶司，或得愆于香火，或焚烧之鬼，或遇热病而亡。

艮则东北之神，或是山林之祟，或山魈木客，或土怪石精。

兑则西方之神，或阵亡之鬼，或废疾之鬼，或刎颈戕生之鬼。

卦中无克体之卦者，不必论之。

以上这一段，应该是后人在刊刻时补入的，这大概和明清时流行的迷信鬼神的风气有关系，《梅花易数》原文中并无。大概的意思是：鬼神之说，易中无有，但是并不说明易道说明不了鬼神为祟的情况。以理推测，如果碰到了用卦克制体卦的情况，即可占测是何方鬼神为祟。

又问："乾上坤下，占病如何断？"

有人请教尧夫先生："乾上坤下，据此怎样来推断疾病的情况呢？"

尧夫曰："乾上坤下，第一爻动，便是生体之义。变为震木，互见巽艮，俱是生成之义。是谓不灾，逢生之日即愈。"

邵康节先生回答说："乾上坤下，初六爻动，下卦变震，震属木，用卦属土，即生扶病体之意。初爻动，变卦为震木，上互卦为巽，下互卦为艮，艮坤两土生体卦乾金，皆为生成之义。体卦乾金克震巽二木，不会发生灾祸。病人得到生扶之卦旺相之日，便会痊愈。"

又曰："第二爻动如何？"

又问："第二爻动，又怎样呢？"

曰："是变为坎水，乃泄体败金之义。金入水乡，互见巽、离，乃为风火扇炉，俱为克体之义。更看占时外应如何，即为焚尸之象，断之死无疑矣。以春夏秋冬四季推之，更见详理。"

康节先生又答道："乾上坤下，第二爻变，下卦变为坎水，体卦乾金生水，为体卦泄气，乃是败坏金体之义。乾金进入水乡，上互卦为巽，下互卦为离。巽为风，离为火，风煽火炉，都是克制体卦的象征，可以推断为必死无疑。根据春、夏、秋、冬一年四季的推断，愈要注意更详细的道理。"

又曰："第三爻动，坤变艮土，俱在生体之义，不问互卦，亦断其吉无疑。"

康节先生又说："第三爻动，下卦坤土变艮土，都是生扶病体的象征。不用问互卦，推断就是吉利。这样推断是没有问题的。"

又曰："第四爻动，乾变巽木，金木俱有克体之义，互吉亦凶。木有扛尸之义，金为砖椁之推。是理必定之推，是理尸必定之理。"

康节先生又说："第四爻动，上卦乾金变为巽木，体卦坤土生扶乾金为泄体；巽木克体卦坤土，都是对病人有害。即使下互为坤，有比和之吉，也于事无补，应断为大凶。而且，巽木有扛尸出殡的意思，乾金象征用砖块砌墓，据此可推断为给准备后事无疑。"

又曰："第五爻动，乾变离，反能生体，互变俱生体，是其吉无疑。更有吉兆则愈吉，凶则迟而忍死，其断明矣。"

康节先生又说："第五爻动，上卦乾金变离卦，反而可以生扶病体坤土；下互卦艮土与变卦离火，都是象征生扶体卦坤土，这些均可视为生扶病体的吉利因素。然而，关键是观察征兆的吉凶，若征兆为凶，病人便只是迁延时日，等待死亡日期而已，没有什么疑义。"

又曰："第六爻动，乾变兑，则能泄体，互见巽、艮，一凶一吉，其病非死必危。亦宜看兆吉凶，吉则言吉，凶则言凶。此断甚明。"

康节先生又说："第六爻动，上卦乾金变兑金，体卦坤土生扶兑金，为泄体之象。上互卦巽木克体卦坤土，下互卦艮土比和体卦坤土，一凶一吉，病人即使不死也一定会遇到危险。此外，还应参照外应的吉凶，遇吉兆推断为吉，遇凶兆即推断为凶。如此类推，十分明确。"

余卦皆仿此断，则心易无不验矣。

其他各卦都可依此而断，用梅花心易占病则百占百灵，无不应验。

官讼占第十七

占官讼，以体为主，用为对辞之人与官讼之应。体卦宜旺，用卦宜衰。体宜用生，不宜生用。用宜生体，不宜克体。是故体克用者，己胜人；用克体者，人胜己。体生用，非为失理，或因官有所丧；用生体，不止得理，或因讼有所得。体用比和，官讼最吉。非但扶持之力，必有主和之义。

占卜官司，以体卦为主，用卦为对方和诉讼之事。体卦宜于旺盛，用卦宜于衰弱。体卦宜受用卦生扶，而不宜生扶用卦。用卦宜于生扶体卦，不宜克制体卦。因此，体卦克制用卦，己方就胜过对方；用卦克制体卦，对方就会胜过己方。体卦生扶用卦，自己不是理亏，就是因打官司而遭受损失；用卦生扶体卦，不仅己方得理，还可能因打官司而得到好处。体卦与用卦比和，官司最为吉利。不仅会得到扶持之力，打官司的双方也一定会和好如初。

坟墓占第十八

占坟墓，以体为主，用为坟墓。体克用，葬之吉；用克体，葬之凶。体生用，葬之主运退；用生体，葬之主兴隆，有荫益后嗣。体用比和，乃为吉地。大宜安葬，葬之吉昌。

占测坟墓，以体卦为主，以用卦作为坟墓。体卦克制用卦，在此地安葬吉利；用卦克制体卦，在彼地安葬大凶。体卦生扶用卦，葬后门户渐渐衰微；用卦后扶体卦，葬后主家道兴隆，荫庇后代子孙。体卦用卦比和，必是吉利的墓地，最宜于在此地安葬，而且葬后世代吉昌。

上为用体之诀，始以十八章占例，以示后学之法则。然庶务之多，岂止十八占而已乎！然此十八占，乃大事之切要者，占者以类而推之可也。

以上是用卦、体卦的具体应用秘诀，总共有十八章的占测举例。书不尽言，仅仅是作为示范后学的法则而已。天下的事物无穷无尽、纷繁复杂，仅仅十八占例原则岂能包涵？以上所列的十八占例示，是日常生活中最主要的大事。占者只要明白以上的主要道理，举一反三，其他的事情如此类推即可。

三要灵应篇序

夫《易》者，性理之学也。性理，具于人心者也。当其方寸湛然，灵台皎洁，无一毫之干，无一尘之累。斯时也，性理具在而《易》存吾心，浑然是《易》也，其先天之《易》也。及夫虑端一起，事根忽萌，物之著心，如云之蔽空，如尘之蒙镜。斯时也，汩没茫昧，而向之《易》存吾心者，泯焉尔。故三要之妙，在于运耳、目、心三者之虚灵，俾应于事物也。

《周易》原本就是先天性命理气之学，而性命理气之学并不神秘，本来就存在于人们心中。当一个人的智慧湛然澄澈，心中皎洁如洗之时，万缘俱尽，没有俗事缠扰，没有名利牵累，性命理气就会自然而然地浮现在心中，就是先天之易。一旦人的思想开始运行，得失和是非充满了心中，好象乌云遮住了天空，浮尘掩盖了明镜。这个时候，心灵即被各种生活中的经验主义淹没，人的思维不再是用心思考，而是用经验来思考。人的智慧本就有限，如何能明白纷繁复杂的万事万物呢？于是乎本来就存在在我们心灵之中的先天易学的自然智慧也就无影无踪了。所谓"三要"的奥妙，就在于运用耳、目、心三者空灵的直觉来感应万物万事。只要心无杂念，三者之对万物的感应自然澄澈。

耳之聪，目之明，吾心实总乎聪明。盖事根于心，心该乎事。然事之未萌也，虽鬼神莫测其端。吉凶祸福，无门可入。故先师曰："思虑未动，鬼神不知，不由乎我，更由乎谁？"若夫事萌于心矣，鬼神知之矣。吉凶悔吝有其数，然吾预之知，何道欤？必曰：求诸吾"心易"之妙而已矣。

耳之聪，目之明，均源于我们内心的清静。只要内心清静，用心来感知这个世界，自然就有了耳之聪，目之明。凡人的心不清静，即使是坐着躺着，无不思虑涛涛，泰山崩于前而不知，何谈耳聪目明？事情的萌芽，无不从心起；心有一念，即有行动。万事万物之机缘，莫不由此。然而，如果人心中尚未有此念之时，即使是万能的鬼神也难以推测其神秘的端绪。至于斯时的吉凶祸福，更是无门可入。所以先师说："思虑未动，鬼神不知，不由乎我，更由乎谁？"人的心中一旦有了善恶的念头，鬼神便已知晓。吉凶悔吝，自有定数。善念必吉，恶念必凶而已。事情尚未发生，结局亦未显现，然而我能够预知它们，依据的又是什么道理呢？答曰："求助于我本性中自有而已。"

于是寂然不动，静虑诚存；观变玩占，运乎三要。必使视之不见者，吾见之；听之不闻者，吾闻之。如形之见示，又如音之见告，吾之了然鉴之。则《易》之为卜筮之道，而《易》在吾心矣。三要不虚，而灵应之妙斯得也。是道也，寓至精至神之理，百姓日用而不知。安得圆通三昧者，与之论此！先师刘先生，江夏人，号湛然子，得之王屋山人高处士云岩。

宝庆四年，仲夏既望，清灵子朱虚拜首序

这一段话是说，我们必须平心静气，寂然不动，静心澄虑，诚意观物，以诚心来沟通神灵，观察事物的运化，玩味莫测的变占，充分运用耳聪、目明、心思的功用。自然而然地，我们就能看到常人无法看到的东西，能听到常人无法听到的声音；就像亲眼看到眼前的东西，亲耳听到耳边的声音一样，自己都能了然明白于心。就好像事物之形已经昭然显示，事物之音已经明白告知一样，我们都能够了然明鉴。这样，《易经》就能作为预测占筮的方法，而存在于我心中了。那么，《周易》作为卜筮之道的功用，自然存在我的心里。耳聪、目明、心思这三要的要领若能灵活把握，运用自如，占测灵验之妙就算掌握了。《周易》中寓涵着天下至精微、至神妙的义理，凡人整日使用它却视若无睹，只知其然，而不知其所以然。到哪里才能找到精通其玄机真谛的人，与他互相启发，来讨论这些高深奥妙的道理呢？接着讲下来，就要《三要》的传承。作者清灵子朱虚得之于其师刘先生，江夏人，号湛然子。湛然子得此妙道于王屋山人高云岩。

三要灵应篇

　　三要者，运耳、目、心三者之要也。灵应者，灵妙而应验也。夫耳之于听，目之于视，心之于思，三者为人一身之要，而万物之理不出于视听之外。占决之际，寂闻澄虑，静观万物；而听其音，知吉凶；见其形，知善恶；察其理，知祸福，皆可为占卜之验。如谷之应声，如影之随形，灼然可见。其理出于《周易》"远取诸物，近取诸身"之法，是编则出于先贤先师，采世俗之语为之例用之者：鬼谷子、严君平、东方朔、诸葛孔明、郭璞、管辂、李淳风、袁天罡、皇甫真人、麻衣仙、陈希夷；继而得者：邵康节、邵伯温、刘伯温、牛思晦、牛思继、高处士、刘湛然、富寿子、泰然子、朱清灵子。其年代相传不一，而不知其姓名者不与焉。

　　所谓"三要"，是指占测时运用耳、目、心三个器官，重视耳聪、目明、心思三者的灵妙功用。所谓"灵应"，是指这种预测灵妙、应验的意思。耳为听觉器官，目为视觉器官，心为思维器官，这三者是人身上三种最为重要的器官。耳朵和眼睛是接受外部信息的两个最主要的器官，据现代医学说，外部信息的百分之八十靠眼睛接受到，称之为视觉；百分之十是靠耳朵听到，称之为听觉。而二者所接受的信息，通过心的认识和分析，则万事万物的变化和运行没有能超除我们感知之外的。

　　接下来讲的是占测时的要领，强调静心为断卦第一要务，用白话翻译一下，大意是：在占测和断卦的时候，寂静我们的闻听，澄清我们的思虑，静观万事万物的运化，辨识事物运化的声音，自然能推知事物发展变化的吉凶趋势。观察事物形迹的善恶意义变化，推察事物之理的吉凶祸福意义变迁，皆可为最终的占卜应验提供依据。这种灵验异常的情况，就好象空谷之回声的渐次传播，就好像影子与物形的相随相依，是鲜明而可察见的。

　　无论任何技法，其基本道理都是出自于《周易》的"远取诸物、近取诸身"的理论，取自于其基本的取类比象的原则。下面的这一编则出于先贤先师之手，并采用世俗的语言来列出最基本的例子，以为后人示范。使用这些基本理论的，有战国时期的鬼谷子，汉代的严君平、东方朔，魏晋时期的诸葛孔明、郭璞、管辂，唐代的李淳风、袁天罡，宋代的麻衣道人、陈抟，继而又得此妙道的，有邵雍、邵伯温、刘伯温、牛思晦、高处士、刘湛然、富寿子、泰然子、朱清灵子。其年代不一，相传各异，不知姓名的就不一一罗列了。

原夫天高地厚，万物散殊；阴浊阳清，五气顺布。

祸福莫逃乎数，吉凶皆有其机。

人为万物之灵，心乃一身之主。

目寓而为形于色，耳得而为音于声。

三要总之，万物备矣。

右乃天地万物之灵，而耳、目、心三者之要，故曰三要也。

《三要灵应篇》是以韵文写成的，大概的意思是却很难用韵文来讲解。因此，这一篇我只用白话讲解出大意，以助于大家的理解。

天高地厚，宇宙寥廓，万物种类繁多，凡人难以尽识。阴阳二气的运行造就了这个婆娑世界，阴气浊重而下降，阳气清轻而上扬；五行之气按其生克的规律相互作用，布满大千世界，无时不在。我们凡人所关注的，无论是祸福成败，都莫能够逃过那玄妙莫测的易数所描述的范围，吉凶悔吝背后也蕴藏着各种玄机。如果说人是万物之灵，那么心便是一身的主宰。眼睛是我们人类从自然界获得万物信息的视觉器官，能分辨形形色色的事物；耳则是听觉器官听万物之声，能够听到世间万物各种各样的声音。耳、目、心三者并用，汇融其要，那么天道的运行、万事万物变化莫不备于我心。

以上讲的是，天地之间，人为万物灵长；我们人类感知和认识世界，主要依靠的就是耳、目、心，是人一身最关键的部位，故曰"三要"。

是以遇吉兆而顺有吉，见凶兆而不免乎凶。

物之圆者事成，缺者事败。

此理断然，夫复何疑？

右乃占物克应，见吉则吉，遇凶则凶。

这一段讲的是第一种外应，即吉凶之应。同时也阐述了根据占测事物时所遇到的应验征兆，即外应，来推断结果的原理。

如果在起卦和析卦的过程中，凡是遇到吉祥的外应，那么可以推断结果为吉，事情办起来会非常顺利，结果就是大吉；如果见到凶而不吉的外应，那么可以推断结果为凶，难免有凶险之事发生。如果外应是圆形的事物或器皿，则所断之事必能圆满成功；如果外应是残破缺损的事物或器皿，则所断之事易流于失败。见到吉祥的征兆结果则吉利，遇到凶险的征兆结果则凶险。这样的道理显而易见，用不着在理论上再详细阐述以解惑。我们民间所流传的"喜鹊见喜，鸦噪见悲"的通俗说法，就是来源于《梅花易数》，可见这种理论对我们中国人影响之大。

　　是以云开见日，事必增辉；烟雾障空，物当失色。

　　忽颠风而飘荡，遇震雷以虚惊。

　　月忽当面，宜近清光。雨可沾衣，可蒙恩泽。

　　右乃仰观天文，以验人事。

　　这一段讲的是第二种外应，即天文之应，阐明了以起卦时天文现象为外应来验证人事的许多经验。凡是在问卦时，见到云开雾散、天气晴朗的天气，则结果必逢凶化吉、遇难呈祥，所问之事结局必好；如果烟雨濛濛、雾霭迷茫，则事情办起来结局难定，阻力甚大，所问之事必不吉；如果忽有狂风吹过，则事情有始无终；如果恰好雷声阵阵，则必有虚惊；如果有月光洒到了脸上，则主可以接近高雅清贵之人；小雨忽然沾湿了衣裳，则主可能得到贵人的恩惠和照顾。

　　重山为阻隔之际，重泽为浸润①之深。

　　水流而事通，土积而事滞。

　　石乃坚心始得，沙乃放手即开。

　　浪激主波涛之惊，坡崩主田土之失。

　　旱沼之傍，心力俱竭。枯林之下，相貌皆衰。

　　右乃俯察地理，以验人事。

　　这一段讲的是第三种外应，讲的是以地理之应，即我们现在所说的自然界的各种现象，作为外应，来验证于人事。凡是问卦时，见山峦重叠，山取取象为艮，艮为止，则所问之事有阻隔之象，象征着办起来不顺利；见到沼泽之地，泽取象为兑，兑为口，为谗言，则所问之事难于全面认识，里面的各种利害关系盘根错节，定会受到恶语中伤。见到流水潺潺，则所问之事必能如流水一样不可阻挡，成就很快；见垒土成堆，则所问之事则如行路遇到障碍一样，迟滞难办。见到石块，此事只有坚定信念才能获得成功；遇到散沙，处理此事必须小心谨慎，牢牢掌控，始有结果，不

---

① 指谗言逐渐发生作用。《论语·颜渊》："浸润之谮，肤受之诉，不行焉，可谓明也已矣。"

然则事如手握散沙，放手即败。波浪激荡，主外出行船有波涛之惊；山坡崩坏，主有田土方面的损失。在干旱的沼泽之旁占测，则主所测之事过程艰难，使人心力衰竭；在枯死的树林正面占测，则主所测之人相貌丑陋。

适逢人品之来，实为事体之应。

故荣宦显官，宜见其贵；富商巨贾，可问乎财。

儿童哭泣忧子孙，吏卒叫嚣忌官讼。

二男二女，重婚之义；一僧一道，独处之端。

妇人笑语，则阴喜相逢；女子牵连，则阴私见累。

匠氏主门庭改换，宰夫则骨肉分离。

逢猎者得野外之财，见渔者有水边之利。

见妊妇则事萌于内，遇瞽者则虑根于心。

右乃人品之应，以验人事。

这一段讲的是第四种外应，即人品之应。所谓人品之应，是指来人问事情时，有人从一旁过，则考察此人的相貌、职业、身份、地位，作为断卦的外应，以之应验于人事，来测度人事的变化。如果走过来的是达官显贵，则可断为其人将来身份必然显贵；如果走过来的是富商大贾，则可断为其人必将求财得财；如有婴儿哭泣，则子孙有忧患，如逢公务人员叫嚣，要小心有官讼之事。如有二男二女走过，则婚姻必有重婚之应；如有僧道之人走过，则婚姻不成，继续单身。如逢妇女笑语，则有怀孕生产之喜事；如有女人相挽而过，则会因上不了台面的阴私之事而受牵累。如看到木匠、泥瓦匠，则主门庭即将改换；如看到屠夫，则主有骨肉分离之事。若遇到打猎之人，主所占之人可能在野外得财利；若遇到打渔之人，则主所占之人可能会在水边得财得。如若碰到孕妇，主事情的起因必因为自己圈子内部的人；如若见到盲人，则所问之事为杞人忧天，即思想中有忧虚而实无其事，等等。若遇到盲人，则主所则之事由于自己的想法和欲念而起。

至于摇手而莫为，或掉头而不肯。

拭目而喷嚏者方泣，搔首而弹垢者有忧。

足动者有行，交臂者有失。

屈指者多阻节，嘘气者主悲忧。

舌出掉者有是非，背相向者防闪赚。

偶攘臂者，争夺乃得；偶下膝者，屈抑而求。

右乃"近取诸身"之应。

　　这一段讲的是第五种外应，即"近取诸身"之应。以求测之人或在场的其他人的神色、形体、动作等作为外应来参断求测之事。

　　凡是断卦时，若有人无意间摇手，则所问之事做不成功，不必再去做了；或逢有人掉头而走，则所问之事只是一厢情愿，难以成功。若是碰到无意间擦拭眼睛或打喷嚏的，则主正有哭泣悲伤之事；若是碰到有人抓挠头或弹尘垢的，则主有忧愁之事。在问卦时，来人或他人不停地晃脚，主有远行；如果是交叉双臂，主有损失。如果看到有屈指的动作，则所问之事有阻滞；如果恰好听到叹息声，则主有悲忧之事。看到有人吐舌头，主有是非口舌之事；外应之人背向而立，则所问之事防闪失，恐怕会有人来诈骗。看到有人拉拉扯扯，主有争夺才能得到利益；若外应之人无意屈膝，则主所测之事需要卑躬屈膝而求人才能办成。

　　若逢童子授书，有词讼之端；主翁答仆，防责罚之事。

　　讲论经史，事体徒间于虚说；

　　语歌词曲，谋为转见于悠扬。

　　见博赌主争斗之财；遇题写主文书之事。

　　偶携物者受人提携；适挽手者遇事牵连。

右乃人事之应。

　　这一段讲的是第六种外应，即人事之应，以起卦或断卦时以当时所发生之事为外应。若是断卦时，正逢儿童授书，主有词讼之事；若遇主人鞭笞仆人，主有责备惩罚之事。凡是有人在讲经论史，则所问之事往往流于空谈而难见其实；听见唱歌唱曲，则所问之事虽有困难但最终必有转机而终获得成功且非常顺利；见有人在赌博，则所问之事主因钱财而争斗；见有书画，则所问之事为文书之事，与文章、书信、公文、案卷有关；无意间看见有人拿着东西，主受人提拔和帮助；看见有人手挽手，主逢无妄之灾而受人牵连。

　　及夫舟楫在水，凭其接引而行；

　　车马登途，藉之负戴而往。

　　张弓挟矢者必领荐，有箭无弓者未可试。

　　持刀执刃，须求快利之方。披甲操戈，可断刚强之柄。

缫丝者，事务繁冗。围棋者，眼目众多。

妆花刻果，终非结实之因。

画彩描形，皆为装点之类。

络绎①将成，可以问职。笔墨俱在，可以求文。

偶倾盖者主退权，忽临镜者可赴诏。

抱贵器者有非常之用，负大木者有不小之财。

升斗宜量料而前，尺剪可裁度以用。

见蹴鞠，有人拨剔。开锁钥，遇事疏通。

逢补器，终久难坚。值磨镜，再成始得。

顽斧磨钢者，迟钝得利。快刀砍木者，利事伤财。

裁衣服者，破后方成。造瓦器者，成后乃破。

弈棋者，取之以计。张网者，摸之以空。

或持斧锯恐有伤，或涤壶觞恐有饮。

或挥扇者，有相招之义。或污衣者，防谋害之侵。

右乃器物之应，即"远取诸物"之义。

这一段讲的是第七种外应，即器物之应。取实物为外应，根据的是《易经》"远取诸物"之意。外物的取用，有时取外物之形，有时取外物之音，随心取用，并无定法。现一一讲解如下：

遇到舟船停在水中，主成事须借别人之力；遇到车马在征途中，主因他人替力而完成所谋之事。遇到拉弓射箭之人，主得他人引荐；遇只拿箭而无弓的人，所谋不成，无成功的希望。遇手持快刀利刃之人，应快刀斩乱麻，快速处理此事；遇披甲操戈之人，主一切尽在掌握，已经控制全局。遇到缫丝之人，主事务繁杂、久拖不决；遇到下围棋之人，主机事不密，耳目众多，消息走漏。

见到假花假果，主事情表面顺利，结果不好，恰似假花假果一样只好看而不实用；见到画影描形，主事情虽有结果却自己难享好处，给似为人做嫁衣。若遇纺纱抽丝将要完成，主所问官职之事可成；若遇笔墨俱全，主得文名。见器物倾覆，主被削权或退职。见人照镜，主被诏而有升迁。见人怀抱贵重器皿，主成大器。见人背负大木良材，主发大财。

---

① 络，粗纱。绎，细丝。此处络绎之意，为纺织之事，与现代汉语中络绎不绝之意不同。

见到升和斗等量具，应量力而行。见到尺子和剪刀，应审时度势。见到踢球，主背后事非。遇到开锁，主遇事就去打点疏通。看到修补之事，主难于久长。遇到研磨铜镜，主有磨难，一次难成，二次始就。遇到磨钝斧头的人，主应验迟缓，但终能获利。遇到快刀砍木之人，主事成而财产有损。

看到裁衣，主先遭损失而后成功。见到制造瓦器，主先成功而后破败。见到弈棋，主需多方筹划，广施计谋；见到张网捕鱼，主竹篮打水一场空，并无结果。或遇到手持斧锯之人，要防遭伤害；或遇到洗涤壶觞的，主有饮食。或遇到人挥扇，主被召见；或遇到衣服被弄脏，须防别人的谋害和欺凌。

虽云草木之无情，亦于卜筮而有应。

故芝兰为物之瑞，松柏为寿之坚。

遇椿桧则岁久年深，遇苗菽则朝生暮死。①

枝叶飘零当萎谢，根核流落主牵连。

奇葩端的虚花，嘉果可以结实。

右乃草木之应。

这一段讲的是第八种外应，即草木之应。远取诸物，亦可以草木为外应来参断人事吉凶。虽然说草木不像动物一样，没有我们可以直接理解的情感，但是取为外应时，也会非常灵验。当然，现代的研究已经证明，植物和动物甚至人类一样，有自己的情感和反应。在断卦时，见到灵芝兰草之类的祥瑞之物则吉，见到松柏之类长寿的植物则象征生命长久而身体康健。遇到椿桧之类的树木，主所测之事宜于久长；若遇苗菽之类朝生暮死的菌类，为事情不能久长之兆。如占疾病、占生育而遇此兆，即标志着死亡。看到枝叶飘零，主人事衰败；看到树根露出、果核撒落，主被人事牵连。看到奇葩异花，主虚无缥缈，所测之事镜花水月，难有结果；看到美好的果实，主所测之事必有好结局。

至于飞走，最有祯祥。

故乌鸦报灾，蟢虫报喜。

鸿雁主朋友之信，蛇虺防毒害之谋。

---

① 占产占病得之，即死之兆。

鼠啮衣有小口之灾，雀噪檐有远行之至。

犬斗恐招盗贼，鸡斗主有喧争。

牵羊者，喜庆将来。骑马者，出入皆利。

猿猴攀木，身心不定。鲤鱼出水，变化不凡。

绳拴马，疾病难安。架陷禽，囚人未脱。

右乃禽兽之应。

这一段讲的是第九种外应，即禽兽之应。梅花易数可据万物起卦，取象不拘一格。禽兽与人杂处，为常见之物，自然常被作为外应。古人云：晴空看鸟飞，流水观鱼跃，识宇宙活泼之机；霜天闻鹤唳，雪夜听鸡鸣，得乾坤清纯之气。乌鸦食腐肉，象征着不祥之气，因而断卦时遇到，主所求之事不顺遂。反之，见喜鹊则大吉大利。见鸿雁，主朋友言而有信，必能来助我；见蛇类，主有人意欲来谋害。衣服被鼠咬，须防儿童的健康与安全；麻雀檐下喧闹不停，远方行人必来到。两狗相争，须防盗贼；两鸡相斗，主有争吵。见有人牵羊而来，主有喜庆之事；见骑马之人，主出入平安。见猿猴攀缘大树，主身体心理不安定；见鲤鱼出水，主飞黄腾达之事，地位显贵。看见马儿为绳索羁绊，主问病难痊。见到禽鸟困在笼中，主狱中人没有脱身。

酒乃忘忧之物，药乃祛病之方。

故酒樽忽破，乐极生悲；医师道逢，难中有救。

藤萝之类堪依倚，虎豹之象可施威。

耕田锄地者，事势必翻。破竹剖竿者，事势必顺。

春花秋月，虽无实而关景；夏绵冬葛，虽有用而背时。

凉扇多主弃捐，晴伞渐逢闲废。

泡影电光，虚幻难信；蛛丝蚕茧，巧计方成。

右乃杂见观物之应。

这一段讲的是第十种外应，即杂见观物之应。万事万物，品类繁多，难以尽述。这里说的是上面没有提到但又是日常生活中常见的事物被取为外应时的经验。

酒本解忧之物，"何以解忧，唯有杜康"。饮酒本是乐事，而酒杯破，主乐极生悲；药物乃疗病之物，道逢郎中，主病人病情虽险却有救。藤萝之类乃是无本之木，断卦见时，自应去寻找靠山。虎豹乃兽中至刚至猛之物，主我方尽得天时地利人和之象，自可大展宏图。见耕田锄地，主所问之事有变，甚至形势翻转；见破竹剖竿之事，主事情顺风顺水，水到渠成。春天见鲜花，秋天见月亮，主前景美好但目下无成，成就尚需时日；夏天见棉被，冬天见草席，主目前的努力虽有用但于事无补。阴凉的天气见到扇子，晴天见到雨伞，均主无事可做，终被抛弃。见到水泡电光之类的存在短暂的事物，主所求之事终归虚幻，难以依赖；见到蛛丝和蚕茧，主运用心智，百般谋划，方得成功。

若见物形，可知字体。

故石逢皮则破，人傍木为休。

笠漂水畔，泣字分明。

火入山林，焚形可见。

三女有奸私之扰，三牛有奔走之忧。

一木两火，荣耀之光。一水四鱼，鳏寡之象。

人继牛倒防失脱，人言犬中忧狱囚。

一斗入空门者斗争，两丝挂白木者乐事。

一人立门，诸事有闪。二人夹木，所问必来。

右乃拆字之应。

这一段讲的是第十一种外应，即拆字之应，举例说明取文字为外应时的法则。

凡断卦时，石头碰到了有皮字有关之物，则所问之事破，因为"石"加上"皮"，正是个"破"字。同理，"人"加"木"为"休"；"立"加"水"（氵）为"泣"；"火"入"林"下为"焚"。三女同行，主奸私事，因为三"女"字正是"姦"（奸）字；见三头牛，主有奔走事，因为三牛为"犇"（奔）字。同理，一木二火为"榮"（荣）字，主得荣耀；见一水四鱼为"鳏"字，是人可断为鳏寡之人。人继牛倒为"失"字，主有失脱之事；人言犬中为"獄"字，主有牢狱之灾。一斗入空门为"鬪"（斗）字，主有斗争之事；见两丝挂白木为"樂"（乐）字，主有赏心乐事；见有一人站在门上，为"闪"字，主有闪失；两人夹木，是为"來"（来）字，主所问之人或所问之事必来。

逢冠则问名得官，鞋为百事和谐，阖则诸事可合。

难以详备，在于变通。

右即物叶音之义。

这一段讲的是第十二种外应，即谐音之应。断卦之时，我们常常取事物的谐音为外应。比如问功名之事，推断时见冠，可断为得官。断卦时见鞋，百事和谐；见阖，百事可合。谐音之类甚多，不胜枚举，在平时断卦时常用，妙在变通，不可拘泥。

及夫在我之身，实为彼事之应。

故我心忧者，彼事亦忧；我心乐者，彼事亦乐。

我适闲，彼当从容；我值忙，彼当窘迫。

右即自己之应，"近取诸身"之应。

这一段讲的是第十三种外应，即自己之应。这里讲述了以自己作为所求之卦的外应来断卦的经验。考察己身，亦可推断来人及其所欲求测之事的吉凶，亦由《易经》"近取诸身"之义而来。

这一段话的大意是：表现在己身，亦可取为求测之事的外应。其人来求测，适逢我心忧之时，即可断其人其事亦有忧；其人来求测，适逢我快乐之时，则其人其事必顺遂，结局圆满；其人来求测，恰逢我正在闲适之时，主求占之人心情从容，事必无忧，唾手可得；其人来求测，适逢我正在忙碌之时，主求占之人正处窘境，事情急迫。

欲究观人之道，须详系《易》之辞。

将叛者其辞惭，将疑者其辞支。

吉人之辞寡，躁人之辞多。

诬善之人其辞游，失其守者其辞屈。

右一动一静之应，"近取诸身"之义。

这一段讲的是第十四种外应，即一动一静之应。这里所讲的是以来人的神色和言语作为外应，这其实也是一种相术。为人占测，先须考察来人的语言、神色、举止。凡来人，言谈有惭愧之色，此人定做了违心之事；言语支吾，此人内心狐疑不决。诚实的人言语少，急躁的人话话多。油腔滑调之人，必然颠倒是非，指鹿为马，诬陷好人；理亏之人，行动卑下，言谈过谦。俗语云：抬头问官，低头问财；手搓衣角，问婚口难开。张望者不必测，无事生非。不语者须谨慎，存心考验。考察来人的语言，自有其规则。

又推五行，须详八卦。

卦吉而应吉终吉，卦凶而应凶终凶。

卦应一吉一凶，事体半吉半凶。

明生克之理，察动静之机。

事事相关，物物相合。

此五行八卦及克应动静之理。

这一节讲的是取卦、断卦以及外应如何参考的经验。大意是：推断五行，必须熟悉八卦卦理。卦象吉利外应也吉利，最终也会大吉大利。卦象凶险，外应也凶险，结局也会凶险。卦象与外应一吉一凶，结局吉凶参半。因此按照五行生克之理来推衍卦象，考察卦象中变与不变的因素，自然事事息息相关，物物内在契合。

活法更存乎方寸，玄机又在于师传。

纵万象之纷纭，惟一理而融贯。

务要相机而发，须要临事而详。

右言占卜之理在于变通之妙。

上面讲的是占卜的关键，妙在活学活用，关于变通。

卦象有一定，万物难描述，要活学活用《梅花易数》的方法，使之变成自己的智慧而不是机械的方法和规则，关键在于是否能够正确理解康节先生所传授的易数的理论。虽然世间万物纷纭复杂、千变万化，但易理是一以贯之的。因此，断卦时既要准确取用外应，理解卦象，活用五行生克，还要结合日常生活的情理，方能准确无误。

嗟夫，方朔射覆，知事物之隐微。

诸葛马前，定吉凶于顷刻。

皇甫坐端之妙，淳风鸟觉之占。

虽所用之有殊，诚此理之无异。

右言三要灵应妙处。

这一节讲的是运用耳观、目视、心思三要所带来的妙处。事物一本而万殊，各代易学大师亦无定法可说，但灵活运用三要的理论，却是他们共同的特点。东方朔擅长射覆，可以测知事物隐细微妙之处；诸葛亮立于战马之前，起上马前课，能在顷刻之间预知战事的吉凶。皇甫真人端坐不语，即可预知来人之意；李淳风可以通过鸟觉之占，而测知未来的吉凶。虽然他们所用的方法看起来迥异不同，但贯于其中的道理却无二致。

可以契鬼神之妙，可以会蓍龟之灵。

然人非三要，莫能造其玄；心非七窍，莫能悟其奥。

故得其说者宜秘，非其人者莫传。

轻泄天机，重遭阴谴。

造之深可以入道，用之久可以通神。

右言灵应之妙，不可轻传妄授，宜秘之一之，以重斯道也。

这段话的大意是：梅花易占灵应玄妙，契合鬼神；其验如神，可媲美于蓍草神龟。但是，如果不通三要之术，不可知其术之奥妙；内心没有智慧，不能探其渊微。有幸得到传授的人应该珍惜秘藏之，不是道德高妙之人，不可相授。"匹夫无罪，怀璧其罪"。如果随便泄露天机，自炫神术，或者会遭到幽冥的惩罚。深入研究，可以得道；长期使用，出神入化。

以上所说的梅花易占三要的灵应玄妙的好处，研习之人，理应加以珍视，秘藏珍惜，不可轻相授受。

十应奥论

十应固出于三要，而妙乎三要。但以耳目所得，如见吉兆而终须吉，若逢凶谶不免乎凶，理之自然也。然而此以遇吉凶，亦有未有然者也。黄金白银，为世之宝；三要得之，必以为祥。十应之诀，遇金有不吉者。利刃锐兵，世谓凶器；三要得之，亦以为凶；十应之说，遇兵刃反有吉者。又若占产见少男，三要得之得为生子之喜，十应见少男则凶。占病遇棺，三要占之必死；十应以为有生意。例多若此，是占卜物者，不可无十应也。

这一段是专讲外应之说的。十应，就是《三要灵应篇》中所讲的十四种外应，简称十应。

这一段话的白话大意是说：十应是从三要这种理论推衍出的更便捷和实用的方法，甚至比三要之术还要玄妙灵验。在外应的取用时，我们常常看到吉兆即断为吉，看到凶兆即断为凶，这是人人皆知的常理，好像几何学中的公理，不用去论证。但是，仅仅凭借这种单一的方法去判断纷繁芜杂的大千世界，却也常常有与此不一致的时候。比方说，黄金白银，世人都视为珍宝；如果取黄金白银为外应，用三要之法来判断，必然认为是吉事的预兆；但是从十应之术来说，也有例外为凶兆的情形。快刀利刃，世人多称为凶器，但如取为外应时，用三要之法来判断，也认为利刃锐器是凶兆；但是从十应之术来说，也有例外为吉兆的情形。又比如占生产，若遇到有少男在场，用三要之法来判断，应该是生子之喜兆；但是从十应之术来说，见少男有可能是凶兆。因为男谐音为"难"，预示着生子艰难。占疾病遇到棺木，用三要之法来判断，乃病人必死之兆；但是从十应之术来说，病人却还有生存的兆象。像这样的例子还有很多。因此，占卜之人在外应的取用上，必须随机应变，不可拘泥于成法，一概而论。

十应目论

十应并以体卦为主，诸用卦为用。每以内分外，体用卦参看为妙。内卦不吉而外卦又吉，可以解其不吉；内卦吉而外卦不吉，反破其吉。若内外卦全吉则断然吉，全凶则断然凶。其内吉外凶、内凶外吉，又须详理，以断吉凶，不可胶柱鼓瑟也。外卦十应之目，则有天时、地理及写字等其十一类之应，并以体卦为主，而随其所应以为用也。

这一段是十应之术的简论。在这里我先讲一下梅花易数的几个基本概念，以助大家理解以下讲解的内容。

内卦和外卦：起好卦后，下三爻为内卦，上三爻为外卦。这是一般意义上的内卦和外卦的说法。但在此处，内卦指的是以数得卦或以其他方法得卦后，本卦、之卦、互卦等均为内卦；而根据外应得出来的卦，为外卦。

体卦和用卦：梅花易数起卦后只有一个动爻，以动爻所在来分体卦和用卦。在上下两个经卦中，无动爻的卦为体卦，动爻所在的卦为用卦。

变卦和互卦在第一章已经详细解说，兹不再讲解。

这一节的白话大意是：十应的方法是，以体卦为主，以用卦为辅。这里所说的用卦，是指用来和体卦一起用来参断的卦，包括用卦、变卦、互卦等。在日常应用中，通常是以内卦为主，外卦为次，体卦和用卦结合起来，综合研究，以断吉凶。有以下几种情形：内卦不吉而外卦却吉，那么外卦的吉气可以冲破内卦的不吉之气，结果并不是很糟；内卦吉而外卦不吉，那么外卦的不吉之气反而冲破了内卦的吉气，结果未必是吉利。如若内卦、外卦二者均吉，断为吉利无疑。内外卦均为凶险，断为凶险无疑。若内卦吉利而外卦凶险，或内卦凶险而外卦却吉利，即最先讲的两种状况，就必须审慎研究，仔细推衍卦象和卦理，以何为主，以何为次，并结合日常生活经验，来推断事物的吉凶。十应之法分为天时、地理及声音等十项，都以体卦为主，并随时参照外部应卦的各种预兆，作为整个内、外卦的用卦参考因素。

复明天时之应

如天无云翳，明朗之际，为乾之时。乾、兑为体，则比和而吉；坎为体，则逢生而大吉。坤、艮为体，则泄气。震、巽为体，则见克而不吉矣。晴霁日中，为离之时，坤、兑为体则吉。雨雪为坎之时，震、巽为体则吉，离为体则不吉。雷风为震、巽之时，离为体则吉，坤、艮为体则不吉。此天时之应也。

从这一小节起，一共讲了十种外应的使用经验。这一节讲的是断卦时要参考的天气这种外应的状况。起好卦后，天气是一种重要的外应。

起卦或断卦时，如果万里无云，天晴气朗，天时之外应取为乾卦。若体卦为乾兑，天时之乾金与体卦乾兑金比和，是为吉兆。若体卦为坎，则天时之乾金来生体卦之坎水，体卦逢生，亦为大吉之兆。若体卦为坤艮，则体卦之坤艮土生天时之乾金，为泄气，泄气则难言吉。若体卦为震巽，则天时之乾金克制体卦之震巽木，体卦受克，是为不吉。若体卦为离，则天时之乾金为体卦离火所克，用卦受克，无害。

雨雪之后而艳阳高照的中午，天时之外应取为离卦。若体卦为坤艮，天时之离火来生体卦坤艮之土，是为吉兆。

若遇下雨飘雪的日子，天时之外应取为坎卦。如果体卦为震巽，天时之坎水生体卦震巽之木，吉；如果体卦为离，则天时之坎水克体卦之离火，不吉。

打雷、刮风的日子，天时之外应取为震巽。如果体卦为离，天时之震巽木来生体卦离火，吉。如果体卦为坤艮，则天时之震巽木克体卦离火，体卦受克，不吉。

以上是天时之应。为第一应。

复明地理之应

茂树秀竹,为震之地。离与震、巽为体则吉,坤、艮为体则凶。江湖河池、川泽溪涧,为坎之地,震、巽与坎为体则吉,而离为体则不吉。窑灶之地为离,坤、艮并离为体则吉,而乾、兑为体则不吉。岩穴之地为艮,乾、兑与艮为体则吉,坎为体则不吉。此地理之应也。

这一节讲的是断卦就外在环境取为外应时的经验。

大树下,竹林中,生机盎然,外应可取为震卦。在此占卜,若体卦为离卦,外应之震木生体卦离火,吉。如果体卦震巽,外应之震木与体卦之震巽木相比和,亦吉。如果体卦为坤艮,则外应之震木克体卦之坤艮土,不吉。

江湖河池、川泽溪涧等水多之处,外应可取为坎卦。在此占卜,若体卦为震巽,外应之坎水生体卦之震巽木,吉。若体卦为坎卦,外应地理之坎水与体卦之震巽木比和,亦吉。若体卦为离,则天时之坎水克体卦之离火,不吉。

砖窑灶炉之类火旺的地方,外应可取为离卦。在此占卜,如果体卦为坤艮,外应之离火生体卦之坤艮土,吉。若体卦为离,外应地理之离火与体卦之坤艮土相比和,亦吉。若体卦为乾兑,则外应之离火克体卦之乾兑金,不吉。

岩崖洞穴之类的地方,外应可取为艮卦。在此占卜,如若体卦为乾兑,外应之艮卦生体卦之乾兑金,吉。如若体卦为坤艮,则外应之体卦之乾兑金,不吉。

以上乃地理之应,为第二应。

复明人事之应

人事有论卦象五行者,有不论卦象五行者。论卦象,则老人属乾,老妇属坤,艮为少男,兑为少女之类。五行生克、比和之理，与前天时、地理之卦同断。其不分卦象五行者，则以人事之纷，了见杂出，有吉有凶，此应则随其吉凶而为之兆也。又观其事，则亦为某人。此人事之应也。

本节讲的是以人事作为外应如何取用来参断的经验，请和前面《三要灵应篇》中的相关部分一起研究。

以卦象而论人事的，比方说老年男子属乾卦，老妇属坤卦，艮卦为少年男子，兑卦为妙龄少女等等。卦象之间的五行生克比和之理运用，与前面所述的天时、地理所举的方法一样，无非五行生克比和而已。

那些不依卦象、五行来论人事的。人事中的各种现象，重复出现的，突然冒出的，纷纷扰扰，层出不穷，有吉有凶，均可用来作为参考。了见杂出，似应为叠见杂出。"又观其事，则亦为某人。"不通。因为前面已经详细讲了人事的取用，这里大概是想说，既要考察人事吉凶，还要参看人事人中的状况。

以上是人事之应。为第三应。

复明时令之应

时令不必论卦象，但详其令。月日值之五行衰旺之气。旺者，如寅卯月日则木旺，巳午之月日火旺，申酉之月日金旺，亥子之月日水旺，辰戌丑未之月日土旺。衰者，如木旺则土衰，土旺则水衰，水旺则火衰，火旺则金衰，金旺则木衰。是故生体之卦气宜值时之旺气，不宜衰气。如克体卦气，则宜乘衰。此时令之应也。

时令是以干支表示的，故可与八卦相配，而八卦又与五行相配，故每月每日均有其五行属性。

用时令季节作为外应，不论卦象，只论五行，只要推详当令的月日所值的五行衰旺之气即可。五行相生相克，木旺则土衰，土旺则水衰，水旺则火衰，火旺则金衰，金旺则木衰。故寅卯之月日土旺，土克木，则土衰。巳午之月日火旺，火克金，则金衰。其他以此类推即可。关于这方面的论述，前面已经一一详细说明，其对应请参看下图。

地支配五行图

时令以地支纪之，其与五行衰旺的关系如下：

五行卦气旺的：月日地支为寅卯的，木旺，土衰；月日地支为巳午的，火旺，金衰；月日地支为申酉的，金旺，木衰；月日地支为亥子的，水旺，火衰；月日地支为辰戌丑未的，土旺，水衰；

起卦后，先看体卦的五行属性，再考察所取外应之卦气五行属性看其生克衰旺。生扶体卦的时令外应之卦气，宜于旺相，不宜衰弱。克制体卦的时令外应之卦气，宜于衰弱，不宜旺相。如体卦为离，时令值寅卯之月，五行属木，木生火，即为生体之卦。寅卯之月木旺，吉。如体卦为离，时令值亥子之月，五行属水，水克火，即为克体之卦。亥子之月水旺，不吉。如体卦为离，时令值辰戌丑未之月，五行属土，乃水衰之月，无碍。以此类推。这里需要说明的是，这里讲的只是大概的规则，举例归举例，在具体的应用中并非如此呆板，一成不变。

以上是天时之应，为第四应。

复明方卦之应

即分方之卦。如离南、坎北、震东、兑西、巽东南、乾西北、艮东北、坤西南类也。论吉凶者，看来占之人在何卦位，而以用卦参详。如坎为用卦，宜在坎与震、巽之位，在离则不吉。离为用卦，宜在离与坤、艮之位，在乾、兑二位则不吉矣。盖宜在本卦之方，为用卦生之方，不宜受用卦克也。

所谓方卦，就是以方位为外应，看其属于何卦，作为用卦，看其与体卦之五行生克关系，进行综合论断。这里所说的八卦方位，即后天八卦属方位：离南坎北，震东兑西，巽东南，乾西北，艮东北，坤西南。

以方位之卦而论断吉凶的，看来人站何方位，取为用卦，判断吉凶。比如坎卦为用卦，来测之人测宜于在北方或东方、东南方，在南方则不吉。因为坎为水，来人在北方为坎，属水；东方为震，东南为巽，均属木，而体卦坎属水，生木；体卦生扶用卦，故吉。如在南方，南方为离，属火，体卦克制用卦，故不吉。同理，若离卦为用卦，则求占之人宜在南方或西南、东北方，在西北方或西方则不吉。一般说来，来占之人宜在体卦之方位为吉。如果再考虑用卦的话，则宜在用卦所生之方位，不宜在用卦所克之方位。

若夫气在之卦，所在之方，又当审之。如水从坎来，为坎卦气旺。水从坤艮来，则坎之卦气衰。火从南来，为离卦气旺。如从北来，则离之卦气衰。余皆仿此。大抵本卦之方，生为旺，受克为衰。宜以体卦参之。生体卦气，宜受旺方；克体卦气，宜受克方。此方卦之应也。

这一段分析所在之卦的卦气旺衰，要结合所论卦的方位进行分析，并非一成不变。如若水从北方来，坎卦卦气旺；水从西南方或东北方来，则坎卦卦气衰弱。火从南方来，离卦卦气旺；如若火从北方来，则离卦卦气衰弱。其他以此类推。大体说来，本卦之方位，受方位之卦生的为旺相，受方位之卦克的则为衰弱。一般说来，如果方位之卦生扶体卦，其卦气为旺相为宜，不宜衰弱；如果方位之卦克制体卦，衰弱为宜，不宜旺相。

以上是方位之应，为第五应。

又震、巽之方不论坤、艮，坤、艮之方不论坎。坎方不论离，离方不论乾，乾、兑之方，不论震、巽。以其寓卦受方卦之克也。

又及，若来人在震、巽之方，体卦为坤艮，不必论之；若来人站在坤、艮之方，用卦为坎，不必论之；若来人在离方，体卦为乾兑，不必论之；来人在乾兑之方，体卦为震巽，亦不必论之。因为体卦为来人方位之卦所克制，不吉，没有必要论什么衰旺了。

复明动物之应

　　动物有论卦象者。乾为马，坤为牛，震为龙，巽为鸡，坎为豕，离为雉，艮为狗，兑为羊。又螺蚌龟鳖为离之象，鱼类为坎之属。此动物之卦，以体详与。

　　又不论卦象五行者，如乌鸦报灾，灵鹊报喜，鸿雁主有书信，蛇虫防有毒害，鸡唱为家音，马嘶为动意。此动物之应也。

　　这一节讲的是取用动物作为外应的经验。动物之应与人事之应一样，也有两种情况。

　　一种是以动物属于何卦象，即以何卦为卦应。例如：马属于乾卦之象，牛属于坤卦之象，鸡属于巽卦之象，猪属于坎卦之象，山鸡属于离卦之象，狗属于艮卦之象，羊属于兑卦之象，等等。还有，螺、蚌、龟、鳖属于离卦之象，鱼类属于坎卦之象，等等。具体取象时，可参看《八卦万物属类》一节。以这些卦象作为对事物的外应，再考察外应与体卦的关系，即可得出结论。具体方法，与前面第一应至第五应之讲解并无不同，参看上面的例子即可。

　　还有另外一种情况，即以动物的本身作为事物的外应，不用将其配卦作。如断卦时，见到乌鸦，则可断为凶事；见到喜鹊则可断为吉；见到鸿雁，则可断为有书信；见到蛇，则可断为有人意图谋害；见到鸡叫，则可断为家人有音讯；见到马嘶，则可断为有出行之事，等等。

　　以上是动物之应，为第六应。

复明静物之应

　　器物之类，有论卦象者。如水属坎，火属离，水之气属震、巽，金之气属乾、兑，土之气属坤、艮，为体卦，要参详。其不分卦象者，但观其器物之兆，如物之圆者事成，器之缺者事败。又详其器物是何物，如笔砚主文书之事，袍笏主官职之事，樽俎之具有宴集，枷锁之具防官灾。百端不一，审其物器。此静物之应也。

静物被取为外应时，也分为两种情况。

一种是将静物配之以卦象，取其卦象为外应之卦，与体卦和其他用卦一起参看，以断吉凶。例如：坎为水，与水有关的静物即属于坎卦之象；离为火，与火有关的静物即属于离卦之象；震巽为木，与木有关的即属于巽卦、震卦之象；乾兑为金，与金属有关的事物即属于乾卦、兑卦之象；坤艮为土，与土有关的静物属于即坤卦、艮卦之象，等等。具体取象时，亦可参看《八卦万物属类》一节。将所取外应的卦象与体卦一起参断，具体方法同上。

第二种情况，就是以静物本身作为外应，不考虑将外应朽卦，亦不用考虑其五行生克。比如见到圆形之物，则可断为事必成；见到笔墨纸砚之类的东西，则可断为有文书之喜；见到袍服等物，则可断为有官职之事；见到杯子、砧板等厨具，即可断为有宴请之事；见到枷锁之类的刑具，则可断为有官讼之灾，等等。

以上是静物之应。为第七应。

复明言语之应

闻人言语，不论卦象，但详其所言之事绪而占卜之。应闻吉语则吉，闻凶语则凶。若闻闹市言语喧集，难以决断。若定人少之处，或言语可辨其事绪，则审其所言何事，心领而意会之。如说朝廷迁选，可以求名；论江湖州郡，主出行；言争讼之事，主官司；言喜庆之事，利婚姻。事绪不一，随所闻以依之。此言语之应也。

所谓言语之应，是指以别人的语言内容以为外应。言语之应，一般不配以卦象，而是据其内容的吉凶而断。言语所讲的事情为吉，可断为吉，内容为凶，则可断为凶。如果在闹市之中，则言语嘈杂，难以辨识，不可以言语为外应而定吉凶。若在人少的地方，言语可以听清，则可断吉凶。如果所讲之事是讲朝廷人事变动，可断为宜于求名。如果谈论的是他乡外郡之事，主有远行。如果谈论的是喜庆之事，则可断为婚姻顺利。言语内容驳杂，据所闻而断即可，兹不一一具述。以上是言语之应。为第八应。

复明声音之应

　　耳所闻之声音而论卦象，则雷为震，风声为巽，雨声为坎，水声为坎。鼓拍槌拆之声出于木者，皆属震、巽；钟声、铃铙之声出于金者，皆属乾、兑。此声音之论卦象。若为体，参详决之，如闻声有欢笑之声，主有喜；悲愁之声，主有忧；歌唱之声，主快乐；怒号之声，主争喧。至若物声，则鸦声报灾，鹊声传喜，鸿雁之声主远信，鸡凫之声为佳音。此类推声音之应也。

　　所谓声音之应，就是以听到的声音为作为外应，其方法有两种。

　　一种是将声音根据其属性来配卦，以卦象为外应。例如，雷声为震卦之象，雨声为坎卦之象，风声为巽卦之象，打鼓等用木性之物敲打出来的声音为震卦、巽卦之象，水声为坎卦之象，钟声或金属之类的器物发出的声音为乾卦、兑卦之象。以上为以声音之卦象为外应时的取用。参看体卦及各用卦的卦象，再考察外应声音之卦的属性，即可参断。具体方法与前面几节所讲方法一致。

　　第二种方法是不论卦象，只以声音的性质来推断吉凶。听见欢声笑语主有喜事，听见悲愁的声音则主有忧愁之事。听见唱歌，主有快乐之事；听见争吵之声，主有争吵。听见动物的声音，亦可如此而断。如乌鸦叫主有灾，喜鹊唱主有喜；鸿雁鸣主有远方的书信到，鸡鸭叫主有佳音至。如此之类，不一而足。具体取用，亦要参看当地风俗，不可拘泥。

　　以上是声音之应，为第九应。

复明五色之应

　　五色不论卦象，但以所见之色推五行。青碧绿色属木，红紫赤色属火，白属金，黑属水，黄属土。外应之五行，详于内卦体用；生克比和，吉凶可见。此五色之应也。

　　所谓五色之应，是指取所见到的颜色作为外应。五色之应但论其五行属性，不看卦象。例如，青碧色为木，红紫赤色为火，白色为金，黑色为水，黄色为土。考察内卦体卦用卦等之五行属性，即可据其生克比和之关系参断。具体方法同上。

以上是五色之应，为第十应。

复明写字之应

淡中浓墨名为淬，浓墨中间薄似云。点画误书名鬼笔，定知贼在暗中缠。

涕为流泪防丧服，定主忧惊梦里眠。鬼笔误书防窃盗，定知方位与通传。

此写字之应验也。

所谓写字之应，指以所写之字的字形及形状以图画视之并作为外应的经验。古人以毛笔醮现磨的墨书写，与现代人书写习惯不同。这一段是讲，由于一个字写完可能醮几次墨，故同一个字里，墨迹有浓淡之分。如果淡墨为主，中有浓墨，则主事情总体虽然不吉，但亦有小小收获，不会完全失望。反之，则事情总体尚佳，但亦有令人不满意的方面。字本来没有点，误多加了点，名为鬼笔，要防失窃，主有贼在暗中惦记要来偷盗。写字时墨醮得太饱了，以至于流出墨迹，是为涕，可能会有丧服之事，主睡眼不好，梦里忧惊。通传，就是传通，即传递信息和传递东西的意思。考察鬼笔在字体中所外的方位，可以知道蟊贼进来方位所在以及东西失窃的具体位置。

以上是写字之应，为第十一应。

遗论

万物卦数，本由于易。今观此书，止用五行生克之理。十应三要之诀，例不同易，何也？盖未有易书，先有易理。易书作于四圣之后，易理著于四圣之先。人心皆有易理，则于易也；占卜无非用卦，卦即易也。若得易卦，爻观其爻辞，象以断吉凶悔吝，更为妙也，未尝不用易。又观寓物卦数，起例之篇，止用内卦，不用外卦，何也？盖泛泛人起卦之诀，十应为传授之诀。若观梅卦例曰"今日观梅得革，知女折花，有伤股"，明日观梅得革，亦谓女子折花，可乎？占牡丹例曰"今日算牡丹为马践毁"，异日算牡丹亦为马所践，可乎？是必明其理。又于地风升卦，无饮食之兆而知有人相请，此要外应诀之。

　　前面一直讲了十一种外应的断卦经验，这一节做了一个小结，并讲了内外卦和具体应用的一些经验，具有很高的实用性。

　　万事万物所蕴涵的八卦之数，本根源于《周易》之书。但是考察《梅花易数》，却只见它采用了阴阳五行、生克制化的道理。"十应"、"三要"二篇中所讲的具体应用方法，与《周易》并不不同，原因何在？这易因为，易理的存在早于《周易》的成书。早在天地生成之前，易理就存在。《周易》成书于伏羲、文王、周公、孔子四位圣人之后，而易理却与天地同在，远在四圣之前。易理即天地之理，并不神秘，我们日常生活亦是亦理，并不存在一个高高在上，不可理解的易理，人人心中都有易理在，百姓日用而不知而已。但有了《周易》一书以后，普通人往往一叶障目，不见泰山，以为只有占卜、八卦才是《周易》，却是数典忘祖了。我们普通人并不把《周易》挂在嘴上，但都是取法于易理；卜筮之述用的无非是八卦卦象之类，使用的却是《周易》的卜筮功能，而这种功能在四圣以前就被广泛使用。当然，起卦之后，详分体用，参断生克，再根据《周易》的卦爻辞来决断事物的吉凶悔吝，就更好了。因此，《梅花易数》并非完全不用《周易》。前面所举的卦例中，如《老人有忧色占》、《少年有喜色占》，亦都使用了卦爻辞来参断。

　　这就带来了一个问题。我们在《第一卷》所讲的卦例，讲的都是内卦使用的技法，并不涉及外卦，不也很灵验吗？不取外应，不也是很好吗？这是一个很重要的问题，研究《梅花易数》的书虽然很多，但是到此往往语焉不详，在这里我重点讲一下。在前面我们讲到，起卦的原则是什么？"不动不占，不因事不占"。那么，我们可以这样理解，起卦是随时随地可以起的，但往往是不灵验的，也是没有必要的。只有在"动"和"因事"的情况下，我们才可以起卦，而这两种情况恰恰是外应，可起为外卦，来与内卦同时参断，《梅花易数》这种技法才有其实际意义。

　　前面所讲的卦例，之所以没有涉及外应，这就非常容易理解了。《第一卷》的举例，只是传授给我们起卦析卦的通用方法，讲的是一般规则，因此不用涉及外应。现在大家学会了起卦和析卦甚至五行生克的基本技法了，依样画葫芦，却发现应用起来有问题，因此在《第二卷》就给大家讲了具体应用的经验，如十应、三要之术。也就是说，前面讲的是基本理论，后面讲的是具体应用。当然，在以下的《第三卷》至《第五卷》中，我们要讲更多的具体应用之术。

比如《观梅占》，当时观赏梅花得革卦，断女子明日析花失惊坠股，我们在讲解时说明了一下，其外应是取"雀"字，是拆字之术。若以后赏梅又得革卦，再断有女子折花断股，可以吗？当然不行。因为外应不同了。又如《牡丹占》，当时算牡丹次日午为马所践毁，以后算牡丹再断被马所践毁，可以吗？这些做法显然是行不通的。因此，在具体的断卦过程中，必须根据当时的外应情况，来参断诸内卦的五行生克。比方说《饮食占》这个卦案，本卦为地风升，并无饮食的兆象，亦断有人相请，这是因为其对外应的取用。

体用

凡占卜成卦，即画成三重：本卦、互卦、变卦也。使于本卦分体用，此一体一用也。以卦五行明生克比和之理，此一用卦最切。看互卦变卦，互变亦用也。此内之体用也。又次看应卦，亦用也。此合内外之体用也。

大凡占卜时成卦之后，即可得三种卦：本卦、互卦、变卦。在本卦之内，依据动爻所在，区分体卦和用卦。无动爻的三画卦，即为体卦。动爻在的三画卦，即为用卦。这就是一体一用。根据八卦的五行属性，明确生克比和之理。这一点，对于正确分析体卦和用卦的关系，最为紧要。互卦、变卦也属于用卦的一部分，体卦与用卦、互卦、变卦构成的关系，这是内外卦的体用关系。是不是有了这些就行了呢？这当然是远远不够的。在上一节我们讲到，还要根据外应的取用，结合起来断卦。外应可根据其属性取卦，即为外卦，本卷已经做了详细讲述。外卦又称为应卦，而应卦亦属于用卦的一部分。考察外卦与体卦的关系，再参断以诸内卦之间的体用关系，即内外之体用了。

然则不止一体一用，所谓体一用百也。生克即分体用，则论生克。生体则吉，克体则凶，比和则吉，不必论矣。生体多者则愈吉，克体多者则愈凶。然此卦生体，诸卦有克此卦者，灭其吉。此卦克体，诸卦又有克此卦者，稍解其穷。有生此卦者吉，有克此卦者凶。此体用之生克也。

然而，在具体的占断过程中，体卦有一个，用卦却不止一个，这被称为"体一用百"。考察体卦与用卦的关系，就要考察体卦与所有用卦的关系，还要考察诸用卦之间的生克比和关系。用卦生扶体卦，吉。用卦克制体卦，凶。用卦与体卦相比和，亦吉。这是最简单的道理，就没有必要展开论述了。生扶体卦的用卦越多，所测之事就越吉利；克制体卦的用卦越多，所测之事就越凶险。然而在大多数的时候，体卦、用卦及诸用卦之间的生克关系，并非如此简单，而是生生克克相互交织。若此卦生扶体卦，但其他各卦有克制此卦的，那么结果虽然是吉，但其吉就会减损。若此卦克制体卦，但其他各卦有克制此卦的，那么结果虽然是凶，但其凶就会减轻。体卦确定后，诸用卦中，生扶体卦的因素占主导，吉；反之，凶。这就是体用之间生克关系的论述，理应仔细研究。

然卦之生克，有不论体用者。如占天时，有震则有雷，有巽则有风，逢坎则有雨，逢离则晴。此一定之理。又有不然者，如论卦中乾兑多则震无雷，巽亦无风，又必有此诀也，皆隐然外卦之意。如观梅有女折花，算牡丹有马践，地风升有饮食兆，此又非外应之兆不能决也。

然而，在具体的应用中，还有只论八卦生克而不论体用的情况。这就是以什么为主的问题，相当于现在我们经常讲的主要矛盾的意思。比如，在占天时时，卦中有震则有雷，有巽卦则有风，有坎卦则有雨，有离卦则天晴。通常情况下，即可如此占断，不用考虑体用之说。然而又有例外的情况，若体卦和用卦中的乾兑多，则卦中即使有震，也不会有雷；即使有巽，也不会有风。因为震巽木遭乾兑金的克制而无力，故表现不出来雷声和风象了。在具体的应用中，我们会经常遇到这种情况，依据的就是既要考虑内卦的因素，也要考虑外卦的因素，总体考虑其诸卦之间的五行生克制化之理，方得梅花易的真谛。例如《观梅占》中断有女子折花，《牡丹占》中断牡丹为马所践毁，《饮食占》中地风升卦却断有饮食之兆，根据的都是外应。没有外应，则不可如此占断。

体用论[①]

　　心易寓物之用，以体为主。然人知一体一用之常，不知一体百用之变并体之变。全卦为内卦，内亦不知一用而互变皆用也。三要十应之卦，外卦也，外亦不一，无非用也。学寓物者，得体用以为至术，十应则罕有之。后则三要以为全术，且谓体用自体用，三要自三要，遂以体用决吉凶，以三要为吉凶之兆。孰知三要、十应、体用之致？呜呼！体用不可无三要，十应不可无体用。体用、三要、十应，理无间然也。如此者，是谓心易之全术，而可以尽占卜之道也。

　　用《梅花易数》占断时，以体卦为主，以诸用卦为用。但我们往往只考虑一体卦一用卦的关系，却往往不了解一体百用的变化以及体卦变化的道理。全卦为内卦，但我们往往只考察本卦中的那一个用卦，而忽略了互卦、变卦亦为用卦，三要、十应之说等所讲的都是外卦的取用。外卦的取用也是非常的灵活，甚至我们取外应时，取的往往不止一个外应，也就不止一个外卦。但说穿了，无非都是用卦罢了。接下来讲的是我们一般人在学习《梅花易数》中常犯的错误。学了《第一卷》的入门之术，学会了内卦的体用变化，就以为掌握了体用的最关键的要义了，却忽略了十应的取用。后来又学习了三要之术，就以为掌握了全部的技法，而且理解得非常机械，常常把三要和体用之术分开来考虑，却不能够融会贯通。在断卦的时候，仅以卦之体用来决断吉凶，而不能充分认识到外应的作用，仅仅以其为一个征兆。殊不知将体用与三要、十应之说，是一个不可分割的整体，是一个事物的多个方面，只考虑一个方面，难免顾此失彼。只有将三要、十应与体用一起灵活运用，才算懂得了占卜之道。

　　又如乾兑多则巽无风；坤艮多则坎无雨；坎多，则离亦不晴。盖以乾兑之金克震巽之木，坤艮之土克坎水，坎水克离火也。此又须通变而推验之。

　　前面举例时说到，在预测天时，如果卦中乾兑金多，即使卦中有巽，

[①] 原书"论"字为"类"字，今从诸本改正。

也不会有风。如果卦中坤土艮土多，即使卦中有坎，也没有雨。如果卦中坎水多，即使卦中有离，天也不会放晴。这是因为乾兑金克制了震巽木；坤艮土克制了坎水，坎水克制了离火。因此，在断卦不要机械，必须根据变通原则灵活而断才对。

又若占饮食，有坎则有酒，有兑则有食。如遇坤艮则坎亦无酒，离值则兑亦无食。余皆可以类推。故举此二类，为心易生克之例耳。

再比如预测饮食时，一般情况下，卦中有坎就会有酒喝，卦中有兑就会有饭吃。但是，如果卦中有坤艮之土来克制坎水，则有坎也无酒；如果卦中有离火来克制兑金，则有兑也不会不吃的。其作的都可以以此类推。在此举这两个例子，只是说明一下变易之道和生克之理而已。

衰旺论

既明生克，当看衰旺。旺者，如春震巽木，夏离火，秋乾兑金，冬坎水，四季之月坤艮土是也。衰者，如春坤艮，夏乾兑，秋震巽，冬离，四季之月坎是也。

明白了体用及生克制化的道理之后，还要审视卦气的旺衰的不同。卦气衰旺不同，其在生克制化的关系中，作用就不同。衰金克制不了旺木而反受其侮，衰土克制不了旺水亦然。

卦气旺相的：春季，震巽属木旺相；夏季离卦属火旺相；秋季，乾卦兑卦属金旺相；冬季，坎卦属水旺相；每季的最后一个月，即夏历的三、六、九、十二月，坤卦艮卦属土旺相。

卦气衰弱的：春季，坤艮土衰弱，因受春旺盛之震巽木克制；夏季乾金兑金衰弱，因受旺盛的离火的克制；秋季震木巽木衰弱，因受旺盛的乾兑金的克制而衰弱；冬季离火衰弱，因受旺盛的坎水克制；每季的最后一个月，坎水衰弱，因受旺盛的坤土艮土的克制。

凡占卜，体卦宜盛旺。气旺而又逢生则吉，重遇克则凶。若体衰而逢克，则其凶甚矣。体衰而有生体之卦，则衰稍解。大抵体之卦宜旺，生体之卦气亦宜旺，克体之卦气宜衰。此心易论衰旺之诀也。

大凡占卜，体卦本身宜于旺盛。体卦气旺，又逢用卦生扶，主吉；如逢诸用卦多方克制，主凶。如果体卦本身卦气衰微，又逢他卦的克制，凶上加凶。如果体卦本身卦气衰微，但是喜逢他卦生扶体卦，衰微的趋势则略微缓解，不会大凶。总而言之，体卦之气宜于旺盛，而生扶变卦的卦气则宜于旺盛，克制体卦的卦气宜于衰弱。此乃心易之术如何应用卦气衰旺之秘诀。

内外论

凡占卜，体用为内，诸应卦为外卦，此占卜之例也。诸应卦与三要之应，与十应之应，必合内外卦而断之也。苟不知合内外卦为断，谓体用自体用，三要十应自三要十应，如此则鲜见其有验者。然十应罕有知者，如前《奥论》云"金银为世宝，三要为吉"者，若震巽为体，则金克木，反为不吉；"兵刃为世凶，三要为凶"者，若坎为体，则金生水，反为不凶。占产见男子，谓有生子兆，设坎为体，少男为艮土，土克水，产反不吉。占病见棺必死，若遇离体，则木生火而反吉。似此之类，则内卦不可无外卦，外卦不可无内卦。占卜之精者，无非合内外之道也。

占卜之时，以体卦及与从体卦变出的互卦、变卦之类的诸用卦为内卦，以从外应而得的卦为外卦，本是占卜预测的通例。所有外卦以及三要之应、十应的应，都必须与内卦一起来综合论断。如果不懂得结合内、外之卦而综合论断，只是孤立地看待体用之说，不与三要、十就之术相结合，认为三要、十应也就是仅仅是个外应，起不了什么主导作用，自然难以得出正确的结论。然而，世人对三要、十就之术的了解，却是少之又少。比方说前文《十应奥论》所讲的"金银为世宝，三要为吉"，但从十应之说来看，若体卦为震巽之时，属木，遇金则克体卦震巽之木，反而不是吉兆。"兵刃为世凶，三要为凶"，但从十应之说来看，若体卦为坎之时，遇兵刃之金，反生体卦之坎水，反而不是凶兆。占妇女分娩，若见男子，谓有生男之兆，但从十应之说来看，若体卦为坎之时，遇少男为艮土，则克体卦之坎水，分娩反而会不顺利。占病人安危，如遇到棺材，为必死之兆，但从十应之说来看，若体卦为离之时，遇棺材之木，则生体卦之离火，病人反而会转危为安。诸如此类的案例，看内卦不可不看外卦，看外卦不可不看内卦。那些精于占卜的人，不过是善于结合内、外之卦而知综合判断罢了，并非方法与我们有什么区别，或有什么不传之秘。

动静

　　凡占决，虽明动静之机，然有理之常，有事之变。阳动而阴静，一动一静者，理之常；此静而彼动，一静百动者，事之变也。天下之事物，纷纷群动，我则以一静而待之。事物之动，各有其端，我则以一静而测之。不动不占，不因事不占。

　　凡是占卜决断，即使明了动静取用的玄机，然而还要考虑生活的常理，但在我们所处的这个世界中，并不是如此简单，事物的表现往往不是哪些简单，而是表象非常复杂。比方说，阳动则阴静，一动必有一静，此乃常理。但是此处静而彼处动，一物静而百物动，这是具体事物的复杂性。天下万事万物变幻不常，而我却一性元明，自然寂静，认识这个世界自然就得简单。事物的运动和变化，各有自己的端倪和运动规律，我则以一颗安静的心来测度它，自然独得"易简"的道理。不动不占，不因事不占，正是占测时最重要的法则。

　　占卜之际，察其群物之事。物动而凶者，兆吾卦之凶；物动而吉者，兆吾卦之吉。然于闹喧市廛之地，人物杂扰，群物满前，拈何事何物为吉？吾占卜之应，此又推乎理而合其事。盖于群动之中，或观其身临吾耳目之近者，或以先见者，或群事分明者，或吾之一念所在者，此发占之所用。若求名，则于群动之中，或遇官府，或有文书及袍笏仪卫之物，则为得官之应。若求财利，则遇巨商富贾，或有钱宝货财之物，则厥为获利之应。若占讼事，而忽逢笞杖枷锁之具，则讼终不吉。占病而不见缞麻棺椁之物者，病当无恙。凡此，所谓事事相关，物物相应，是以验吾占卦之切要也。

　　占卜的时候，要详细观察周围事物的变化。因为事物的运动寓含着吉凶征兆，可以取为外应，预示着事物的趋向。事物运动有凶兆，便预示所测事物有凶。事物运动有吉兆，便预示所测事物有吉。至于热闹喧嚣的集市，人物错杂相集，百货琳琅满目，占测吉凶，那么外应该如何取用呢？此事外应的取用，应根据情理来取用，应付合乎事情的性质。或者以离我耳目最近的事物为外应，或者以先进入我视线的事物为外应，或者以最为分明、清楚的事情的事物为外应，或者以预测开始时那一瞬间的直觉为外应。这就是我们要取为外应的最直接的东西。如果要占测科举、官场等事，遇有官府、文书或袍笏、仪仗等与官员有关的物事，当得官职。如果要占测财运，遇有富商巨贾、金银贵物等外应，主得大财。如果要占测官司，遇有刑杖、脚镣手铐等刑具，不吉。如果要占测疾病，没有遇到孝服、棺材之类的不祥之物，病无大碍，不用吃药而自愈。凡此种种，所谓事与事相互关联，物与物相互感应，都可以作为占卜的重要依据。

至若坐则应迟，行则应速，走则愈速，卧则愈迟，此则察其动之端也。吾心本静，人来占卜，起念以应之，即动也。以此动而测彼动，于此之念而求彼之验，诚而神知之。知此者，可以知动静之机矣。

至于来人若坐着占问，则应验之期较长；若来人在行走中占问，则应验之期较短；若来人跑着来占问，则应验之期更短；若来人躺着占问，则应验之期更长。这是观察来人的动作快慢以及心情急缓来确定应验的快慢。我的心本来是静的，人来求测，意念响应了来人，则我之心念亦动。《诗》曰："他人有心，予忖度之。"以我心之动静来测彼心之动静，以多之所思测来人之所欲，只要诚心正意，无不应验。掌握了这个原则，即可探求事物动静变化的玄机了。

向背

凡占卜求应，必须审其向背。向者为事物之应相向而来，背者谓事物之应相背而去也。如鸦报灾，鸦飞适来，其灾将至；鸦飞而去，则灾已过去也。如鹊报喜，鹊飞适来，其喜将至；鹊飞已去，则喜已过去也。至于外应之卦皆然。其克体之卦器物方来，其祸将至，去则祸散。其体生之卦器物方来则吉，去则吉已过矣。其他应兆皆然。此为占卦向背至当之理也。

《向背》这一篇，为我们讲的是时间点如何确定的经验。占卜取了外应后,要详细考察外应的向背情况。向我而来的,说明所测之事正要进行,其应为未来之事。相背而去的,说明所测之事快要结束,其应为过去之事。比如乌鸦报灾:若乌鸦正向此处飞来,预示灾害将要发生;若乌鸦正向远处飞去,则预示灾害即将结束。再如喜鹊报喜:若喜鹊正向此处飞来,预示喜事将至;若喜鹊正向远处飞去,则预示喜事即将结束。作为外应之卦的情况,也是如此而占断。若取器物为外应,所取的外卦克制体卦,那么可如此占断:如果器物正向这边来,预示灾害将至;如果器物正向远方离去,则预示其灾祸即将消散。若取器物为外应,所取的外卦生扶体卦,那么可如此占断:若器物正向这边来,预示其吉将至;如果器物正向远方离去,则说明其吉将要过去。其他应卦的取用,也是如此。以上讲的是向背之说的基本取用经验,确是至为精当的妙理。

静占

凡应占在静室,无所闻见,则无外卦,即不论外卦。但以全卦年月日,值五行衰旺之气,以体用决之。

凡占卜时处在静室中,既看不到外在事物的明显变化,亦无特别的声音,那么即以年月日时的五行衰旺情况作为外应来考察即可,用体用关系来决断就可以了,不用再取外卦。

观物洞玄歌

《洞玄歌》者,洞达玄妙之说也。此歌多为占宅气而发。昔牛思晦尝入人家,知其吉凶先兆,盖此术云。是故家之兴衰,必有祯祥妖孽之谶。识者鉴此,不识者昧之。故此歌发其蕴奥,皆理之必然,切切勿以浅近目之也。

　　　　世间万事无非数,理在其中遇。
　　　　吉凶悔吝有其机,祸福可先知。
　　　　五行金木水火土,生克先为主。
　　　　青黄赤黑白五形,辨察要分明。
　　　　人家吉凶何以见?只向玄中判。

入门辨察见闻时，于此察兴衰。
若还宅气如春意，家室生和气。
若然冷落似秋时，从此渐衰微。
自然馨香如兰室，福至无虚日。
鸡豚猫犬秽薰腥，贫病至相侵。
男妆女饰皆齐整，此去门风盛。
家人垢面与蓬头，定见有悲忧。
鬼啼妇叹情怀悄，祸害道阴小。
老人无故泣双垂，不见日愁悲。
门前墙壁如果缺，家道中消歇。
溜遭水势向门流，财帛永难收。
忽然屋上生奇草，益荫人家好。
门户幽爽绝尘埃，必定出高才。
偶悬破履当门户，必有奴欺主。
长长破碎左边门，断不利家君。
遮门临井桃花艳，内有风情染。
屋前屋后有高桐，离别主人翁。
井边倘种高梨树，长有离乡土。
祠堂神主忽焚香，火厄恐相招。
檐前瓦片当门堕，诸事愁崩破。
若施破碗厕坑中，从此见贫穷。
白昼不宜灯在地，死者还相继。
公然鼠向日中来，不日耗资财。
牝鸡早晚鸣呷喔，阴盛家消索。
中堂犬吠立而啼，人眷有灾厄。
清晨鹊噪连声继，远行人将至。
蟒蛇偶尔入人家，人病见妖邪。
雀群争逐当门盛，口舌纷纷定。

偶然鹏鸟①叫当门，人口有灾逢。
入门若见有群羊，家主病瘟瘴。
舟船若安在平地，虽稳成淹滞。
他家树荫过墙来，多得横来财。
阶前石砌多残折，成事多衰灭。
入门茶果应声来，中馈主家财。
三飱时候炊烟早，家道渐基好。
连宵宿火不成时，人散与财离。
千门万户难详备，理在吾心地。
斯文引路发先天，深奥入玄玄。

此《洞玄歌》与《灵应》，同出而小异。彼篇多为占卜之诀，盖占卜之际，随所出而见，以为克应之兆。此歌则不特为占卜之事，一时而入人家，有此事，必有此理。盖多寓观察之术也。然有数端，人家可得警戒而趋避之，或可转祸为福。偶不知所因而囿于数中，俾吾见之，则善恶不逃乎明鉴矣。

《洞玄歌》虽然主要是为占测宅气而写，但其所论诸说，亦可为断卦的参考。此歌不仅是察知他人家宅的最好例证，也是认识本身行动和思想的具体原则。"同声相应，同气相求"。如果我们认识到自己周围交往的人都是邪恶之人，一定要反思自己的修养；如果近期自己非常的不顺利，一定要反思自己的作为。如果能够做到这些，此歌对于我们察几知微、认识世界就会有理论上的指导意义。

起卦加数例

寅年十二月初一日午时，有数家起造，俱在邻市之间。有三家以此年月日时求占于先生，若同一卦，则吉凶莫辨矣。先生以各姓而加数，遂断之而皆验。

本节讲了一个以年月日时起卦进行占断的卦例。以年月日时法起卦，是《梅花易数》最常见的一种起卦方法，但在这个卦案中，活用了此起

---

① 即鸥鹑也。

卦法。

寅年十二月初一午时，有几户人家建造房子，全在市郊。其中有三家建房的时间一致，估计是用择吉之术选择的时间，都是寅年十二月初一午时，请康节先生起卦预测。如果用仅用年月日时起卦，得到的则是同一卦，三家就会混淆不清，吉凶也就难以分辨。于是先生即以时间所得的卦数再加上姓氏笔画数来起数得卦，一一进行占测，结果都得到应验。

盖三家求占，有田姓者，有王姓者，有韩姓者。若寅年三数、十二与一，共十六，加王姓四画，得二十数，除二八一十六，得四，震为上卦；又加午时，七数，总二十七数，除三八二十四，得三，离为下卦。二十七中除四六二十四，零三为爻，得丰变震，互见兑、巽。其田姓加以田字六画，得水风井，变升，互见离、兑；其韩①姓加入二十一画之数，得二变中孚，互见艮、坤。乃以各家之姓起数，随各家之卦断之也。

三家的姓氏分别是田、王、韩。以寅年数三，加十二月十二数，再初一日一数，共得十六数。加王姓四画四数，共二十数。二十除以八，余四，四为震，为上卦；又加上午时七数，共二十七数，除以八余三，三为离，为下卦，得雷火丰。二十七除以六余三，第三爻动，变为震卦，互见兑卦和巽卦。同理，田姓六画，加年月日数十六及日数七，得水风井，九五爻动，变为地风升，互见离卦、兑卦。韩姓笔画数为二十一，以同样方法加年月日数十六及日数七，得卦为风雷益，六二爻变，变为风泽中孚，互见艮、坤。

不特起屋之年月日时加姓也，凡冠婚及葬事皆顺加姓。然冠葬皆加一姓可矣，若婚姻则男女大事，必加二姓可也。极北之人无姓，亦必有名，不辨其字，则数其声音。又无名，则随所寓也。

以上讲的是以年月日时加姓氏笔画起卦的方法。在日常应用中，不仅像卦案这样的建房之事可用年月日时加姓氏笔画起卦，其他如加冠、婚姻、丧葬之事，也多采用这种方法。不过，婚姻是男女双方的大事，要考

---

① "韩"的繁体字为"韓"，按照印刷体的笔画，应为十八画。如果其中的折算为两画，则为二十一画。此处讲韩字为二十一画，毛笔字的写法与当今的书写习惯不同，故笔画不同。我们在今天应用时，可以来人书写的笔画为准。如果是口头报称，当以简体字笔画为准。

虑双方的因素，故必须加上夫妻二人的姓氏方可。如果子女之姓氏与父母之姓氏不同，用男女之姓氏，不考虑其父母的姓氏。在有的地方，人们没有姓氏，就加入名字。如果名字不好用汉字表达，就以其名字的发音加入来起卦。若是连名字都没有，就加入他所居处的地名即可。

屋宅之占诀

寅年十二月初一日午时起屋者，其家田姓，其占水风井，变地风升，互见离、兑。巽木为体，用卦坎水生之，虽兑金克木，得有离火，火虽无气，终是制金。然有兑金，酉年月日，亦当有损失之忧。亥子水年月日，当有进益，或得水边之财，坎生体巽也。寅卯年当大快意，比和之气也。但家中必多口舌之聒，亦为兑也。木体近春，喜逢坎水，此居必能发旺。二十九年后，此屋当毁。盖二十九年者，全卦之成数也。若非有兑在中，虽再见二十九年，屋当无恙也。

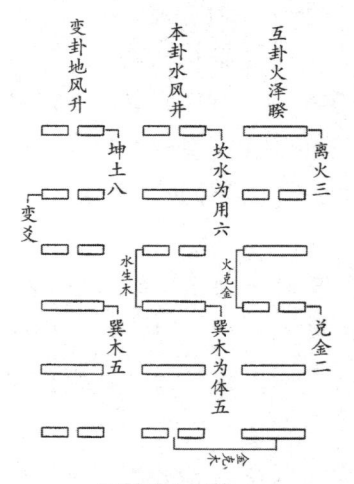

田姓屋宅之占卦图

这一节对上面所起三家寅年十二月初一日午时建房这个卦案进行了讲解。

田姓之家，卦得水风井，变地风升，上互卦为离，下互卦为兑。体卦为巽木，坎水为用卦，生扶体卦。虽然下互卦兑金克制体卦巽木，然而上互卦为离火克制下互卦兑金。离火虽值冬季衰弱无气之时，但其性终是克制兑金，故结果无大妨碍。然而卦中既然有下互卦兑金来克制体卦，终为有害，故遇申酉之年月日金旺之时，应当谨防有破财之忧。巽木为体，用卦生扶体卦，遇亥子年月日坎水旺相之，主有财运。因有坎水，故主得水边之财。若遇寅卯年月日体卦巽木旺相之时，家中自然事事如意，大吉大利。但因兑金来克巽体，兑为口舌，故家中难免口舌之事。巽木体卦逢春之时，再有坎水生扶之日，此宅必能兴旺发达。然而二十九年之后，此屋必然损毁。因有兑卦克制体卦，兑为毁折，故此屋必毁。为何是二十九年呢？因为二十九是包括本卦、互卦、变卦在内的全六卦卦数之和。如果卦中没有兑卦，即使再过二十九年，此宅也会安然无恙。

  同时王姓之家起造，得雷火丰，变震，互见兑、巽。震木为体，离为用卦。兑为体之互，克体亦切。虽得离火制兑金，亦不纯美。用火泄体之气，破耗资财。每遇火年月日，主见此事。或因妇人而有损失，家中亦多女子是非。亥子寅卯之年月，却主进益田财。盖震木为体，虽不见坎，终是利水年。生体之气，不见震巽，亦逢寅卯，为体卦得局之时。凡有震有巽，此居寅卯与木之气运年月，必大得意。亦主得长子之力，变重震也。二十二年后为火所焚。

  王姓之家也在同一时间动工，卦得雷火丰，变震，上互卦为兑，下互卦为巽。震木为体卦，离火为用卦。体生用，是为泄气。兑卦为体互卦，则兑金克体卦震木，不吉。因为体互卦与体卦的关系密切，其作用则更直接。虽然用互卦离火克制兑金，其祸减轻，但亦不为美。用卦离火泄体卦震木之气，因而破耗资财之事难免。若遇巳午火旺之年月，则主有破耗资财之事。离为中女，则或因妇人之事而致损失，家中也常常有因女人而招来的祸害。若遇亥子寅卯之年月，主有进益田地财产之事。因为震木为体，卦中虽无坎水之卦来生扶体卦，但遇亥子年月水旺之时，终究兴旺。虽然本卦中没有震巽木来生扶体卦，但逢寅卯之年月时，时气生扶体卦震木，此为体卦得令当时，家宅自然顺利。卦中有震卦有巽卦，互卦巽木来生扶体卦震木，遇寅卯之年月木气旺盛之时，此居必称心如意。又变卦为震卦，上震下震，震为长子，故主得长男之力。因本卦中离火克制体卦巽木，故此居终当为火所焚毁。其数为二十二年之后，亦因其成数为二十二之故。

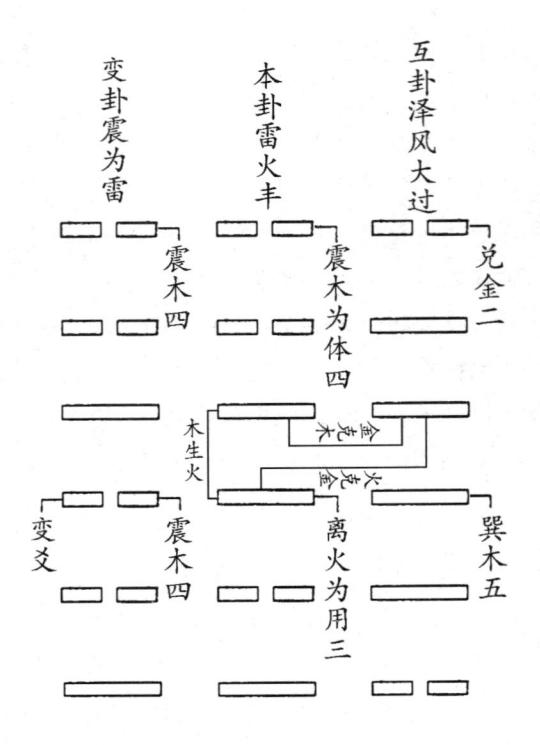

王姓屋宅之占卦图

韩姓之居，得益变中孚。巽体互见艮、坤，变兑克体。此居必有官讼，见于酉年月日。后申酉年连见病患，所喜用卦具震，与巽体比和，当见寅卯年发。即此居先吉后凶。三十一年之后，遇申酉年，此居当毁。若非有兑，或有一坎，再见三十一年，此居亦无恙也。

韩姓之住宅，得风雷益，变风泽中孚。巽木为体卦，上互卦为艮，下互卦为坤。变卦为兑，克制体卦。兑为官讼，故居此当有官讼之事，时间当在金旺的酉年月。逢申酉年金旺之时，主有人有病患。可喜的是用卦震木与体卦巽木比和，则寅卯木旺的年月主有喜事。因卦中有兑卦，三十一年后遇申酉年时，兑为毁折，此屋终当损毁。三十一数之得，亦同上面二例。如果卦中不是有兑卦，或者卦中再有一个坎卦来生扶体卦，则即使再过三十一年，此屋亦无恙。

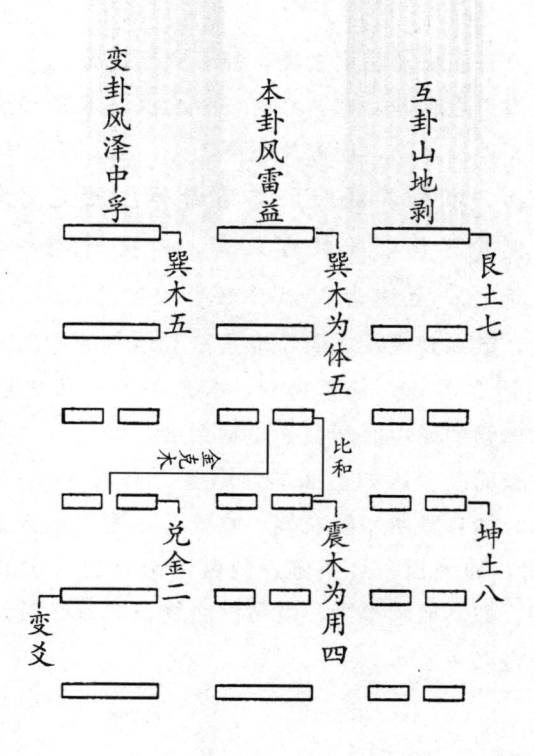

韩姓屋宅之占卦图

器物占

大抵占器物，并不喜见兑卦，盖兑为毁折也。若坎为体，则见兑无伤。乾卦为体亦无害。其余卦体，逢兑不久即破。木之器物，或震巽为体，见兑为用，必不禁耐用矣。破器之日，必申酉与卜年月日也。

一般说来，占测器物不宜遇见兑卦，因为兑有毁折、破损之义。若坎卦为体，即使卦中有兑，也没有妨害。若乾卦为体，则乾兑比和，亦无妨害。其余的卦为体卦之时，若遇兑卦，器物必有不久即破之兆。占测木质器物，若遇震巽为体卦，兑为用卦，兑金克制震巽之木性之物，是物必不能耐久。其破损之时，必应在申酉年月金旺之时。

又畜养之物，亦不宜乾、兑克体。种植之物，乾、兑克体，必不成。即成，亦被斧斤之厄。种植之物，宜见坎也。

占测家畜，或者庄稼及蔬菜之类，都不宜出现乾兑之金克制体卦的情况。因为乾兑主刀刃之利器，克体必有伤害之义。家畜必遭屠杀，庄稼及蔬菜难免被伤害。种植之物，庄稼及蔬菜之类，宜于见生木之坎水。

又凡见器物，欲知其成毁，亦看卦体。无克者则久长，体逢克者则不久。视其器物之气数可久者，以全卦之年数断之；不可久者，以月数断之；至速者，以日数断之也。

凡见到器物，欲知其成毁之期，也宜审看体卦的情况。若卦中没有克制之卦，必是耐用之器物；若逢克制，必是不能长久之器。断其成毁之期，还应具体看器物的属性而断。如是耐用品，如房屋之类，应以年为单位，加以全卦之数而断。比如上面的《屋宅之占》，即是以年数断之。若是不可久长之物，如日常所用的衣架、桌椅等，则以全卦之月数断之。若是极易损坏之物，如瓷器、灯具等，则可以全卦之日数断之。断成毁之期，当断以常理。如其放置得当，虽易损之物，其寿必长。如放置于易遭损坏之处，则其寿必短。

梅花易数卷三

八卦方位之图

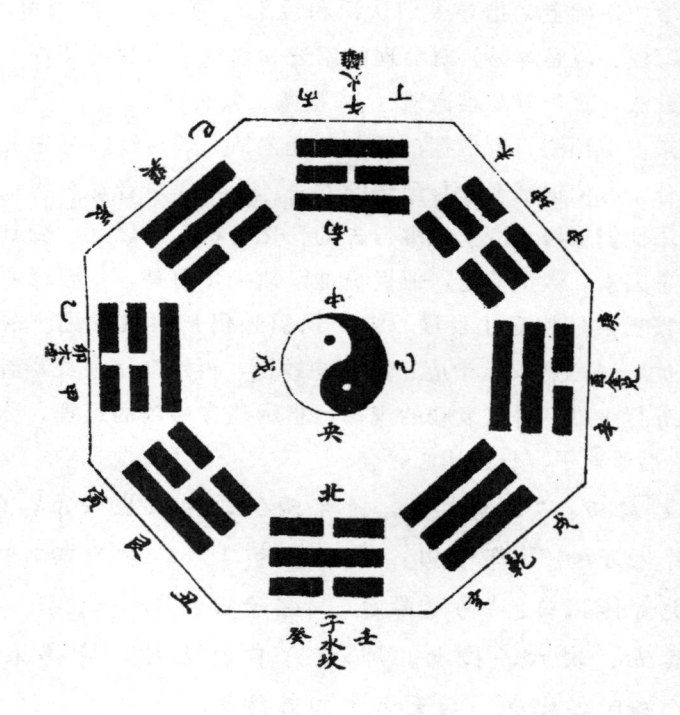

观梅数诀序

嗟乎,《易》岂易言哉!盖《易》之为书,至精微,至玄妙。然数者,不外乎易理也。有先天后天之殊,有叶音取音之辨,明忧虞得失之机,取互变迟速之应。数有前定,祸福难测。易理灼然可察,予求得《先天》、《玄黄》、《灵应》诸篇,外采《易》辞,曰"观梅数诀"。列图明五行生克衰旺之理,分例指避凶趋吉之道。后学君子幸鉴焉。

在中国古代，人们相信"气数"这一说法。所谓气，是五行的观点。所谓数，就是易数的观点。古人认为，事物的发生、发展和衰旺莫不有其"定数"。万物从生到死，好象冥冥中有什么力量早以规定好了其运行轨道，并不能人为地以个人的力量去改变它，只能顺其自然，"乘天地之气"，依照天地运行的自然规律生存。

在古人看来，万物运行，皆有其数。《梅花易数》就是一本在《易经》及河洛之学的基础上，指导人们认识和运用这种数，以趋吉避凶的宝典。这本书的写成，岂是容易？对易理的阐述和易象、易数的使用，真是"无上甚深微妙法，百千万劫难遭遇"，太精微、太玄妙了。

以数来占卜预测，所依据的不外乎是易理。《易经》有先天八卦和后天八卦之分，有依据谐音起卦预测的方法，有参用声音动静辨别事物趋向的方法，用他们来揭示产生忧虞得失的变化玄机，并以互、变卦作为应验快慢的参考因素。数虽前定，但祸福难以预见，但是，只要深明易理，任他万事纷繁复杂，其变化发展、吉凶祸福趋仍是昭然可见。本章将《先天》、《玄黄》、《三要》、《十应》诸篇的妙旨，再结合《易经》卦爻辞，列图来揭示五行生克、卦气衰旺的规律，指示趋吉避凶的道理，称之为《观梅数诀》。后学君子，自可用心领会。

《易》辞曰："易有太极，是生两仪，两仪生四象，四象生八卦，八卦生万物。"邵子曰："一分为二，二分为四，四分为八也。"《说卦传》曰："易逆数也。"邵子曰："乾一、兑二、离三、震四、巽五、坎六、艮七、坤八。"自乾至坤，皆得未生之卦。若逆推，四时之比也。后天六十四卦仿此。

这里引用了《系辞》、《说卦传》及《皇极经世》来说明先天卦理论体系的产生，这在第一卷已经详细进行了讲解，不再重复。在这一节里讲这段话的意思，先天体系中自乾一数到坤八数先天卦数皆成于没有易书的时代，可以描述万物的未来；而后天卦数恰恰相反，是根据《易经》而得出的，用以逆推万事万物之已经发生的变化契。后天体系六十四卦，也仿照这个模式。本书给出了很多例子，来讲解了这一论断。

八卦定阴阳次序

☰乾为父　☳震长男　☵坎中男　☶艮少男
☷坤为母　☴巽长女　☲离中女　☱兑少女

这一节出自于《说卦传》第十章。乾是天的象征，于人伦来讲，则是父亲的象征，所以乾称父。坤是地的象征，所以称为母。震卦初爻为阳，是最初索取乾卦的阳而成阳卦的，所以称为长男。巽卦初爻为阴，是最初索取坤卦的阴而成阴卦的，所以称为长女。坎卦第二爻得乾卦的阳爻而成阳卦，所以称为中男。离卦第二爻得坤卦的阴爻而成阴卦，所以称为中女。艮卦第三爻得乾卦的阳爻而成阳卦，所以称为少男。兑卦第三爻得坤卦的阴爻而成阴卦，所以称为少女。这是将八卦配以人伦之象，乾为父，坤为母，震为长男，巽为长女，坎为中男，离为中女，艮为少男，兑为少女，占卦时最为常用，务要牢记。

变卦式八则①

在这里，本书举了八则卦例，对体卦和用卦的取用、生克的断法一一进行了讲解，并不涉及外应的取用，仅仅是一个技术上的讲解。下面的楷体字为原书要说明的大原则，黑体字为原书的讲解。因为大部分卦例在前面都分析过，其他的几个也非常清晰明白，故在此不再另做讲解。

泽火革变泽山咸卦： 革泽火｜体用金火互｜乾金巽木变咸｜泽山｜金土

离卦初爻，阳动变阴，变艮卦，兑金为少女，离火克之。巽为股，乾金克之，曰：伤股。得艮土生，入兑金，断曰：不至于死。

相生极美，比和次之。体用于变爻，作动静取之。动者为用，静者为体。

---

① 标题"变卦式八则"原书无，系本书编者为了读者阅读方便所加。

地雷复卦变地泽临： [复 地雷 体用 土木 互 坤土坤土 变临 地泽 土金]

木是用爻，断出软物，文章之体也。将出是罗经。

天泽履变乾卦： [履 天泽 体用 金金 互 巽木离火 变乾 金金]

此卦断出是铁器之物。将出剃刀也。

泽火革变噬嗑卦： [革 泽火 用体 金火 互 乾金巽木 变噬嗑 火雷 火木]

此卦乃用金体火，夏火得旺，能出土，必是土物也。

归妹卦变火泽睽卦： [归妹 雷泽 用体 木金 互 坎水离火 变睽 火泽 火金]

用爻属木变火，体卦属金。四爻变卦成艮，土能生金，乾☰金断出是铁。

泽天夬卦变兑卦： [夬 泽天 体用 金金 互 乾金乾金 变兑 金金]

此卦非金是石，断是破磁碟也。

泽火革卦变艮卦： [革 泽火 体用 金火 互 乾金巽木 变艮 土土]

本卦得泽火革，为少女，近物为口，远取羊。内离为中女，近目，远取雉。初爻变艮卦为土，土能生金，则扶起兑金之妹。次除去初爻，移上四爻，又成巽木，断得伤股之灾。得初爻变艮土生兑金，是故有救而不至于死也。

"近取诸身"，八卦：乾头、坤腹、震足、巽股、坎耳、离目、兑口、艮手——人身；"远取诸物"，乾马、坤牛、震龙、巽鸡、坎豕、离雉、艮狗、兑羊——畜道。

天水讼卦变兑卦： [讼 天水 体用 金水 互 巽木离火 变兑 金金]

天水讼卦变兑，欲要求财。盖卦是体生，而乃泄己之气，其财空望。互得离卦属火，能克金。其日午时，客来食去，酒返自消耗也。

占卦诀

又如占卦而问吉事，则看卦中有生体之卦，则吉事应之必速。便看生体之卦，于八卦时序类决其日时。如生体是用卦，则事即成就；生体是互卦，则渐成；生体是变卦，则稍迟耳。若有生体之卦，又有克体之卦，则事有阻节，好中不足。便看克体卦气阻于几日，若"乾克体，阻一日；兑克体，阻二日"之类推之。如占吉事，无生体之卦，有克体之卦，则事不谐矣。无克体之卦，则吉事必可成就矣。

用《梅花易数》来占断吉事，主要是看用卦、变卦、互卦是否有生扶体卦之卦。一般来讲，对于确定吉事的应期而言，如果卦中有生体之卦且较多，是吉事应验必然非常快。生体之卦是用卦，则事即成就；生体之卦是互卦，逐步成就；生体是变卦，应验较迟。若既有生体之卦，也有克体之卦，则事情中间受阻，应之必迟。无生体之卦，有克体之卦，则事不成而亦应之必速。要知其应验的具体时间，可以根据前面所讲的《八卦万物类占》中的"八卦时序"来决断时间。如果是用卦来生扶体卦，其事必成；如果是互卦来生扶体卦，逐渐应验，需要一段时间；如果是变卦来生扶体卦，亦成，但吉事应验稍晚。如果诸用卦中既有生体之卦，又有克体之卦，则表示有阻力，未免美中不足。要知阻力出现在哪一天，即可按先天卦数来推断。比如"乾克体，阻一日；兑克体，阻二日"，以此类推。如果诸用卦中只有克体之卦而无生体之卦，事必不成。如果没有克体之卦，吉事必成。

又如占不吉之事，卦中有生体之卦，则有救而无害；无生体之卦，事必不吉矣。若以日期而论，看卦中有生体之卦，则事应于生体卦气之日；有克体之卦，则事败于克体卦气之日。要在活法取用也。

再比如占测不吉之事，如果诸用卦中有生扶体卦之卦，则结果虽险而必然有救。如果没有生扶体卦之卦，则结果必然不吉。要知其应验日期，考察用卦中生扶体卦之卦，按先天之数来推断，即可知有救的日期。考察卦中克制体卦之卦，辅以先天之数，即可知晓事败之日。考察应验日期，要根据多方因素灵活取用，方可准确。

体用互变之诀

大凡占卜，以体为其主，互用变皆为应卦。用最紧，互次之，变卦又次之。故曰：用为占之即应，互为卦中间之应，变为事占之终应。然互卦则分其有体之互，有用之互。如体在上，则上互为体之互，下互为用之互，体卦在下，则下互为体之互，上互为用之互。体互最紧，用互次之。

这一节讲的是分析体用关系的总原则。一般说来，在得卦后的断卦过程中，以体卦为主，综合考虑用卦、互卦及变卦与体卦的生克关系以作出结论。在诸应卦中，用卦与体卦关系最为密切，是首要加以考虑的问题；其次是互卦，有体之互和用之互之说；再次是变卦。因此可以说：用卦所主，乃即时应验之事；互卦所主，乃中间过程之事；变卦所主，乃为最终之事。互卦分为体互卦和用互卦两种概念。得卦后，本卦的互卦有上下两个，与体卦位置相对应的互卦为体互卦，与应卦位置相对应的为用互卦。比如，体卦在上，用卦在下时，上互卦为体互卦，下互卦为用互卦；体卦在下，用卦在上时，下互卦为体互卦，上互卦为用互卦。体互卦和用互卦，相较而言，以体互卦为主，用互卦为次。

例如观梅恒卦，互兑、乾，兑为体互，见女子折花。若乾为体互，则老人折花矣。盖兑、乾皆克体，但取兑而不取乾，此体、互、用之分。

例如观梅得恒☷，互卦为上兑下乾，兑是体互卦，则可见女子折花；若是乾为体互卦，则可见老人折花。乾兑皆为金，克制体卦木，上互卦为兑时，即断有女子折花，而不取下互卦乾克体断有老人折花。这个例子，说明了体卦、互卦、用卦在实际应用过程中的分别。

大凡占卦，变卦克体，事于末后，必有不吉。变生体及比和，则事事临终有吉利。此用、互、变之诀也。

大凡在占卦时出现变卦克制体卦的情况，事情的最终结果必有不吉。

如果变卦生扶体卦或与体卦同气而比和，则事情的最终结果必有吉利。以上讲的是用卦、互卦、变卦之间的关系以及使用的具体经验。

体用生克之诀

占卦即以卦分体用互变，即以五行之理断其吉凶。然生克之理，于内卦体用互变一定之生克。若外卦，则须明其真生真克之五行，以分轻重，则祸福立应。何也？

占卦时，将所得之卦首先区分为体卦、用卦、互卦、变卦，然后再按照五行生克的道理来决断吉凶。在实际应用中，体、用、互、变之间的五行生克的关系，是真实而一定的，都要充分考虑进去。但是在考察外应卦与体卦、用卦、互卦、变卦的关系时，并非也是如此。我们必须仔细确认外应卦与它们的关系是真生真克还是假生假克，看看哪一方面占主导因素，以区别轻重缓急。只有如此断卦，所得结果之吉凶祸福才能立刻应验。这是为什么呢？

假如乾、兑之金为体，见火则克，然有真火之体，有火之形色。真火能克金，形色则不能克。能克则不吉，不能克则不顺而已。盖见炉中火、窑灶之火，真火也。烈焰巨炷，真火也。乾、兑为金，遇之不吉。若色之红紫，形之中虚，槁木之离，日灶之火，则火之形色，非真火之体；乾、兑之金体，不为深忌。又若一盏之灯、一炬之烛，虽曰真火，微细而轻，小不利耳。

假如乾兑之金为体卦，见离火则受克制。然而有表示真火之离火，也有表示仅有火之形状和火的颜色之离火；那么，真火之离能够克制乾兑之金，而仅有形状和颜色的离火则不能克制乾兑之金。真火克制体金，不吉利；而形色之火不能克制体金，仅仅是不顺罢了。炉中之火、窑灶之火是真火，烈焰巨炷也是真火，假若乾兑为体卦，属金，为火所克，遇之则不吉利。红紫之色，中空之形、枯槁之木、太阳之光，亦属离卦，皆属于形色之离火，并非真正离火，乾兑之体遇之，所受克制极微，并不以为深忌。又如一盏油灯、一根蜡烛，虽说也是真火，只是细小而轻微之火，乾兑之体遇之，只是有小小的不利罢了。

又若震、巽之木体，遇金则克。然钗钏之金，金箔之金，成锭之银，杯盘之银，与器之锡，琐屑之铜铁，皆金也。此等之金，岂能克木？木之所忌者，快刀锐刃，巨斧大锯。震、巽之体，值之必有不吉。

再比如说，体卦为震巽之木，遇金则为其所克制。然而像钗钏之金、金箔之金、成锭之银、杯盘之银、与器之锡、琐屑之铜铁，虽然也属金，但它们徒有金之形，而无金之实，并不能克制震巽之木。震巽之木最害怕遇到的，就是快刀利斧、锐利之器、伐木之锯等对其有伤害的金。如果遇到了，结果必然不吉。

又若离火为体，见真水能克。然但见色之黑者，见体之湿者，与夫血之类，皆坎之属，终忌之而不深害也。余卦为体所值外应克者，皆以轻重断之。

再比如说，体卦为离火，遇到大海水、涧溪水等真水，则为其所克。但是像黑色之物、潮湿之物，甚至像血、体液等这些东西，也属于坎，但它们克制不了真正的离火。离火如果遇到这样的属坎之物，只是忌讳一下，而并没有大的危害。其余各卦为体卦时，若受外应之卦所克，也均可参照以上例子按照其生克关系的轻重关系进行详细推断。

若夫生体之卦，亦当分辨。土与瓦器皆坤土，金遇之，土能生金，瓦不能生也。树木柴薪，皆木也。离火值之，柴薪生火之捷；树木之未伐者，生火之迟也。木为体，真水生木之福重，如豕如血，虽坎之属，生木之类轻也。其余五行生克，并以类而推之。

如果是生扶体卦之卦，其生扶关系亦当仔细研究。土与瓦器均属于均坤土，体卦金遇到了真正的土，则为其所生扶。如果只是遇到了瓦器之类的土，则不能生金。正在生长的树林与已经干燥的劈柴，均属于木。如果体卦离火遇到了已经干燥的劈柴这种木，那么对它的生扶必然非常迅速，结果应验必快；如果离火遇到的是正在生长没有砍伐的树木，还有很多水分，那么对它的生扶就不会那么快，应验相对较慢。如果震巽之木为体卦，遇到涧溪水、大海水之类的真水的生扶，其福必重；如果遇到了像猪、血之类的假水的生扶，其生扶效果就极轻微。其余的卦为体卦时，其与外应卦的五行生克关系，均可参照此而推衍。

体用衰旺之诀

凡体卦宜乘旺，克体之卦宜衰。盖体卦之气，如春木、夏火、秋金、冬水、四季之月土，此得令之卦，乘旺之气，虽有他卦克之，亦无大害。用互变卦，乘旺皆吉，但不要克体之卦气旺而体卦气衰，是不吉之占。占者有此，若问病必死，问讼必败。若非问讼与病而常占，则防有官病之事未临，其期在于克体卦气之月日也。

体卦卦气宜于旺相，克体之卦的卦气宜于衰竭。如果体卦卦气，春季得震巽为体卦，此时木气旺；夏季得离火为体卦，此时火气旺；秋季得乾兑为体卦，此时金气旺；冬季得坎水为体卦，此时水气旺；四季之月得坤艮土，此时土气旺；均为得时得令之卦，卦气盛旺。在这个时候，即使在用卦、互卦、变卦、外卦中遇到克制之卦，也不会受到大的伤害。用卦、互卦、变卦卦气旺盛，均属吉兆。但是，克体之卦不宜卦气旺盛；如果这时再遇到体卦卦气衰竭，不吉。占测时遇到这种情况，如果是占问疾病，则病人必死；如果是占问官讼，则官讼必败。如果是占问疾病、词讼之外的其他占问，也要预防将来有疾病之灾或官讼之害。至于应验之期，可根据克体之卦来能以先天卦数及《八卦万物属类》来决断。

若卦体旺而复有生体之卦，吉事之来，可刻期而至矣。若内卦外卦有生体者，体卦虽衰，亦无大害也。内外并无生体，虽体之卦党多，皆是衰卦，终不吉也。故体用之卦，必须详其盛衰也。

如果体卦卦气旺，而又有生体之卦，吉事则指日可待；如果内卦、外卦都有生体之卦，即使体卦的卦气衰弱，亦无大的妨害。如果内卦、外卦如果都没有生扶体卦之卦，即便同类众多，但终究是孤掌难鸣，结果还是不吉。因此，体用之间的吉凶关系，必须通过详细辨别各自的卦气是旺相还是衰弱来判断。

体用动静之诀

占卦体用互变既分，必以内外之卦，察其动不动。不动不占，亦不断，其"吉凶悔吝生乎动"也。

这一节强调的是占卦的原则。在占卜时，如果没有必要的外应出现，或出现必须占卜以决断的情况，就不必进行起卦占断。上面这段大话的意思是：占卜预测时体、用、互、变各卦既已分明，就必须详察内卦、外卦的动还是不动的情况。事物不动则不占，也就不用断卦了。事物的吉凶悔吝之机，大概都是由动而产生的吧。

夫体卦为静，互卦为静，用卦变卦则动也，此内卦之动静也。以外卦言之，方应之卦，天时地理之卦，应皆静；若人事之应、器物之类，则有动者矣。器物本静，人持其器物而来，则动矣。若乾马、坤牛，皆动者矣。盖水之井沼，土之山岩石，皆静者矣。人汲水担水而前，水之动也。又人持石负土而前，土之动也。于外卦之应，观其动而审其吉凶，动而吉者，应吉之速；动而凶者，应凶之速；不动而应者，吉凶之未见也。此则外卦体用之动静也。

体卦是静的，互卦也是静的，用卦变卦则是动的。这是内卦的动与静的区分。就外卦而言，方位之外应卦、天时之外应卦、地理之外应卦，都是静的；至于人事之类的外应卦或者器物之类的外应卦，就有动的了。器物本来是静止不动的，但人持器物而来，器物也就动了。至于乾为马、坤为牛动物一类，皆在动之列。属水的水井、属土的小山、岩石，均为地理之应，也属于静的。但是，如果有人取水、担水而前行，则水亦随着运动；如果人手持石块、肩负泥土而行，则土、石亦随着运动。对于作为应卦因素的外卦，就必须辨察它的运动情形而审视其动的吉凶涵义。应卦动而主吉祥，那么所测之事吉而成之必速；应卦动而主凶险，则所测之事凶败之亦速。如果应卦不动而处于静止的状态未表现出任何征兆的，其吉凶涵义还不能辨别端倪。这是外卦动静及其体用的吉凶之间关系的经验。

若夫起卦之动静，亦以我之中静而观其动者而占之。如雀之争坠，如牛鸡之哀鸣，如枯木之坠，皆物之动者，我以静而占之也。

起卦的动和静的对应关系，可以如是描述。如果起卦是我是静的，那么就观察动的因素来作为外应以起卦。比如《观梅占》中的麻雀争枝坠地，闻牛悲鸣、鸡哀鸣，见枯木忽然坠地，都可视为事物的异动，而我以静的心态卦，去预测动的吉凶趋势。

又若我坐，则事应之迟；我行，而事应之速；我立，而半迟半速。此皆动静之理也。

再如占卜时我端坐，则应验较慢；我正在走动，则结果应验较快；我正在站立，则结果应验不快也不慢，按照常理来推断即可。以上讲的是断卦时动静的取用之理。

占卜坐端之诀

坐端者，以我之所坐为中，八位列于八方，占卦决断之。须虚心待应，坐而端之，察其八卦八方应兆，以为占卜事端之应。随其方卦有生克之应者，以定所占之家吉凶也。

坐端就是以我所处的位置为中心，将八卦分别配置在八个方位，用以取应卦来决断吉凶。使用此方法，必须心无杂念，静如止水方可。端坐于其中而观察八方的应兆，作为断卦时的参照以。依据八卦方位上所出现的生克变化的应兆，就可以断定所占之家的吉凶。

如乾上有土生之，或乾宫有诸吉兆，则尊长老人分上，见吉庆之事。若乾上有火克之，或有凶兆，则主长上老人有忧。坤上有火生之，或坤上有吉兆，则主母亲分上或主阴人有吉利之喜。坤宫见克，或有凶兆，则主老母阴人有灾厄。

震宫有水生之，及东方震宫有吉兆，则喜在长子长孙；见克而或见凶，则长子长孙不利。

坎宫宜见五金，及有吉利之谶，则喜在中男之位；若土克，若见凶，则忧在中男矣。离宫喜木生之，或有可喜之应，则中女有喜；若遇克或见凶，则中女有厄矣。

艮为少男之位，宜火生之，见吉则少男之喜；若遇克，或见凶，则灾及少男。问产必不育矣。兑为少女，土宜生之，见吉则少女有喜，或有欢悦之事。

此处八卦方位，指后天八卦方位。我们在前面明确指出，《梅花易数》用的是先天之数和后天八卦方位。

如果乾方（即西北方）为父亲之位，属金，喜有土来生扶，若西北方出现吉兆或有土来生扶，因为乾为尊长为老人，则主家中尊长或老人有吉庆的事情。若西北方向上出现火，则火克乾金，或出现其他的凶兆，主家中老人或尊长有灾厄。

坤方（即西南方向）为母亲之位，属土，喜有火来生扶，如西南方上有其他吉兆或有火出现来生扶坤土，坤为母，主母亲或其他女性长辈将有吉利之事。若坤方受克，或有其他凶兆，则主母亲或其他女性长辈将有灾厄。

震方（即东方）为长子之位，属木，喜有水来生扶，或东方有吉兆出现或有水来生扶，震为长子，主家中长子或长孙将有喜庆之事降临。如果震方受克或有其他的凶险之兆，则家中长子或长孙有灾厄。

巽方（即东南方）为长女之位，属木，喜有水来生扶，或东南方有吉兆出现或有水来生扶，巽为长女，主家中长女将有喜庆之事。如果巽方受克或有其他凶险之兆，则家中长女主有灾厄。本卦的情况原文中没有讲，今补上。

坎方（即北方）为中男之位，属水，喜金来生扶，宜于见到五行中属金的东西。如果北方出现吉兆或有金来生扶，主家中次男有喜庆之事。若坎方上见土来克，或有其他凶险之兆，则家中中男必有灾厄。

离方（即南方）为中女之位，属火，喜木来生扶，宜于见到属木的东西。如果南方出现吉兆或有木来生扶，主家中次女有喜庆之事。若离方见水来克，或有其他凶险之兆，则主家中次女将有灾厄之忧。

艮方（即东北方）为少男之位，属土，宜有火来生之。若在东北方遇其他吉祥之兆或有火来生扶，则家中少男将有喜庆之事。若东北方有木来克制，或者有其他凶险之兆，则家中少男有灾厄之忧。若问生产，必主不育，因为艮为止。

兑方（即西方）为少女之位，属金，宜有土来生之。若在西方还出现吉兆或有土来生扶，则主家中少女有喜庆之事。竞为喜悦，亦主其他欢乐之事。

若问病，如乾卦受克，病在头。坤宫见克，病在腹，推之震足、巽股、离目、坎耳及血、艮手指、兑口齿，于其克者定见其病。

如果是求测病情，乾卦受克制，主病在头部。坤卦受克，主病在腹部。以此类推，震主足部、巽主大腿、离主眼睛、坎主耳部或血液，艮主手指，兑主口齿。什么卦受克，与其相应的部位就会得病。

至于八端之中，有奇占巧卜者，则在乎人。此引其端为之例也。

至于八方克应之中，有更妙的预测方法，更简捷的方法，这主要是依据个人的自身情况而定。此处所讲，主要是方法的展示，不可引以为不变的原则。

占卜克应之诀

克应者，所谓克期应验也。占卜之道无此诀，则吉凶成败之事不知应于何时。故克应为卦之切要也。然克则最难，有以数而克之者，有以理而克之者，皆要论也。

所谓克应，就是指所测之事应验的时间。如果占测之道缺少推断应验之期的秘诀，那么所测吉凶成败之事的应验时间就不能确定在什么时候。因此，占断应期的准确，才使占断有了更实用的意义，是占测时最重要的一个过程。然而，准备判断应期非常困难，有的需要以卦数来确定应验之期，有的则需以事理来确定应验之期，但大多数时候则需要二者结合起来进行推断。因此，这两者都是非常重要的理论，缺一不可。

以数而刻期，必详其理。如算屋宅之初创，男女之始婚，坟墓之方葬，器物之新置，俱以此年月日时加事物之数而起卦。卦成，则欲体用互变之中，视全卦之数，以为约定之期。如审其事端之迟速而刻之，如屋宅坟墓永久者也，屋宅则以全卦之数刻其期。如屋宅之终应，盖屋宅有朽坏之期也。坟墓亦有损坏，然占墓但占吉凶，不计成败也。

以先天卦数来推断应期，必须结合其事理，才有可行性。比方在造宅时算屋宅的寿命，合婚时推断其婚姻的时间长短，下葬时推断坟墓的毁坏之日，新置办的器物推断其使用寿命，都是以年月日时加事上事物之数的方法来起卦。成卦之后，考察其体卦、用卦、互卦、变卦各各对应的先天之数，来确定其应验日期。如需占测其时间长度，则要根据其事理而断。比如，屋宅、坟墓属于长久存在的建筑物，不易毁坏，那么在占测屋宅之应期时，可以全卦之总数之和的年数作为屋宅最终毁坏的日期，因为屋宅总有朽坏的一天。坟墓也有被毁坏之日，但占坟墓一般只占断吉凶悔吝的情况，无需占其毁坏之日。

男女之婚，远亦不过数年。年内之事，全卦之数可决，又不如屋宅之久也。然婚姻亦不过卜其吉凶，不必刻其期也。若吉凶之期，但以生体及比和之年月为吉期，克体之年月为不吉之期也。

男女婚姻，最远也不过数年。以全卦的总数即可推断，其克应日期当不如房宅之久远。然而预测婚姻时一般只看吉凶，而不用去推测婚姻存在时间的长短。在婚姻存续期间，莫不有吉有凶。想要知道吉事何年出现，看其生扶体卦之卦或与体卦相比和之卦的卦数来推断。确定不吉之期，则看克制体卦之卦的卦数而断。

器物之占，则金石之质终远，草木之质终不久也。远者，以全卦之数为年期；近者，以全卦之数为月期；又近者，以全卦为日期也。如置砚，则全卦之数为岁。计笔墨，亦可以全卦为岁计乎？笔墨之小者，以日计之可也。此器物刻期之占也。

预测器物的寿命，也要根据事理。如果是金属质地或石制的器物，其寿命就久远；如果属于草木质地的，其寿命就相对短。寿命久长的，以全卦之数为年数来推断其寿命；寿命较短的，以全卦之数为月数来推断长短之期；寿命更短的，则以全卦之数为日数来断其寿命也就可以了。再如购置砚台，可以全卦之数为年数来断。但笔墨用全卦之数年数来断，就不合情理了。象笔墨之类的易损之物，其使用时间罗短，以全卦之数为日数来计就可以了。这是占断器物的长短应验之期的经验。当然，还要考察事物保存的情况。如果笔墨放在博物馆里保存而不是供人使用，则又不能以日来计。要根据当时的情况，灵活运用。

如先天观梅与牡丹二花，俱旦夕之事，故以卦理推，则不必决其远日也。如后天老年、少年、鸡、牛之占，以方卦物卦之数合而计之。老、少、鸡、牛之占，亦只可以日计也。若永远之占，则以日为月，以月为年矣。占者详吉，必又寻常之占事刻期，则于全卦中细观生体之卦为吉，应决期，克体之卦为凶。应之期远则以年，近则以月，又近则以日也。

再如用先天法的观梅占和牡丹占，二者的应验均在旦夕之间，所以直接用卦理来推断相应的日辰，不能来计卦数来推断为久长的时日。再如用后天法的老人有忧色占、少年有喜色占、鸡悲鸣占、牛悲鸣占，其吉凶应验之期亦短，用方位之卦的卦数与物卦的卦数之和来决断就可以了。这四者，因皆为目前之应，以日而断即可。若推算久远之事物的应期，则可以年或月为单位来计即可。一般的占断结果，常常既有吉又有凶。想在这样的结果中推断吉庆之事的应期，则在全卦中考察生扶体卦之卦来推断应；想推断凶险之事的应期，则考察克体之卦来推断应期。根据事理，应验远的以年计，应验近的以月计，更近的则以日计或以时计。

如问求名，则乾为体，看卦中有坤、艮，则断其辰、戌、丑、未之土月日，盖乾、兑金体也。此为吉事生体之应。若问病而乾卦为体，则看卦中有离，又看卦中无坤、艮，及有凶犯，则断其死于巳午火日，此克体为凶事之期也。又若问行人，以生体之日为归期，无生体比和之日，则归必迟。若此例者，具难尽载，学者审焉。

占测求取功名之事，如果体卦为乾卦，而卦中有坤、艮之土来生，则其功名成就之日应当在辰、戌、丑、未等属土的月份或日子。这是推断吉事应期的例子。如果来占问疾病，仍以乾卦为体为例，卦中有离火来克体卦乾金，又无坤、艮之土生扶体卦，外应又有其他凶险之兆的，则断病人当危，应验之日则在巳、午火旺之日。这是以克体之卦气来推断凶事应验之期的例子。再例如，占问在外之人何时归来，则以生体之卦而断其归来之日。若卦中无生体之卦和比和之卦，则其归来必迟。诸如此类的例子尽多，不一而足，各有其应用之妙，我们应当详细考察，用心推衍，以得其精髓。

万物赋

人禀阴阳，卦分先后。达时务者，近取诸身，远取诸物。观物理者，静则乎地，动则乎天。原夫万物有数，易数无穷。动静可知，不出于玄天之外。吉凶必见，莫逃乎爻象之中。

天地生人，人人莫不有阴阳二气；八卦成列，亦分先天后天。通达时代潮流的人，近则取象于己身，远则取象于外物。考察自然规律的人，安静取法乎地道，做事取法乎天道。万事万物尽管纷繁复杂，但其运行轨迹自有其规律可循；这种规律性，可以用无穷无尽的易数来表达。事物动静可以预知，因为它们的运行都包涵在宇宙之内；吉凶悔吝必得先见，因为它们的生克制化早已显现于爻象之中。

未成卦以前，必虚心而求应；既成卦以后，观刻应以为断。声音言语，傍人谶兆。当遇形影往来，我心指实皆是。及其六爻以定，三天①既生，始寻卦象之端，终测刻应之理。是以逢吉兆而终知有喜，见凶谶而不免乎凶。

未成卦以前，心如空谷之静，又如宝镜之明，始察内外之应。既成卦以后，细查体用与外应，再推衍其五行生克，始得原始返终。外界的语言和声音，正是别人带给断卦的外应征兆。来来往往的他人行动，正映像着未来将要发生的事实。得卦以后，六爻既定，卦象以明，心中自有一宇宙在。此时时刻，百叩百应；吉凶悔吝，莫不洞晓。外应乃本原之影，本原乃未知之形。既然如此，逢吉兆最终必有喜事到，遇凶谶终究要有灾厄来。

故欲知他人家之事，必须凭我耳目之闻见。未成卦而闻见之，乃已生之事。既定卦而观察之，乃未来之机。或闻何处喧闹，主有斗争；或听此间笑语，必逢吉庆。见妇啼叹，其家阴小有灾；吏至军来，必有官司词讼；或逢枷锁而枷锁临身，倘遇鞭

---

① 此处指意识中的宇宙映像。道教称清微天、禹馀天、大赤天为三天。佛教称欲界、色界、无色界为三天。

杖而鞭杖必至。设若屠而负肉，此为骨肉有灾；倘逢血光，而又恐灾于孳畜。师巫药饵，病患临门。见饭则有犯家先，逢酒则欠神愿。阴人至则女子有厄，阳人至则男子当灾。

因此，要知人家事情原委，必须分析我耳目之所闻所见。卦未得而先闻见，变化已生。卦已定而察看到，端倪未显。喧闹吵杂，主有争斗；欢歌笑语，主有喜庆。闻得女人啼哭叹息，主妇人或小儿有灾。看到官吏或军人走来，主有官司之烦忧。人逢枷锁，主牢狱之灾。再遇到鞭子和刑杖，主肉刑之伤。路遇屠夫背肉，正主亲人有灾，或有骨肉分离之苦。如果碰到血光，须防家畜受害，或有宰杀疫病之厄。遇到巫婆药师，主有病患将至，正要保重身体为先。见到饭食，犯了家中先祖。忽遇酒来，主有神愿未还。如是女人来到，家中女子有灾；若是男人相访，家中男人遭厄。

又须八卦中分，不可一例而论。卦吉而爻象又吉，祸患终无；卦凶而谶兆又凶，灾殃难免。披麻戴孝，必然孝服临头；持杖而号，定主号泣满室。其人忧终是为忧，其人喜还须有喜。故当观色察形，以为决意断心。其或鼓乐声喧，又见酒杯器皿，若不迎婚嫁娶，定须会客宴酬。

详推八卦之理，不可以偏概全。卦象吉，爻象吉，自然无忧；卦象凶，外应凶，灾祸难免。见人披麻戴孝，预示亲人丧事；路遇挂杖号哭，丧亲终须难免。忧郁之人来求卦，终有忧郁之事；喜悦之人来占卜，终有喜悦之情。详细察言观色，可知吉凶之情；外应取用得当，自然百占百灵。假如得卦之际，锣鼓喧天；杯盘器皿，罗列满前；要问主有何事，迎婚嫁娶可参；如若不是此事，定是会客宴酬。

欲知应在何日，须观爻象值数。巽五日而坤八日，离三朝而坎六朝。又观远近克应，以断的实之相期。应远则全卦相同，应近而各时同断。假如天地否卦，上天一而下地八；设若泽火革卦，上兑二而下离三。依此推之，万无一失。此人物之兆，察之可推也。及其鸟兽之应，仍验之有准。鹊噪而喜色已动，鸦鸣而祸事将来。牛犬猪羊，日晨不见，金日遇之，六畜有损。木日见猪，养猪必成。庚日见鸡鸣，丁日见羊过，此乃凶刃之杀。己日值马来，壬日有猪过，此皆食禄之兆。

要知应期何日，须知先天之数。乾一兑二，离三震四；巽五坎六，艮七坤八。应期不论长短，不外生活常理。再加外应取用，以得准确日期。应验之日远，断以全卦数目；应验之日近，参考生体卦数。卦得天地否，乾一而坤八；若逢泽火革，兑二而离三。以此类推，万无一失。不论人物鸟兽，均可取为外应。见吉终须得吉，见凶无非是凶。不论天边眼前，此理一概适用。鹊叫喜事萌动，鸦噪祸事将逢。牛犬猪羊，早晨不宜见到。若是金旺之日，定主六畜有灾。木旺之日见猪，适合开个猪场。庚日闻鸡鸣，丁日见羊过，正逢日辰克制，无非自寻死路；己日逢马来，壬日遇猪过，都是生扶之类，此皆食禄之兆。

见吉兆而百事亨通，逢凶谶而诸事阻滞。或若求财问利，须凭克应以言。柜箱为藏财之用，绳索为穿钱之物。逢金帛宝货之类，理必有成。遇刀刃剑具之器，损而无益。

好兆头顺风顺水，凶兆头百事难成。要想挣钱发财，先看外应如何。看到钱箱大柜，自然金银满满；遇到绳索求卦，得财自然有准。路逢金珠宝货，可知利息十倍。若遇兵刃刀剑，要防赔本吆喝。

又看元卦，不可执一。逢财而有财，无财而无益。凡物成器，方系得全；缺损破碎，有之不足。或问婚姻，理亦相似。物团圆，指日而成；物破损，中途阻折。此又是一家闻奥，斯理明，万事昭。

审视外应，需看本卦，不可拘泥。或逢财物之类，预示将有财利。若无吉祥外应，求财终究无益。外应若无器物，最宜完好无缺。若是缺损破碎，不能令人满意。如果预测婚姻，道理也是一般。完美指日可成，破损路途散伙。这是不传之秘，明理而万事皆知。

然逢柴炭主忧，折麦主悲。米必奇，豆必伤。袜与鞋，万事和谐；棋与药，与人期约。斧锯必有修造，粮储必有远行。闻禽鸣，谋事虚说。听鼓声，交易空虚。拭目润睫，内有哭泣之事；持刃见血，外有虫毒之谋。

时逢柴火木炭，主有忧愁之事；路逢麦苗被折，悲伤之事将至。见米必奇，见豆必伤。见袜与鞋，万事和谐；见棋与药，一年之约。见斧锯，修造动土；见干粮，离家远行。闻鸡鸣，劳心终成画饼；听鼓声，交易打水竹篮。见人流泪拭目，主悲苦之事，哭泣定有；逢人持刀染血，主有人谋害，坏人须防。

克应既明，饮食同断。见水为饮食酒汤，遇火为煎炮烤炙。见米为一饭之得，提壶为酌杯之礼。水乃鱼虾水中物味，土乃牛羊土内菜蔬。姜面为辛味辣羹，刀砧乃薰腥美味。

此三天之克应，万物之枢机。能达此者，尚其秘之。

外应理论既晓，用于饮食亦同。见水有酒汤之类；遇火有烧烤煎炸。见米将得家常饭；见壶预示有大餐。上面说的是器物饮食应卦的辨别方法。水乃海鲜河鲜，土乃牛羊菜蔬。见姜有辛味辣羹，刀砧有美味荤腥。此乃宇宙之至理妙道，闻得自宜珍视，不可四处宣扬。

饮食篇

夫乾之为象也，圆坚而味辛，取象乎卵，为牲之首，为马为猪，秋得之而食禄盛，夏得之而食禄衰。春为时新之物，果蔬菜之属；冬为冷物，隔宿之食。有坎乃江湖海味，有水而蔬果珍馐。

乾卦代表圆形而质地坚硬的东西，口味辛辣，取象于卵，占卦得此，对应着牲畜的头部、马、猪之类。秋天占得乾卦，乾金卦气旺盛，则食物必然丰盛；夏天占若得乾卦，此时乾金衰竭，则食物必然缺少。春天占得乾卦，预示将有时鲜食物、水果蔬菜之类；冬天占得乾卦，必是冰冷的食物或隔夜食物；有坎卦生扶，预示着将得到江、湖、海中出产的食物；若外应见水，预示着将有蔬菜水果珍馐之类。

艮为土物同烹，离乃火边煎炙。秋为蟹，春为马。凡内必多肉，其味必辛，盛有瓦器，伴有金樽。其于菜也为芹，其于物也带羽。克出生回，食必鹅鸭。生出克入，野菜无名。

艮则主土产之物同烹，离卦必是煎烤炒炸的食物。秋天占得艮卦为螃蟹，春天占得艮卦为马肉。艮卦代表着内部多肉的荤腥之物，必然是辛辣之味。必盛在瓦器之中，放在金樽之旁。若是菜蔬，必是芹菜；若是动物，必是禽鸟。体卦克制他卦或为他卦所生扶，食物必是鹅鸭之类；体卦生扶他卦或为他卦所克制，所食必为不知名的野菜。

坤其于坤也，远客至，故人来，所用必瓦器，所食米果之味。静则梨枣茄芋，动则鱼虾鲜羊、无骨肉脯。杀亦为腌，藏亦为肚肠。遇客必妇人，克此必口舌。克出生回，乃牲之味；克入生物，乃杂物之烹。见乾、兑细切薄披，见震巽而新生旧煮。其色黑黄，其味甘甜；水火并之，蒸炊而已。四时皆为米麦之味，必带麻①姜。仔细推详，必有验也。

若占得坤卦，主远客旧交到访。所用的器物必是瓦器之类，所吃的食物一定是土中出产的谷物或者果实之类。若坤卦为体卦，主有梨、枣、茄子、芋头之类的食物；若坤卦为用卦，主有鱼虾羊肉之类的佳肴，或者是无骨的肉脯、腌制的肉类、牲畜的内脏等。席中之客，必为妇人。若坤卦受克，则主宴席之上有口舌纷争。体卦克制他卦或为他卦所生扶，必是牲畜之肉；体卦生扶他卦或为他卦所克制，定是杂烩一锅。若卦中又有乾兑之卦，食物必是切得精细；若卦中再有震巽之卦，时鲜之物必然烹煮过火。其颜色为黑或黄，味道甘甜。若卦中同时有坎、离之象，食物必是清蒸而已。在四季之月遇坤卦，则是米、麦之类的主食，并且以大麻和姜作为佐料。依卦象仔细推断，必能应验。

巽之为卦，主文书束约之间，讲论之际；外客婚姻，故人旧交。或主远信近期，其色白青，其性曲直，其味酸，其象长。桃李木瓜，斋辣素食，为鱼为鸡，其豆其面。非济执而得之，必锄掘而得之。有乾兑食之而致病，有坤得之非难。坎为炒菜蔬，离为炒茶。带坎于中，酒汤其食。其无生，半斋半荤。其在艮也，会邻里，有贵人。食物不多，适口而已。其橘柚菜果蔬，斫伐于山林带节，虎狗兔鹿，渔捕网罗，米麻面麦。克入杂食，克出羊肉。克入口舌，是非阴灾，极不可食。其味甘甜，其色玄黄。

巽为文书，若遇巽卦，主有正式的文字邀请的宴会，或者会被邀请发言，或是他人婚宴，或是帮旧相识聚会。或是远方的邀请，或是近期的约定。其色为青、白，其性为曲直，其味为酸，其象为修长之类。若是饮

---

① 中国古代文献中的"麻"特指大麻。大麻在我国俗称"火麻"，为一年生草本植物，雌雄异株，原产于亚洲中部，现遍及全球，有野生、有栽培。大麻的变种很多，是人类最早种植的植物之一。大麻的茎、竿可制成纤维，籽可榨油。中国的大麻并不是作为毒品的大麻，作为毒品的大麻主要是指矮小、多分枝的印度大麻。

食，必为桃、李、木瓜之类，以及辛辣的素食，或是鸡、鱼之类。若不是捕捞之物，定是根部之物刨掘而来。若卦中有乾兑之卦，则为金所克，可能会因饮食而致病。若卦中遇离卦，定是炒茶叶。若卦中又遇坎卦，主有酒有汤。若无生体之卦，一半荤菜一半素食。若卦中遇艮，必是宴请乡邻，且席上必有地位高贵之人。食物不是很多，刚好够吃。若是橘、柚、蔬菜、水果，必是刚从山林中带节的树上用刀具割切得来；若是虎肉、狗肉、兔肉、鹿肉之类，定是通过罗网捕捉，或者是大米、芝麻，麦面等食品。若有他卦来生，主有他人宴请；若有他卦克制，主有羊肉为食。若受兑来克，主有口舌是非。巽之为物，其味为甘甜，其色为玄黄。

　　坎为水象也，水近信至海内，味香有细鳞，或四足。凡曰水族，必可饮食也。或闻箫鼓之声，或在礼乐之所。其色黑，其味咸。克出饮酒，生回食鱼。为豕为目，为耳为血。羹汤物味，酒食水酱。遇离而为文书，逢乾而为海味。

　　坎为水象，无论近处之水还是大海之水，均为坎卦所主。若占饮食得坎，必是口味鲜美而有细鳞的鱼类，或有四足之物。凡是河鲜或海鲜，必然可以做汤来食。饮食之处，必有箫鼓佐侑，或处于某仪式的正式场合。或是坎卦受克制，则请人酒食；若坎卦受生扶，主被宴请鱼类之物。坎卦为猪、为眼睛、为耳朵、为血液。坎卦还代表着饮食中的羹汤、水酒、酱食之类。若卦中再有离卦，宴席间必然吟诗作赋，主有诗歌文章；若卦中再遇乾卦，席间必有海味。

　　震之为卦，木属也。酒友疏狂，虚轻怪异。大树之果，园林之蔬，其色青而味酸。其数多，会客少。或有膻臭之气，或有异香之肴。同离多主盐茶，见坎或为盐醋。

　　震卦五行木。若占饮食，主席间必有疏狂放诞的酒友，或有虚幻、怪异之事。求卦得震，主有大树所结的果实，或是园林里所产的菜蔬。其颜色为青色，其味道为酸涩。所备饮食必丰盛，但来客不多。饮食或有膻味之味，或者是有异香的佳肴。卦中如果遇离卦，主有茶、盐之类；卦中若再遇坎卦，必是盐、醋之类。

　　离则文书交易，亲戚师儒，坐中多礼貌之人，筵上总英才之士。其物乃煎烤炙烧，其间或茶盐。白日之夕，虽之以烛；春夏之际，凡物带花。老人莫食，心事不宁，少者宜之，宜讲论，即有益。为鸡为雉,为蟹为蛇。色赤味苦,性热而气香。逢坎而酒请有争,逢巽则炒菜而已。

离卦则代表着文书、交易,代表着客人多是亲戚、师长、儒者,座上客人多有礼貌,宴会中多有精英奇才。所食之物多煎炒烧烧,席间还有茶和盐供应。① 虽然是在明亮的黄昏,却还要有蜡烛照明。若是在春夏之交,所食之物然带花。老人不宜食用,否则必绪不宁。少年之人则可食,宜在席间谈经论道。卜饮食之事得离卦,主食物为野鸡、螃蟹、蛇类等色红味苦、性热味香之物。离卦逢坎水,代表有人争相邀请;卦中若遇巽卦,只有炒菜供奉。

兑之为卦,其属白金,其味辛而色白。或远客暴至,或近交争。凡动物刀砧,凡味必有辛辣,凡包裹腌藏。其于暴也为筐为菱,其于菜也为葱为韭。盛而有腥臭,旺而有羊鹅。坐间有僭越之人,或有歌媚之女。单则必然口舌,重则必然欢喜。生出多食,克出好事。

兑卦之象为白为金,其味道为辛而颜色为白色。占饮食得兑卦,主有远客突至,或近邻吵闹相争。席上必有鱼肉荤腥,其味必有辛辣之料,佳肴必是腌制之物。对应于干物,为竹筐和菱角;对应关疏散,是葱和韭菜。如果体卦卦气旺,席上必有有腥味的肉类。兑为口舌,主席间一定有越礼的人,或者有歌伎之类。若兑卦卦气衰弱,主坐上必有口舌之事;若兑卦卦气旺盛,主席间一定皆大欢喜。他卦生扶兑卦,主食物量大丰盛;兑卦克制他卦,主有好事来到。

夫算其饮食,必须察其动静。故动则有,静则无。以体卦下卦为己卦,上为人卦。下为变为客,互之上为酒,下为食物。取象体之下,为食何物;变为客体下,食之不终。生体下吉,互客体之不得食,他人克应亦难食。他人生,何人请。己生体生,下己请人。互受生后,不计杯杓。上体受生,客不计数。变生互,客有后至者;互生克,有先去者。取其日时,以互卦用矣。

占算饮食之事,必须体察动静之应。卦动饮食定有,卦静则无。推断之时,以体卦和卦卦作为应对自己的卦,以用卦或上卦作为对应着他人的

---

① 在中国古代,盐和茶被客以重税,价格很高。宴席间供应茶和盐,多是招待贵客。

卦。下卦为变卦，对应着客人。上互卦对应着酒，下互卦对应着食物。取象于体卦下面的卦，可知要饮食为何物；变卦与下卦相同，主不终席而去。生扶体卦且处于下卦为吉，互卦克制体卦则没有饮食。即使有他人的饮食为外应，也难有饮食。体卦生扶用卦，没有人请。下卦或体卦生扶他卦，主自己请别人。互卦为他卦生扶，美酒多有。上卦或体卦为他卦生扶，客人很多。变卦生扶互卦，有客人后到。互卦生扶克制体卦之卦，有客人先行。要确定饮食之日期，取互卦为用即可。

观物玄妙歌诀

观物戏验者，虽云无益于世，学者以此验数，而知圣人作《易》之灵耳。

观察万物起卦预测，作为一种游戏实验，虽说于世无益，但学习者却能够用它来实践和验证易数妙道，从而推知先贤作《易》的灵应。

物之于世，必有数焉。故天圆地方，物之形也；天玄地黄，物之色也；天动地静，物之性也；天上地下，物之位也；乾刚坤柔，物之体也。

万事万物都有其数理规律，只不过我们平时并不加以研究罢了。因此，天是圆的，地是方的，这是事物的基本形态；天是黑的，地是黄的，这是事物的基本颜色；天在运转，地却安忍不动，这是事物的基本赋性；天在上，地在下，这是事物的基本定位；乾刚健，坤柔顺，这是事物的本体特征。

故乾之为卦，刚而圆，贵而坚，为金为玉，为赤为圆，为大为首，为上之果物。见兑为毁折，逢坎而沉溺，见离为炼煅之金，震为有动之物，巽为木果为圆，坤、艮土中之石。得火而成器，兑为剑锋之锐。秋得而价高，夏得之而衰矣。

乾象征阳刚而圆满，尊贵而坚硬的东西。象征金、玉、红、圆之物，象征气象宏大，象征物体的头部、树木的果实。乾卦遇兑卦，象征毁折；逢坎卦泄体，象征沉溺；见离卦象征锻炼之金；见震卦象征运动的物体，见巽象征树上的果实，象征圆；见坤艮，象征土中的石头；乾卦遇火炼，象征将成器物；遇兑卦比和，象征剑锋锐利。秋季占得乾卦，各售高价；夏季占得乾卦，生意不好。

坤之为卦，其形直而方，其色黑而黄。为文为布，为舆为釜。其物象牛，其性恶动。得乾乃可圆可方，可贵可贱。震、巽为长器，离为文章，兑为土中出之金，艮为带刚之土石也。

坤卦象征直而方的物体，颜色黑而黄，有纹饰，为布匹，为大车，为炊具。卦象为牛，其性安静而不好动，性情柔顺。遇象征可圆可方的物体，可贵可贱的商品；遇震巽象征长形器物；得离卦象征文章；遇兑卦象征出自土中的金属；遇艮卦象征刚硬的土石。

震之为卦，其色玄黄而多青，为木为声，为竹为萑苇，① 为蕃鲜及生形。上柔下刚，是性震动而可惊。得乾乃为声价之物，得兑为无用之木，见艮山林间之石，见坎有气之类。巽为有枝叶，见离为带花。

震卦象征的东西，其颜色青黄间杂而青色为主。或象征着树木，或象征着声音，或象征着萑苇，或象征着生机勃勃的植物。外表柔顺，内里刚强，喜欢震动，有惊人的特性。若再遇得乾卦，必是能发声的金属器物。若再遇兑卦则为无用之木。若卦中再遇艮卦，定是山林中的石头。若卦中再遇坎卦，定是雾气、水气之类。若卦中再遇巽卦，定是有枝叶的植物；若卦中再遇离卦，定是带花的草木

巽之为卦，其色白，其气香。为草木，为刚为柔。见离为文书，见兑、乾为不用，乃遇金刀之物。坤、艮为草木之类，坎、兑为可食之物。为长为直，并震而春生夏长，草木之果蔬。

巽卦象征白色和香味，象征草木之类。巽之为卦，刚柔相济。见离卦主有文章字纸；见乾兑定是弃掉不用的器物，或是金属刀具之类；遇坤、艮或是草木之类；逢坎兑则是可食之物，长而且直。得震卦主为春生夏长的东西，定是草木属类的瓜果菜蔬。

坎之为卦，其色黑，亦可圆可方物。为柔为腐，内则刚物。得之卑湿之所，多为水中之物。见乾亦圆，见兑亦毁。又乃污湿，得震、巽而可食；离、水火既济，假水而出，假火而成。又

---

① 萑苇：两种芦类植物：蒹长成后为萑，葭长成后为苇。一说为竹的一种。

为滞于物，兑为带口也。震、巽为带枝叶，为带花也。

坎卦代表黑色，也是可圆可方的东西。卦中得坎，主有柔软或腐烂的东西，或为内刚外柔的物体，或是低下潮湿的处所，多为水中生物。见乾亦为圆形；逢兑则为毁折之象。还代表恶污秽潮湿的地方，得震巽定是可食用的物品。遇离为水火既济，象征借水而化生，借火而成就。还象事物滞长。遇兑卦定是带口的物体，遇震巽定是有枝有叶的草木或带花的植物。

离之为卦也，其色黄而青，体燥，其性则上刚下柔。为山石之物，土瓦之类，小石于大山，为门途之处。为物见乾而刚，兑而毁折，坤而土块，巽为草之物，而震为木物类也。坎并为河岸之物，离并为瓦器，震、巽并见篱壁之物。

离卦象征青色、黄色、上刚而下柔或干燥的物体，代表石头器皿、泥瓦器物、山中小石、门前路径。遇乾象征刚硬之物，见兑则为毁折之器。遇坤而为土块，遇巽定是草编；得震即是树木，遇坎水代表河岸；逢离火代表瓦器，遇震巽木代表篱笆。

兑之为卦，其色白，其性少柔而多刚。为毁折而下，为带口而圆。见乾先圆后缺，见艮则金石废器，见震、巽为剥削之物，见坎为水之类。得乾而多刚，得坤而多柔，长于西泽之内，于水中之类，得柔而成器也。

兑卦之象，其色为白，其性少柔软而多刚硬，多是毁折不全的器皿，或是带口的圆形器物。若遇乾卦，则是先圆而后损破之器物。若遇艮卦，则是金石之类的废旧器物。或遇震巽之卦，定是剥皮或削制之物。若遇坎卦，定是与水有关。若遇乾卦，定是刚硬之物。若卦中见坤卦，定是柔软之物。或是生长于西方沼泽之内，或者是从水中取得，或是得绳索束缚始成的器物。

诸事响应歌

混沌开辟立人极，吉凶响应尤难避。
先贤遗下预知音，皇极观梅出周易。

玄微浩瀚总无涯，各述繁言人莫记。
大抵体宜用卦生，旺相谋为终有益。
比和为吉克为凶，生用亦为凶兆矣。
问雨天晴无坎兑，亢旱言之终则是。
天时连雨问晴明，艮离贲卦响应耳。
乾明坤晦巽多风，震主雷霆定莫疑。
凡占人事体克用，诸事亨通须有幸。
比和为妙克为凶，又看其中何卦证。
乾主公门是老人，坤遇阴人曰土应。
震为东方或山林，巽亦山林蔬果品。
坎为北方并水姓，酒货鱼盐才取定。
离言文书炉冶利，亦曰南方颜色赤。
艮为东北山林材，兑曰西方喜悦是。
生体克体亦同方，编记以为诸事应。
凡问家宅体为主，旺相须知进田土。
生用须云耗散财，比和家世安居处。
克体为凶决断之，生产以体为其母。
两宜生旺不宜衰，奇偶之中察男女。
乾卦为阳坤为阴，又有来人爻内取。
阴多生女阳生男，此数分明具易理。
婚姻生用必难成，比和克用大吉利。
若问饮食用生体，必知肴馔丰厚喜。
生用克体饮食难，克用必无比和美。
坎兑为酒震为鱼，八卦推求衰旺取。
求谋称意是比和，克用谋为迟可已。
求名克用名可求，生体比和俱可取。
求财克用曰有财，生体比和俱称意。
交易生体及比和，有利必成无后虑。
出行克用用生体，所至其方多得意。

坎则乘舟离旱途，乾震动则坤艮止。
行人克用必来迟，生体比和人即至。
咸远恒迟升不回，艮阻坎险君须记。
若去谒人体克用，比和生体主相见。
兑主外见讼不亲，乾利大人长者是。
来问生物体克用，速可追寻依卦断。
相生比和终可寻，兑临缺处并井畔。
离为冶炉及南方，坤主方器凭推看。
疾病最宜体旺相，克用易安药有效。
比和凶则有救星，体卦受克为凶兆。
离宜服热坎服冷，坤土卦温补料亨。
亦把鬼神卦象推，震主妖怪为状貌。
巽为自缢并锁枷，坤艮落水及血衄。
凡占公讼用宜克，体卦旺相终得理。
比和助解最为奇，非止全仗他人力。
若问墓穴在何地，坤则平阳巽林里。
乾宜高葬艮临山，离近人烟兑兴废。
比和生体宜葬之，克用尤为大吉利。
若人临问听傍言，笑语鸡鸣亦吉美。
美物是为祥瑞推，略举片言通万类。

《诸事响应歌》语言通俗，其内容在前面都一一细讲过，此处不再重复。

诸卦反对性情

乾刚坤柔反其义，比卦欢欣困忧虑。
临逢百物观求之，蒙卦难明屯不失。
大畜其卦福之生，无妄若遇祸之始。
升者去而不复回，萃者聚而终不去。

谦卦自尊豫怠人，震则动而艮则止。
兑主外遇巽内藏，随前坎后偷安矣。
剥体消烂复自生，蛊改前非而已矣。
明夷内朗又逢伤，晋主外明并通理。
益拟茂盛损象衰，咸速恒迟涣远遁。
同人内亲睽外疏，解卦从容蹇难启。
离文美丽艮光明，遁退回身姤相遇。
大有日众丰日多，坎卦履险震卦起。
需不进兮讼不宁，既济一定无后虑。
未济之卦男之终，归妹之辞归之始。
否遭大往而小来，泰卦大来而小去。
革去旧故鼎从新，小畜曰寡噬嗑食。
旅羁其外大过颠，夬卦分明曰快利。
要将字字考精详，杂卦性情反对是。

以上讲的是诸卦反对性情，讲的是六十四卦的特性。我们起卦后，即得一个六爻卦为本卦。有的时候，我们不仅仅分析其中八经卦的生克情况，而是直接看本卦和变卦的性情。

占物类例

凡看物数，看其成卦，观其爻辞。如得乾，曰"潜龙勿用"，乃曰不可用之物；"见龙在田"，乃曰田中之物；"或跃在渊"，乃曰水中之物；"亢龙有悔"，乃废物也。如得坤之"直、方、大"，乃曰宜而方大之器物；"括囊无咎"，乃曰包裹之物；"黄裳元吉"，乃曰黄色衣服之物；"其血玄黄"，"困于石"，乃曰石物或逢石而破；"困于株林"，乃曰木物。又言爻辞，不言物类，而不能决者，须以八卦所属之象察之。

大凡考察事物的生旺成毁之数，必须辨析其卦象，分析其爻辞。比如占乾卦，若初九爻动，辞曰"潜龙勿用"，乃不可使用的物品。若是九二爻动，其爻辞曰"见龙在田"，乃是田中出产的物品。若是九三爻动，其爻辞曰"或跃的渊"，当是从水中捕捞之物。若遇爻辞"亢龙有悔"，乃是废弃无用之物。若占得坤卦，若九二爻动，爻辞曰："直方大，不习无不利"，主此物应当是既直且又方又大的物品。若六四爻动，爻辞曰"括囊，无咎无誉"，乃是被包裹之物。若六五爻动，爻辞曰"黄裳元吉"；上六爻动，其爻辞曰"龙战于野，其血玄黄"，此物品则可能是黄色衣服之类。占得困卦，若六三爻动，其爻辞曰"困于石，据于蒺藜；入于其宫，不见其妻，凶"，当量石头之类或逢石而破之物。若初六爻动，其爻辞曰"臀困于株木，入于幽谷，三岁不觌"，此物当是木器。但是很多爻辞并没有讲明所属物类的提示，则以八卦之歇脚断之即可。

又诀：二体用断物之妙

生克制化之妙，于诸诀中，此诀极为美验。其所诀：以生体者，为可食之物；克体者，为可近人之秽物。体生者，为不成之器；体克者，为破碎损折之物；比和者，乃有用成器之物。又生体象者为贵物，克体象者为贱物，所泄为废物也。

八卦所属的五行生克制化变化是所有的规律中最为灵验的。具体的经验是：用卦生扶体卦，当是可以吃的食品；用卦克制体卦，主人身可以接近的污秽之物。体卦生扶用卦，主器物不成形。体卦克制用卦，主器物破损；体用二卦比和时，主此乃有用成形的器物。此外，用卦生扶体卦，主此乃贵重之物；用卦克制体卦，主廉价之物。体卦生扶用卦为泄体，主此乃废弃不用缺之物。

又诀

凡算此数，以体卦为主，看其刚柔。用卦看其有用无用。体生方圆曲直，可作可用，如用生体，乃可食。用变互卦，看其色与数目。此互卦决其物之数目也。如互见重兑、乾，决为一二之数。互见艮、坤，为七八之数也。但互卦重乾、重艮、重坤、重坎、重离之属，皆是两件。物乘旺，物数多，衰而物少。离为中虚之物，或空手无物。又决物之数者，如互艮卦，先天七数，后天亦不出八数之外。

凡占算物体的数量，以体卦为主，可以察知物体的刚柔之性。用卦可用来看物品是否有用。如果体卦生扶用卦，主为或方或圆、或曲或直的有用之物。假如用卦生扶体卦，当是可食用的物品。观察变卦及互卦，可以推测其颜色和数目。可以用互卦推究的数目，若互卦中见乾、兑，可断为一、二件；若互卦为艮、坤，则为七、八件。若互卦见重乾、重艮、重坤、重坎、重离之类，则都是两件。卦气旺盛，物数必多；卦气衰竭，物数必少。若遇离卦，当是中空之物，或者手中根本就没有东西。此外判断物体数目时还有先后天之分。互卦为艮卦，若是用先天端法起的卦，其物数为七；若用后天端法起的卦，其物数也不会超过八。

物数为体诀

凡算物数者，不但以体卦为体，凡卦之多者，皆可为体。如乾金多，以金为体，则多刚；坤多以土为体，多柔。乾卦，体卦乾，而用是乾，而互又是乾。固曰金为体而刚矣，便是圆健刚硬之物。非金非石，此为体矣。

观物有体互变卦，并无生旺之气者，为不入五行之物。观物观爻，如八卦中阳爻多，乃多刚之物；阴爻多，乃多柔之物。

预测事物的数目，不但以体卦为主，凡是五行属性相同的卦占优势的，皆可以其五行属性为主体。若乾金多，即以金为主，其性质多刚硬。坤土多，即以土为主，其性质多阴柔。其他以此类推。

另外，要占测物体，还要看所得之卦的体卦、互卦、变卦有无生旺之气；卦气衰弱，为不入五行属性事物。必须观察爻象；如果所得卦中阳爻多，象征刚健之物。阴爻多，象征柔性之物。

又诀：观物变在五六爻，多是能飞动之物。

所得本卦变爻在五爻或六爻的，多为会飞之物。

观物看变爻为主

凡观物，以变爻为主应，用之应验也。如得乾，初爻变为巽，乃金刀削过木之物。二爻动，变为离，乃火中锻炼之金。三爻动，变为兑，乃毁折五金之器，虽圆而破处多也。

预测事物，以观察变卦为主，以变爻位数推断克应事物。假如变爻所在的用卦为乾，初爻动，变卦为巽，巽属木，乾属金，可推断为金属刀具削斫过的木质器物。二爻变，变卦为离，离属火，可推断为经过炉火锤炼的金属物体。三爻变，变卦为兑，兑为毁折，可推断为补毁坏了的金属器物。虽然乾有圆形的象征，但遇兑，可断为有破损的圆形器物。

观物克应法

凡算物之成败，又看体卦克应如何。成卦未决之际，有见圆物相遇，即断是圆物。见有负土者过，即断为土中之物。见刚健之物，即言是刚健之物。见有柔腐之物，即言是柔腐之物。

预测事物成败与否，主要考察体卦的克应情况。如果正在成卦之际，有圆形之物应卦，便推断为圆形之物；见有负土而过者应卦，即可断为土中出产之物。见有柔软腐败之物应卦，便推断为柔弱腐败之物。

观物趣时诀

凡算物，趣时察理，无有不验。以春得震、离为花，夏得震为有声之物，秋得兑为毁折成器之物，冬得坤为无用土物也。

由预测器物，考察当时所处的时间，详析生活的日常规律，便没有不应验的。例如，春季卜得震、离，为物品为花，因为春季木旺火相，震为木，离为花，皆为旺气。夏季卜得震卦，为发声之物，因为夏季火旺，虽为木体，然震为雷，夏多雷雨，故能发声。秋季金旺，得兑为毁折，万物肃杀，所以秋天占得兑，象征虽成形而有缺毁的器物。冬季卜得坤卦，坎水旺而土相，主为无用的土中之物。

观物用《易》例

有人以笼盛物者，算得地天泰之初变升，互见震、兑，曰：此必是草木类而生土中也，色青根黄，当连根之草木也。盖爻辞曰："拔茅茹，以其汇。"乃曰："此乃干根之草木也。"视之，乃草木连根，新采于土中也。互震为青色，兑为黄根也。

本节讲了两个用《梅花易数》进行射覆的案例。

有人用笼子装着物品，起卦射覆，卦得地天泰，初爻动变为地风升，互卦为震、兑。断曰：这一定是生长于土中的草木之类。颜色青，其根黄，应该是根连在一起的草木。因为泰卦初爻爻辞乃是"拔茅茹以其汇，征吉"，是说拔茅草连带把根也拔出来了。因此下面必定是带着根的草木本类。打开视之，果然是刚从田中采的、带根的草木。上互卦为震，震为青色，故草青色；下互卦为兑，兑为黄白，故断根为黄色。

又有以令钟覆物者，令占之，得火风鼎之雷风恒。乃曰："此有声价气势之物，虽圆而今毁缺矣，其色白而可用。"盖其辞曰："鼎玉铉，大吉。"互见乾、兑，虽圆而毁也。开视之，乃玉绦环，果破矣。

又有人把一物用金钟罩了起来，令占卜测断何物，起卦得火风鼎卦，六爻动，变为雷风恒卦。断曰：此乃是价值高昂之物。虽然是圆形的，但现在已经遭到毁损而残缺。其颜色为白色，现在还可以用。因为鼎卦上九爻辞是"鼎玉铉，大吉，无不利"。互卦为乾兑两卦，上互卦兑毁折，下互卦乾主圆形，因而可以断定是圆形的、但已破损的物品。打开金钟来看，果然是已经破损的玉绦环。

万物戏念[①]

凡猜手中物，乾金为圆白之物。其色白，其性刚，为宝货之物，有气无价物。坎为黑色，性柔，近水之物。又艮为土中之物，瓦石之类，有气为成器之物，其色黄。逢兑克柔，无气，折伤之物。又震、巽为竹木，有气为有用之物，为可食之物；无气为竹木之属。遇兑之属可食，当时之果物，色青。有气柔，无气刚。震、巽遇坎为污湿物，或有气；如无气，为烂朽之木。离色赤，性柔，有水有木，而火焚之，必炭之类。有气，为价值可货

[①] 数中不可常为之。

之物。坤为土中之物，色黄而性温。兑为毁折之物，带口。凡占物，以春震巽、夏离、秋乾兑、冬坎，皆当以为有用之物，成器之物。否则为无用之物。值六虚冲破，则必无物而空手矣。

凡是猜测物中所藏的物品，若得乾金之卦，则是圆形的、白色物品，质地坚硬，亦可能是珠宝之类的珍贵物品。如果乾卦卦气旺盛，可能是无价的贵重物品。得坎卦，可能是颜色黑白而性质柔软的近水物品。得艮卦，应当是土中的东西，如瓦器石头之类。艮卦的气旺，应当是成形的器物，颜色为黄色。艮卦逢兑卦，就是刚硬的物体。艮卦气衰，就是有损伤的物品。若是占得震巽之卦，主有竹子树木之类的东西，因为震巽五行属木；如果震巽卦气旺，当是竹制品或木器，或得是可食用的山果之类。如果震巽卦气衰微，当是不成用的竹木之物，或是时令鲜果，颜色为青绿色。震巽有气，当是柔性强的物体；震巽无气，则是刚硬易折的竹木器。若卦中再遇坎卦，为产于污秽潮湿之地的竹木之类，水生木，为有气；若无气，则是腐烂朽坏的竹木之类。若占得离卦，所占之物质地柔炊。若卦中再见水、木，乃火焚木之象，必是木炭之类。若离卦卦气旺盛，乃是价值不菲、奇货可居的物件。若占得坤卦，则是土中出产的或是从土中挖出之物。颜色为黄色，温性。若占得兑卦，则所占之物为带口的、已遭毁损而有破损的器物。凡是占手中物，若春天占得震、巽之卦，夏天占得离卦，秋天占得乾兑之卦，冬天占得坎卦，皆为卦气旺盛之卦，当是可以使用的物器，或者是已成形的器物；否则，便是无用的物器。若值六虚冲破，必是手中无物。

占卜十应诀

凡占卜，以体卦为主，用为事应，固然矣。但体卦既为主，用互变卦相应，参看祸福。然今日得此一卦，体用互变中决之如此；明日复得此卦，体用一般，岂可又复以此决之？然则若何而可？必得十应之说而后可也。

凡是占卜，均以体卦为主，用卦代表事物，这是通用的方法，不必再讨论。但是体卦既已为主，用卦、互卦、变卦作为克应，查其动静以考察吉凶。如果仅仅按照这个原则来断，今天得一卦，按此而断而得一结果；

到明天又得此一卦，体用仍是一样，那么难道也是如此而断吗？如果不照这样断，那么我们应该怎样断呢？这应需要掌握十应之说，才能解决这个问题。

盖十应之说，有正应、互应、变应、方应、日应、刻应、外应、天时应、地理应、人事应，所谓十应也。夫正应者，正卦之应也。互应者，互卦之应也。变应者，变卦之应也。此二卦之诀也。占者俱用之，以断吉凶矣。至于诸应之理，人有不知者，故必得诸用之诀，卦无不验。不得其诀而占卜吉凶，或验或不验矣。得此诀者，宜秘之。

这一节讲的是十应的概念，非常简单。所谓"十应"之说，指的是正应、互应、变应、方应、日应、刻应、外应、天时应、地理应、人事应等十项应验方法。至于以上诸应的方法和产理，有许多人并不知道。然而占卜预测，若用以上的诸应之诀，则没有不灵验的；若不懂得以上的诸应之诀，这样占卜吉凶可能灵验也不可能不灵验。得到这一秘诀的人，切不可轻易示人。

正应：正应者，即体用二卦决吉凶。

互应：互应者，即互卦中决吉凶。

变应：变应者，即变卦中决吉凶。

正应：所谓正应，就是只用体、用两卦决断事物之事凶。

互应：所谓互应，就是用体互卦、用互卦来决断所测事物之吉凶。

变应：所谓变应，就是用变卦来决断所测事物之吉凶。

方应：方应者，以体为主，看来占之人在何方位上，即看其所坐立之方位。宜生体卦，又宜与体比和，则吉；如克体卦则凶，如体卦生之，亦不吉矣。

方应：所谓方应，就是以体卦为主，看来求占之人处在什么方位上，看其方位属何卦，以所处之方位之卦与体卦的关系来参考占断吉凶。方位之卦宜生体卦，或者与体卦比和，则所占之事吉利；若方位之卦克制体卦，则所占之事凶险；若体卦去生方位之卦，则所测之事亦属于不吉。

日应：日应者，以体卦为主，看所自封占属何卦，及体卦与本日衰旺如何。盖卦宜生体，宜比和；不宜克体，亦不宜体卦生之也。本日所属卦气，如寅卯木、巳午火、申酉金、亥子水、辰戌丑未土也。

日应：所谓日应，就是以体卦为主，看所起的卦属于什么卦，以及体卦在本日卦气旺盛或衰竭的情况。盖日辰所属之卦宜于生体卦，宜于与体卦比和，不宜于克制体卦，也不宜于受体卦之生。本日所属的卦气，即寅卯日属木，巳午日属火，申酉日属金，亥子日属水，辰戌丑未日属土。

刻应：刻应者，即三要之诀也。占卜之顷，随所闻所见吉凶之兆，以为吉凶之应。

刻应，就是起卦时外物的瞬时动静克应。具体操作起来是这样的：起卦时，其耳闻目睹心思之三要，如果是凶，就是凶兆；是吉，就是吉兆。

外应：外应者，外卦之应也。占卜之际，偶见外物之来者，即看其物属何卦。如火得离、水得坎之类。如见老人、马、金玉、圆物得乾，见老妇、牛、土、瓦物得坤之类。又如见此者，为外应之卦。并看其卦与体卦生克比和之理，以决吉凶。

外应，就是外卦与本卦的克应关系。预测时偶见到外物来应卦，就要观察应卦的事物属于什么卦。若性质属火，就得离卦；若性质属水，就得坎卦。见老人、马匹、金玉、圆形物体等，就得乾卦；见老妇、耕牛、泥土、瓦器等人或物，就得坤卦。起卦时见上述情形应卦，均为外应，可以按其归属的具体卦象与体卦的生克比和关系，以断吉凶。

天时应：天时之应，占卜之际，晴明为离，雨雪为坎，风为巽，雷为震。如离为体，宜晴。坎为体，宜雨。巽为体，宜风。震为体，宜雷。火见雷为比和，参之生克，以定吉凶。

天时应，即天象气候与体卦的克应关系，如起卦预测时，天朗气清，就是天时的离卦克应；如有雨雷，就是天时的坎卦克应。如有风，就是天时的巽卦克应。打雷，就是天时的震卦克应。体卦为离卦，适宜于遇到晴朗天的克应。同理，坎卦为体，宜遇雨天；巽卦为体，宜遇刮风；震卦为体，宜遇响雷。闪电、火光与雷声为比和关系。根据体卦与天时所属的生克比和关系，以断吉凶。

地理应：地理之应，占卜之时，在竹林间，为震、巽之地；在江河溪涧池沼之上，为坎；在五金之处，为乾、兑之乡；在窑灶炉火之所，为离；在土瓦之所，为坤、艮。并为体卦论生克比和之理以决之。

地理应，就是地理环境与体卦的克应关系。如起卦预测时，处于竹林之间，属震卦或巽卦；处于江、河、溪、涧、池沼之上，属坎卦；处在金属物体中间，属乾卦或兑卦；处于窑灶、炉火旁边，属离卦；置身于泥土、瓦石中间，属坤卦、艮卦。根据地理环境所属的卦象与体卦之间的生克比和关系来断吉凶，即为地理应。

人事应：人事之应，即三要中人事之克应也。盖占卜之际，偶遇人事之吉为吉，偶遇人事之凶为凶。如闻笑语，主有吉庆之事；遇哭泣，主有悲愁之事。又以人事之属于卦者论之：老人为乾，老妇为坤，少男为艮，少女为兑。并看此人事之卦与体卦生克比和，以决吉凶。

所谓人事之应，就是《三要灵应篇》中有关的人事之类的克应关系。在占断的时候，若偶然遇到人事中吉祥的征兆，主所占之事为吉；若偶然遇到人事中不吉的凶兆，主所占之事为凶。此如忽然听到有人在讲喜庆之语，主有吉庆之事；若遇他人哭泣，则主有悲伤忧愁之事。还可以人事中所属的卦象来推论。如老人属于乾卦，老妇人属于坤卦，少男属艮卦，少女属兑卦。并考察这些人事这类的外应卦与体卦之间的生克比和关系，来决断吉凶。

右十应之理，凡占卜之际，耳闻目见以决吉凶，并以体卦为主，而详其生克比和之理。如占病症，互变中多有克体之卦，而本卦中又无生体之卦者，断不吉也。又看体衰旺，若体旺则庶几有望，体衰则无复生理。如是，又看诸应有生体者，险中有救；又有克体则不可望安矣。其余占卜，并以类推之。

上面讲的是十应的具体操作方法。起卦预测时，耳闻目睹的现象都可以作为预兆，在以体卦为主的前提下，详细考察卦象之间的生克、制化与比和关系，以断吉凶。比如占测疾病，所得卦象中互卦、变卦均克制体卦，而本卦中用卦又不生扶体卦，应断为不吉。其次，一定还要察看体卦之气的衰旺。若这时体卦之旺盛，病人便有望康复；若体卦之气衰弱，病人就没有再活下去的希望了。最后，再考察一下其它诸项克应中有无生扶体卦的因素。如果有，便是险中有救的预兆；如果没有，就难以指望病人转危为安了。其它种类的推测，均可仿此类推。

论事十大应①

本文所讲的论事十大应，是在《人事应》和《物数为体诀》的理论上发展起来的。此文人事之应中的常见动作分为十种再辅以体卦之性情来加以考察，非常实用。人体的每一项动作都有其具体涵义，均有其五行属性。以人体动作为外应，再考察卦象中各八经卦的五行属性，看以何为主体，即可直接分析而得出结果。歌曰：摇头摆手事不成，点头合掌有成功。身摇事不定，语缓者多思，语急者性直。外应变化很快，尤其是取用行为外应时，分分秒秒不一样，我们的思路一定要敏捷，跟上外应变化。取作外应的形体行为，都是被预测者在请求预测事项时，内心思想无意识的流露。由内可外现，由外可观内，易就是通过外应去破译事情发展形态的。这就是易的本质、易的功用。行为外应信息通过象和数的破译，就得出方向、位置、时间、数量等结果。

要想了解本文，须要再详细研究"物数为体"的理论。虽然此处是讲"一行"至"十怒"的十种外应，但其卦象取用均是照"物数为体"的理论进行推衍的。

一行。问官事属木，旺木有文书。属火，有官司财。金木，财有至。有客至，问病人大潮热。金水米浆。

外应为行走之时。此时如果占问官事，官事属木，卦中木旺，请有文书至。卦中火旺，主得官司财。卦中金木旺，财到。主有客到，问病主病人有大潮热之病。金旺，主有饮食，得水米浆之食。

二立。官司不发，木土无金木，大小口舌，病不凶。财水土，有贵人至，文书发动。

外应站立。此时占问官事，不顺利。木土旺而无金，主有口舌。占病不凶。

三坐。问官司，有讼不成。主财。属火主和劝。金败财，木得财。病却月，又有犯林木神，有祸不凶。

外应端坐。此时占问官司，虽有讼事而无结果。主有财得。卦中火

---

① 论日辰秘文。

旺，主有中人调解。金多财败，木多得财。病两月，犯了森木神之故，虽有不利但不为凶险。

四卧。问官司，侧睡者，欲起必作，主阴人事。金有财，火事发破财。土水无财难就。土木有财。

外应躲卧。如果侧睡，主要打官司，为女人之事。金多有财，火多有事破财。有土有水无财。有土有木则有财。

五担。官司被人自惊。火，与面说人成口舌。问信见水土得财。金木客至。病有犯，四肢沉重，不能起。

外应挑担。此时占问官司，无故被人惊扰。火旺，与人当面讨论相争而成口舌纠纷。如果占问消息，见有水土主得财，见金木主有客来。占病主病势沉重，不能起床。

六券。官司不成，火有财，水土有灾，心下不安，有贵人，主口舌，不凶。

外应书券。此时占问官司，无结果。火旺，主有财利。卦有水土，主有灾，心神不宁，但有贵人至，仅仅是口舌之事，不为凶。

七窠头。官司立见口舌。火，大官司；水土比和，财无，小人分上，口舌怄气，病。主阴人小口灾。

外应正在缠头。此时占问官司，主立即有口舌之纷争。火旺，主有大官司。有水土来比和，主失财，有小人来说情，有口舌，自己生自己的气，有病。主女人或小儿有灾厄。

八跣足。官司破财，外人欺，心下惊慌。火主破财。土不凶，病。有孝至。

外应光着脚。此时占问官司，主破财，有外人相欺，心下惊慌。火旺，主破财。有土来泄气，不为凶祸，却有疾病。主有丧事。

九喜。官司自己无，主外人有请，劝官司，有酒肉。别人事，口舌纷纷。求财不许。不凶。

外应有喜色。主自己无官司，而外人来请自己劝和官司，有酒肉相待。他人之事，乃口舌纠纷。无财利。无凶祸。

十怒。官司主外人欺凌，不见官，主破财，倚人脱卸。火惊，病凶。

外应有怒气。占官司主外人来欺凌，最后不用见官，要破财来找人劝息此事。火旺主有惊恐。占病有凶，不吉。

卦应[①]

乾

乾	乾为天、为圆、为君父、为首、为金玉、为寒冰、为大赤为马、为良马、为老马、为瘠马、为驳马、为木果。〔《九家易》云："为龙为直、为衣为言。"〕如姤、遁、否、履、无妄、讼、同人七卦，乾在上，刚在外。如大有、泰、大壮、夬、需、大畜、小畜七卦，乾在下，刚于内。乾坤刚柔，四发变八，惟六动随时有异，不拘于一。乾性温而刚直，偏位西北，不居子午而居戌亥。附于礼法，则为刚善，为明；不附于礼法，则为刚恶，为凶暴。
天文	雪、老阳。
天气	寒。
凶盗	军、弓手、贼、强横、停尸。
官贵	朝贵、盐司、太守、座主。
身体	顶、面颊、颊辅。
性情	刚健、正直、尊重、好高、听吉。
声音	正清、商。
信音	朝信改、召命、荐举、关升、义亲。
事意	上卦为形象之家，下卦为强横之辈。

---

① 与前"八卦属类"大同小异，读者可以互参。

疾病	手太阳脉弦紧，天威所发，上壅、目热、寒热。
附药	丸子。
食物	饼子之赤者、手饼、馒头、荷包、猪头脑骨头、羹、珍粉、馄饨。
谷果	粟、栗、瓜、豆、龙眼、荔。
禽兽	雀、鹏、鹗、鹏、鹰（余备载前）。
衣服	赤玄色。
器用	圆物盖、注子盘、水晶、玉环、定器、球。
财	思义交货、钱马之类。
禄	壬申。
字	方圆形字，有头者须旁八卦。
策	二百一十六。
轨	七百六十八。

坤

坤	坤为地、为母、为布、为釜、为腹、为吝啬、为均、为牛、为子母牛、为大舆、为文、为众、为柄。其于地也，为黑。坤上体矣，外于六卦，柔在下柔在内。坤厚位居偏，在西南申上。附于理法则为圣贤，否则为邪荡。
天文	雾、露、云、阴。
地理	郡国、宫阙、城邑、墙壁。

人物	母、妻、儒、农、僧。
凶盗	奴婢藏在僻处。
官贵	大臣、教官、考校文字。
生育	女、肥厚。
性情	顺缓不信事、顽钝无慈爱。
声音	宫音。
事意	迟滞、顽懦、悭吝、怂恿。
疾病	手、太阴候、腹痛、脾胃闭、脉沈伏。
饮食	藜羹、烧炖之物、鹅、鸭、肺、太牢、饴糖。
五味	苦、辣、甘。
果品	有物汁。
音信	顺遂。可许为、捷应、辰戌丑未月日。
财物	束脩、抄题、僧衣、布裳。
婚姻	富家、庄家、商家、丑拙性吝、大腹、壮、迟钝、面黄。
器用	轿、车、瓦器、田具、沙器。
禽兽	牛、牝马、鸥雀、鸦、鸽。
字	圭、金、四、牛旁。
禄	癸、酉。
策	一百四十四。
轨	六百七十一。

震

震	震为雷、为龙、为玄黄、为专、为大涂、为长子、为足、为决躁、为苍筤竹，为萑苇；其于马也，为善鸣、为馵足、为作足、为的颡；其于稼也，为反生、其究为健、为蕃鲜。〔《九家易》云："为王、为鹄、为鼓。"〕春夏性严刚直，众所饮服；秋冬刚而不威。不能制物，不好闲付，性偏而偶。附于理，则为威严；否则为躁暴。体用上卦为飞，下卦为走。
天文	雷、虹霓、电。
	旧事重叠、有名无实。
疾病	气积冷伤胃、四体劳倦、温冷伤食、足太阳、脉洪浮。
宴会	酒会、玩赏、期集。
食物	面食、包子、酒、时新之物。
谷果	芋、小豆、稼、时新之果。
禽兽	蜂、蝶、白鹭、鹤。
器用	木器盘、竹器筐、算盘子、舟车、兵车、轿。
器皿	瓶筴瓯、乐器、鼓。
衣物	裙、腰带。
缠带	绳、匹帛、青玄黄之彩。
财	阴人取索、竹木钱。
禄	甲。
字	走竹旁、立画旁。
色	青、玄、黄。
策	一百六十八。

轨	七百零四。

巽

巽	巽为木、为风、为长女、为绳直、为工、为白、为长、为高、为进退、为不果、为鱼、为鸡。其于人也，为寡发、为广颡、为多白眼、为股。为近利市三倍。其究为躁卦。〔《九家易》云："为扬为鹳。"〕春夏有权，号令谋略；秋冬刚柔不一，与物为害。巽人也，凡事敢为，不退避。巽阴，赋性偏，附于礼法，则为权谋；否则为奸邪。
天文	风。
地理	林苑、囿园。
人物	命妇、药婆、工术女。
凶盗	奴婢商量取去、宜急求之。
官贵	典狱、考校、干官、休究。
身体	耳、目、胆、发、命、口、肢、生育、长女、胎月少、莹白。
性情	鄙野、悭吝、艰苦、号咷。
婚姻	命妇、宗室女、委望、进退、声音、角音、仄声、三声、四声上下。
信音	召命、报捷、辟差、举状。
事意	荐举、呈发、申审、号令、听命。
疾病	手足厥会、和之气候三十日、脉濡弱、饮食伤胃、宿食、痞膈、为臭、水谷不化。
药	草药。

宴会	家庭、客不齐。
谷果	麻、粉、茶。
食物	长面、粉羹、脍、鸡、鱼、肠、肚、酸物、下卦为鹅鸭。
器用	竹木草具、绳、丝、弦索、乐器。
禽兽	鸡、鹅、鸭、鱼、善鸣之禽虫。上卦飞、下卦走。
衣物	衣、绳、丝。
色	青、绿、碧、白、紫色。
财	利市喜、租钱、料钱。
禄	辛。
字	草木竹旁。西方，丝鱼菜舟龀疾大豆辣。
策	一百九十二。
轨	七百三十六。

坎

坎	坎为水、为沟渎、为中男、为耳、为豕、为隐伏、为矫輮、为弓轮。其于人也，为加忧、为心病、为耳痛、为血卦、为赤。其于马也，为美脊、为亟心、为下首、为薄蹄、为曳。其于舆也，为多眚、为通、为月、为盗。其于木也，为坚多心。春夏性险、不顾危亡、为事多暴；秋冬性静，先难后易，有谋略，有胆志。坎险，维心亨内，主坎陷，赋性而居北。坎之体，为隐伏之物、水中之物。附于理法为刚，否则为险陷。
天文	月、虹、云、霜。

地理	海阔、水泉、沟渎、厕。
方所	丘墓中、狐兔穴中。
人物	僧、道。
凶盗	乘便而来、脱头露尾、易败必获。
官贵	漕运、钱粮、漕官运属。
身体	发、膏、血。
生产	难产、中男、清秀。
性情	心机阴险、智随圆委曲。
婚姻	富家、亲家用性。
声音	羽中上卦、羽平六声下卦。
信音	反复犹豫、小人欺诈、侫、狡狯、盗贼、狱讼。
疾病	足太阴之气、脉滑芤。
附药	补肾药、或酒水下。
食物	酒、咸物、豕、鱼、海味、中硬而核、腰子。
谷果	麦、枣、梅、李、桃、外柔内坚、有核。
禽兽	鹿、豕、象、豚、狐、燕、螺。
器用	酒器、车轮、败车。
衣物	青黑色。
财	争讼之财、和合打偏财。
字	两头点水、全水、月、小弓之属。
禄	戌。
色	黑皂、白。

策	一百六十八。
轨	七百零四。

离

离	离为火、为日、为电、为中女、为甲胄、为兵戈。其于人也，为大腹、为目。为乾卦、为雉、为鳖、为蟹、为蠃、为蚌、为龟。其于木也，为科上槁。〔《九家易》云："为牧牛。正洙作牝牛。"〕春夏性明、文采有断。秋冬晦而不明、始终不决。离，丽也。明察于心，赋性直而居正南。附于理法，则为文明；否则为非也。
天文	日、霞、电、晴。
地理	殿堂、中堂、檐、厨灶。
方所	正南。
人物	为将帅兵戈甲之士。
凶盗	妇人盗、从南方去。
官贵	翰苑、教官、通判、任宜在南方。
身体	三焦、小肠、目、心。
生育	次女、多性燥啼哭。
性情	聪明、见事明了。
信音	朝信、文书、报捷、契券。
事意	忧疑、聒拓、喧哄、性急、虚忧。
疾病	手足二君太阳、明三相火眼病、气燥热疾、发狂。

禽兽	凤有文采、鳖、螺、蚌、蟹、蛰蛤、蠃、鹑、鹤、飞鸟、牝羊。
食物	馄饨、蟹、鳖、蚌、介虫之属、中虚物、炙煎物。
谷果	谷实、梁、藕、外坚内柔之物、棘木之花叶、枯枝。
器用	灯火之具、外坚内柔之物、屏幕、帘、旗帜、戈兵、甲胄、盘、甑、瓶一应中虚之物、窑灶炉冶、盒子瓮笼。
衣物	赤红、紫色。
财	远旧取索、意外之物。
字	火、日旁。
禄	己。
策	一百九十二。
轨	七百六十三。

艮

艮	艮为山、为少男、为手、为径路、为小石、为门阙、为果蓏、为阍寺、为指、为狗〔《汉上》作豹，熊虎之子。〕、为鼠、为黔喙之属。其于木也，为坚多节。〔《九家易》云："为鼻、为肤、为皮革、为虎、为狐。"〕春夏性禀温和好善；秋冬执滞不常，为事迟缓。艮，止也，有刚有柔，民阳赋性偏而居偏。附于理法，为刚直；否则为顽梗。
天文	星、烟。
地理	山径、墙巷、丘园、门墙、阑、阖、寺、宗庙。

方所	东北方、艮门墙、寺。
人物	阉寺、仆隶、官僚、保人。
凶盗	以下所使警迹人。
官贵	山郡、无迁转。
身体	手指、鼻、肋、脾胃。
生产	损胎、次男。
性情	濡滞、多疑、优游、内刚外软。
声音	清上平、一音、十三音、三声。
事意	反覆进退、去就多疑。
疾病	手太阳、久患脾胃、股疾、脉沉伏。
附药	湿土石药。
宴会	常酬、宴饮、期集。
谷果	豆、大小菜。
食物	装点之物、所食不一、酒浆、杂蒸之物、冻物、杂羹、有汁物、鸭鹅、甘味。
禽兽	牝牛、子母牛、鹄、鹘、鸦、鹊、雀、鹜、鸥、鼠。
器用	轿舆、犁具、兵甲器、陶冶瓦器、锅、釜、瓶、瓮、篮、伞、钱袋、磁器、踏镫、螺钿、盒子、内柔外刚之物。
衣物	黄裳、僧衣、黑皂、彩帛、袋布。
禄	丙。
财	旧钱、置转货买、田上趁钱。
字	土、牛、田傍。

策	一百六十八。
轨	七百零四。

兑

兑	兑为泽、为少女、为巫、为口舌、为毁折、为附决。其于地也，为刚卤、为妾、为羊。〔《九家易》云："为堂、为辅颊。"〕春夏性说好辩，秋冬好雄。兑，说也，邪言伪行，无所不为，随波逐流。附于理法，则和顺；否则邪伎淫滥。
天文	雨露、春雾、细雨、夏秋重雾、冬大雪、上为雨、下为露。
地理	井泉、泗泽。
方所	西方。
人物	先生、客人、巫、匠、媒人、牙人、少女、妾、娼。
官贵	学官、将帅、县令、考校、乐友、赴任西方。
凶盗	家使童仆、藏于僻地。
身体	口、肺、膀胱、大肠、辅颊、舌。
生育	少女、一胎、月不足、多奇异。
性情	喜悦、口舌、多美。
声音	商上下、商之溺、四声。
婚姻	平常之家、少女媚悦。
信音	喜酉丑时日至。
事意	唇吻、口舌、谗谤、相欺、争打、妇人、暗昧。

疾病	口痛、唇齿、咽喉、危困。
附药	剂。
宴会	讲书、会友、请先生、吟赏。
食物	包子、有口舌物、糖饼、烧饼、肝肺。
谷果	粟、黍、枣、李、胡桃、石榴。
禽兽	羔羊、鹿、猿、虎豹、豺、鸷、鱼。
器用	席、铁、铜、钱、器皿、酒盏、瓶瓯、有口器或损缺。
衣物	彩。
财	束修、合水。
禄	丁。
字	家、金、钓、口傍。
色	素白。
策	一百九十二。
轨	七百三十六。

梅花易数卷四

序

夫先天者，已露之机；后天者，未成之兆也。先天则有事始占一事之吉凶，后天则有所未知而出仓猝之顷，而休咎验焉。故先天为易测，后天为难测也。先天则有执著而成卦，后天触物即有卦，此全在人心神之所用也。其能推测之精，所用之活，则无一事一物，莫逃之数矣。我居者为中，现于前者为离，现于后者为坎，出于左者为震，出于右者为兑，在我左角者为艮，在我右角者为乾，在乾左角者为坤，此八卦位。

本节是为《拆字数》的序，讲述了拆字起数法的原理与应用经验。首先，我们要懂得先天数和后天数的区别。考察本书第一卷所讲的卦例，先得数，后得卦，是为先天之数；先得卦，后得数，是为后天之数。

在具体占测时，事物已显露出某种苗头的，用先天占卦法；没有显示出征兆的，用后天占卦法。先天占法，是已外应发生的情况下来占测未发生的事情的吉凶；后天占法，则是在对事情有所未知的情况下而据事物起卦推断，最后有吉凶应验。因此，先天较为容易预测，后天较为困难。先天占卦法需要有所凭借，需要由数字转化成卦，后天占卦法只要考察外物就可以起卦。运用之妙，唯在于一心之动静。后天之法，推测精妙，应用灵活，万事万物，莫不在其易数之中。后天起卦法一般以自己为中心，前方为离，后方为坎；左为震，右为兑；左后方为艮，右后方为乾；左前方为巽，右前方为坤。此为后天八卦方位，与五行、八卦、干支等结合，可以代表万事万物。详见卷三《八卦方位之图》。

八方而定吉凶，立八卦而定克应，取时日而定吉凶，观变爻而定体用。故我坐则其祸福应二卦成数之间，我立则其祸福应于中分二卦之间。大抵坐则静，行则动，立则半动半静。静则应迟，动则应速。凡有触于我而有意，以为我之吉凶，则吉凶在我，应验在人。意者何如？盖八卦之画既定，六爻之断既明，仍推以生克之理，究以刑冲之蕴，万无一失矣。近取诸身，远取诸物，仍当以心求，不可以迹求。不可拘泥物圆为天卦，物方为地卦。是为序。

在端法后天起卦时，我们一般以方位为下卦，因此说"八方而定吉凶"；卦既取得，考察其五行生克并参以外应，即可开始推衍；通过取时辰、日期判定吉凶，看变爻来确定体卦和用卦。结果既已取知晓，那么下一步就要确定应验的时间，这要考察我的行为和动作。如果我是坐着的，其应验的日期在本卦的成数（即两个八经卦先天数之和）和变卦的成数之间。如果我是站着的，则应验的日期应当在二数的平均数上。当然，应验日期的考察在前面已经详细讲解了，这里所说的只是一般概念上的经验，其具体的取用当以实际情况为准。一般说来，端坐则我静，行走则我动，站立则半动半静。我静则应验迟，我动则应验快。在具体成卦和断卦的过程中，凡是引起了我的注意的东西，均可以取为外应。我以为是吉兆的，应验也会是吉事；我认为是凶兆的，应验也是凶事。各地的风俗不同，此地以为吉的事物，另一地可能以为凶，这在前面我们已经研究过了。考察外应和体用，其结果必然应验。其道理为什么呢？因为这是由端法后天的过程决定的。后天法乃见物而起卦，得卦后先考察其体用分别，再考察其卦辞和爻辞，五行生克，刑冲制化，自然万无一失。至于其外应取用的方法，则根据《系辞传》所讲的"近取诸身，远取诸物"的理论来作为指导。在具体的应用中，要心如明月，空明寂静，用心来取用，而不可根据经验来生搬硬套。不可拘泥于"物圆为天卦，物方为地卦"之类的教条。

指迷赋

尝闻相字，乃前贤妙术，古今秘文；为后学之成规，辨吉凶之易见。相人不如相字，相字即相其人；变化如神，精微入圣。

曾经听说，相字之法用量古代圣贤的神妙之术，古往今来的不传之秘；是后代人从事此道的既定规则，掌握此道，辨别吉凶之法即可至简至易。给人看相不如给人相字，相字之学即是相人之术。其法变化无端，如同神仙；精深微妙，可谓圣贤。

　　自古结绳为政，如今花押成数。言心声也，字心画也。心形如笔，笔画一成；分八卦之休咎，定五行之贵贱；决平生之祸福，知目前之吉凶。富贵贫贱，荣枯得失，皆于笔画见之。或将吉为凶，或指凶为吉。先问人之五行，次看人之笔画。相生相旺则吉，相克相泄则凶。如此观之，万无一失。

　　上古时期并无文字，人们是结绳记事的。这里所讲的花押，就是写字的意思。因为相术之法，一般要人先写一个字。人与人不同，字与字也就不一样，故而称相字时所写的字为花押。通过一定的技法，可以对此字转化为八卦之数，考察人或事的吉凶休咎。言语是人们心灵深处的声音；写字则是反映人们内心深处的图画。人的心思好象笔一样，人们在写字时就无意识地把心思反映在字的一笔一画里。只要是字一写成，笔画一确定，就可以用八卦之法来分辩写字者的休囚吉凶，用五行的五行之术来确定其尊卑贵贱，从而就能预测生平的祸福和目前的吉凶。富贵或贫贱，荣枯与得失，尽在笔画上显示出来了。相字之术不是一门独立的学问，还要与其他方法相结合。从字看着吉的，或可是凶；字看着是凶的，或可为吉。字写出来，先问清楚来人命理的五行属性，再研究来人写字的笔画。如果人的五行和笔画五行相生相旺为吉，如果人的五行和笔画五行相克相泄为凶。按此法施行，自可做到万无一失。

　　为官则笔满金鱼，致富则笔如宝库。一生孤独，见于笔画之欹斜；半世贫穷，乃是笔端之愚浊。① 三山削出，② 皆非显达之人；四大其亡，③ 尽是寂寥之辈。父母俱存兮，乾坤笔肥；母早亡兮，坤笔乃破；父先逝兮，乾笔乃亏。坎是田园祖宅，稳重加官；艮为男女及兄弟，不宜损折。兑上主妻宫之巧拙，离宫主官禄之荣枯。

---

① 在一般版本中，此句后又有"非夭即贱"四字。考察上下文，此四字当为初版所注小字，后来版本误作为正文排入，今改正。

② 三山，原指传说中的东海中蓬莱、方丈、瀛洲三座仙山，后泛指普通的山川。削出，是指平地孤石突起。古人以毛笔书写，习惯与当今不同，故而难以理解。"三山削出"是指写出的字不协调，某处笔画突起的意思。

③ 四大，在本文中指的是上下左右四大主笔。中国字是方块字，"四大其无"是说其字不方正，四处的笔画写得不饱满，缩手缩脚的意思。

如果一个人有官运，那么他写的字就笔法饱满，好像水中游动的金鱼。如果一个人有财运，那么他写的字就笔法肥厚，好像装满金子的宝库。一生孤独的人写的字，笔画欹斜。半世贫穷的人写出来的字，笔画写在一起，显得愚昧混浊而不清晰。字写得险峭，好似三山削出，绝不是达官贵人。上下、左右四大主笔写得缩头缩尾，都是些寂寞孤独之辈，不旺父母，不发子女。所写的字的乾位与坤位的两笔的笔画都写得饱满，说明父母健在。坤笔如果破缺，其母去世早。乾笔如果亏欠，其父先死。坎位象征家中的田园和祖宅，如果坎位笔画稳重，象征其人能够加官晋爵。艮位主男女和兄弟，不宜有所折损。兑位代表妻子的灵巧或笨拙，离位代表官禄的旺或不旺。

震为长男，巽为驿马。① 乾离囚走，壬主竞争。震若勾尖，常招是非，妻定须离。若是圆净，禄官亦要清明。离位昏蒙，乃是剥官之杀。兑宫破碎，宜婚硬命之妻。金命相逢火笔，克陷妻儿。木命亦怕逢金，破财常有。水命不宜土笔，不见男儿。火命若见水笔，定生口舌。土命若见木笔，祖产自消。相生相旺皆吉，相克相刑定凶。举一隅自反，凭五行而相之。略说根源，以示后学。

震位代表家中的长男或子辈中年长的人，巽位代表驿马，主一生劳碌。乾位和离位的笔画代表囚困与逃亡，壬位②代表着有前途不顺，有争斗之事。震为笔法如果带有勾尖，主此人常常招惹是非，妻子一定会离异；如果笔画圆润干净，主此人为官清廉。离位笔法如果不清楚，乃是伤官的煞星，主此人将要丢掉官职。兑位笔法如果支离破碎，主此人应取命硬的妻子。命相属金的人写的字若见火笔，主克妻子和儿子。命相属木的人写的字写的字若见金笔，主此人常常破财。命相属水的人写的字若见土笔，主此人家中无男子。命相属火的人写的字若见水笔，主此人今生口舌是非比较多。命相属土的人写的字若见木笔，主此人祖上家产会在自己手上消耗尽。人的五行和笔画五行相生相旺是非常吉利的，相克相刑一定很凶险。举出以上例子，读者自会举一反三，触类旁通，结合命理之术来相

---

① 驿马就是马星，有奔驰之能，四通八达之势。命坐马星，主人劳累，不得空闲。马星也做财运讲，主动中求财，动中发财，得官得禄。

② 即坎位，后天八卦以壬配坎

字。以上讲的是相字之术的来源以及基本理论，并举了若干例子，是非常好的经验。

玄黄克应歌

《玄黄克应歌》用诗歌的形式解说了相字的根据和原则。这首诗非常浅白，不宜再用白话赘述，大家自己背熟也就可以了。相字之术是从《梅花易数》中衍生出来的一种简单快捷的方法，其理论基础就是《梅花易数》。研究过《玄黄克应歌》，你就会明白，为什么《梅花易数》又被称为"观梅测字"之术。

玄者，天也；黄者，地也；应者，克应之期也；天地造化，克应之谓也。其歌曰：

凡是挥毫落楮①时，便将凶吉此中推。
忽听傍语如何说，便把斯言究隐微。
倘是欢言多吉庆，若闻愁语见伤悲。
听得鹊声云有喜，偶逢鸦叫祸无移。
带花带酒忧还退，遇醢②逢醯③事转迷。
更看来人何服色，五行深说处根基。
有人抱得婴儿至，好把阴阳两字推。
男人抱子占男女，妇人抱子问熊罴。④
一女一子成好事，群阴相挠是仍非。
若见女人携女子，阴私连累主官非。
忽然写字宽衣带，诸事从今可解围。
跛子瞽⑤人持杖至，所谋蹇滞⑥不能为。
竹杖麻鞋防孝服，权衡⑦柄印主操持。

---

① 落叶乔木，树皮是制造桑皮纸和宣纸的原料。纸的代称。
② 音 hǎi，用肉、鱼等制成的酱。
③ 音 xī，用于保存蔬菜、水果、鱼蛎、牡蛎的净醋或加香料的醋。
④ 音：xióngpí。指生男子。《诗经·小雅·斯干》："维熊维罴，男子之祥。"
⑤ 音 gǔ。意为瞎眼。
⑥ 音 jiǎnzhì，不顺利；不吉利。
⑦ 音 quánhéng，指称量物体轻重的器具。权，秤锤；衡，秤杆。

白话梅花易数

见果断之能结果，逢衣须说问良医。
若见丹青①神鬼像，断他神鬼事相随。
若画翎毛花果类，必然妆点事须知。
有时击磬敲椎响，定有佳音早晚期。
寺观铃铙钟鼓类，要知仙佛与禳祈。②
倘是携来鱼雁③物，友朋音信写相思。
逢梅可说娣④媒动，见李公私理不亏。
见肉定须忧骨肉，见梨只怕有分离。
仕宦官员俄顷至，贵人相遇不移时。
出笔拔毫通远信，笔头落地事皆迟。
墨断须防田土散，财空写砚忽干池。⑤
犬吠如号忧哭泣，猫呼哀绝有人欺。
贼盗将临休见鼠，喜人摧动爱闻鸡。
马嘶必定有人至，鹊噪还应远客归。
字是朱书⑥忧血疾，不然火厄有忧危。
楼上不宜书火字，木边书古有枯枝。
朱书更向炉边写，荧惑为灾⑦信有之。
破器偶来添砚水，切忧财耗物空虚。
笔下忽然来蟢子，⑧ 分明吉庆喜无疑。
若在右边须弄瓦，⑨ 左边必定产男儿。
叶上写来多怨望，花间书字色情迷。

---

① 音 dānqīng。丹和青是我国古代绘画，常用的两种颜色，借指绘画。
② 音 rángqí。即祈禳。意为祈祷以求福除灾。
③ 古乐府《饮马长城窟行》："呼儿烹鲤鱼，中有尺素书。"《汉书·苏武传》："教使者谓单于，言天子射上林中，得雁，足有系帛书。"后因以"鱼雁"代指书信。
④ 《说文》：娣，女弟也。
⑤ 池，指砚台上面的储墨的墨池。
⑥ 亦写为硃书，指用朱墨书写的文字。朱，硃砂，红色。
⑦ 荧惑指火星。荧惑为灾的意思是失火。
⑧ 音 xǐzi。蜘蛛的一种。一种身体细长的暗褐色蜘蛛，脚很长，多在室内墙壁间结网，其网被认为像八卦，以为是喜称的预兆，故亦称"喜子"，"喜蛛"。
⑨ 弄瓦，生女的代称。语本《诗·小雅·斯干》："乃生女子，载寝之地，载衣之裼，载弄之瓦。"瓦：纺锤。给女孩玩弄纺锤，有希望她将来能任女工之意。后因称生女为"弄瓦"。

果树边傍能结果，竹间阻节事迟疑。
晴宜书日雨宜水，夏火秋金总是时。
更审事情分向背，① 玄黄克应细详推。

玄黄叙

　　《玄黄叙》写的是《玄黄》诸篇的理论由来及成书的由来。古人造字，仰以观于天文，俯以察于地理，观鸟兽之文与地之宜，始作文字。故古代的文字多为象形文字，一个字代表着一种自然界的一种事物，有非常直接的涵义。因此，文字代表着事物的信息，分析文字，即可与分析卦象一样，得出正确的结论。

　　龟形未判，此为太古之淳风；鸟迹②既分，爰识当时之制字。虽具存于简牍，当深究其源流。成其始者，信不徒然。即其终之，岂无奥义？宝田曰富，分贝为贫。两木相并以成林，每水东归是为海。虽纷纷而莫述，即一一而可知。不惟徒美于简编，亦可预占乎休咎。春蛇秋蚓，③ 无非归笔下之功。白虎青龙，④ 皆不离毫端之运。今生好癖，博学博文。少年与笔砚相亲，半世与诗书为侣。识"鱼鲁"之舛，穷"亥豕"之讹。⑤ 别贤愚之字，昭然于毫端。察祸福之机，了然于心目。鲜而当理，敢学说字之荆

---

① 向背，赞成和反对。
② 龟形、鸟迹，均指太古时代的文字。相传古代仓颉造字，效法自然而为文字。故后人常以龟形、鸟迹来代指古文字。
③ 亦称"春蚓秋蛇"。喻书法拙劣，婉曲无状。语出《晋书·王羲之传论》："〔萧子云〕仅得成书，无丈夫之气，行行若萦春蚓，字字如绾秋蛇。"明宋濂《〈史书会要〉序》："近世以来，徇末而忘本，濡毫行墨，春蛇秋蚓之连翩。"
④ 白虎，指"几"字形，像虎蹲踞之形。青龙，指撇和捺，像青龙之形。详见本卷《六神主事》一节。
⑤ 鱼鲁、豕亥，指把"鲁"字错成"鱼"字，把"亥"字错成"豕"字。泛指书籍在传写或刻印过程中的文字错误。《吕氏春秋·察传》："有读史记者曰：'晋师三豕涉河。'子夏曰：'非也，是己亥也。夫己与三相近，豕与亥相似。'"晋·葛洪《抱朴子·遐览》："书字人知之，犹尚写之多误。故谚曰：书三写，鱼成鲁，虚成虎。此之谓也。"后以"鲁鱼亥豕"泛指书籍传写刊印中的文字错误。

公。① 挟以动人，未逊后来之谢石。② 得失何劳于龟卜，③ 依违须决于狐疑。④ 岂徒笔下以推尊，亦至梦中而讲究。刀悬梁上，后操刺史之权；⑤ 松出腹间，果至三公之位。⑥ 皆前人之已验，非后学之私言。洞察其阴阳，深明乎爻象，则吉凶悔吝可知矣。

　　古人的文字写在龟甲、兽骨、简牍上，可以直接分析其源流。时至今日，虽然已经规范为方块字，但仍然继承了当初的深奥内涵。"宝"、"田"合起来为"富"字，"分"与"贝"构成为"贫"字，两"木"相并而成"林"，"每"、"水"相加而成"海"。虽然例子多得数不胜数，但具体到每一个字都是有讲究的。文字不仅仅是写在木简上供人欣赏的，也可以用来占卜吉凶休咎。字写得好与坏，运笔与结构，各各不同。分析它们，自可以象起卦一样，预知未来。我一生与文字为伴，多所闻见。打少年时起，便从事笔墨生涯，时至中年，依然与文字为伴。识文断字，博学多才。既知文字的讹误，亦可据字而知书写者的贤与不贤。字中预示的祸福吉凶，心中一目了然。文字学的功夫，不比前辈王安石差；拆白道字，亦不亚于后来的谢石。预知未来之法甚多，不一定非得龟卜之法；卜以决疑，也不仅仅靠相字之术。不光研究笔下之至可知几微，甚至没有至，仅仅考察梦兆，也可以用测字之法得出结论。王浚梦见刀悬在梁上，果然升任益州刺史；丁固梦松树生其腹上，后来果然位至三公。这些都是前人已经应验的事实，并非后学之人的杜撰。洞察阴阳变化的规律，深明爻象的含义，那么吉凶悔吝就可以推知了。

---

① 荆公，对宋王安石的尊称。王安石曾被封为荆国公。王安石曾作《字说》，一字解作一义。
② 谢石，字润夫，生于四川成都，两宋之交时人，是专业测字的开山人物，有"测字圣手"之称。
③ 谓炊龟甲卜吉凶。唐韩愈《送石处士序》："若烛照数计而龟卜也。"
④ 狐性多疑，每渡冰河，且听且渡。后用以称遇事犹豫不决。
⑤ 王浚梦见房梁上悬着两把刀，不一会又增加了一把。李毅解释说："三刀是'州'字（古隶书'州'字象三个刀字）。另外，'益'字是说明你将去此处做官。"后来王浚果然升任益州刺史。
⑥ 三国时吴御大夫丁固梦松树生其腹上，占梦者以为18年后为公。《三国志·吴志·孙皓传》："以左右御使大夫丁固、孟仁为司徒、司空。"裴松之注引张勃《吴书》："初，固为尚书，梦松树生其腹上，谓人曰：'松字，十八公也，后十八岁，吾其为公乎？'卒如梦焉。"

玄黄歌

大抵画乃由心出，以诚剖决要分明。
出笔发毫逢定位，笔头若出干无成。
墨断定知田土散，纸破须防不正人。
犬吠一声防哭泣，鼠来又忌贼来侵。
赤朱写字血光动，叶上书来有怨盟。
忽见鸡鸣知可喜，人惊梦觉事通灵。
马嘶必有行人至，猫过须防不正人。
船上不宜书火字，楼头亦忌有官刑。
有时戏在炉中写，遇火焚烧忽不灵。
破器莫教添砚水，定知财散更伶仃。
笔下偶然蝇蟢至，分明六甲动阴人。
在左定生男子兆，右至当为添女人。
曾见人家轻薄辈，口中含饭问灾迍。①
直饶目下千般喜，也问刑徒法里寻。
花下写来为色欲，女人情意喜相亲。
花开花落寻灾福，刻应之时勿自盲。
麒麟凤凰为吉兆，猪羊牛马是凡形。
此际真搜玄理妙，其中然后有分明。
应验止须勤记取，灾祥议论觉风生。

---

① 亦作"灾屯"。灾难；祸患。

花押赋

夫押字者，人之心印也。古人以结绳为证，① 今人以押字为名。② 大凡穷通之理，皆与阴阳相应。先观五行之衰旺，次察六神之强胜。五行者，立木、卧土、勾金、点火、曲水之象；六神者，青龙、朱雀、腾蛇、玄武、勾陈、白虎之形。上大阔方，火乃发用；坚瘦有力，木乃生荣。金要方而水要圆，土要肥而木要正。故曰：炎炎火旺，玉堂拜相。③ 洋洋水秀，金阙朝元。④ 木盛兮仁全义广，金旺兮性急心刚。土薄而离巢破祖，土厚而福禄绵长。故曰：木少水多，根根折挫。金少火多，两窟三窝。金斜而定然子少，木曲而中不财丰。盖画长兮，象天居上。土卧厚兮，象地居下。内木停兮，象人在于中央。三才全兮，如身居其大厦。无天有地兮，父早刑。有天无地兮，母先化。有木孤兮，昆弟难倚。天失兮，故基已罢。内实外虚兮，虽才高无成。外实内虚矣，终富贵而显赫。龙蟠古字，必有将相之权。不正偏斜，定是孤穷之客。腾蛇缠体，飘流万里之程。玄武克身，妨妻害子。身之土透天，常违父母之言，而有失兄弟之礼。只将正印，⑤ 按五行仔细推详。大小吉凶，搜六神而无不验矣。

押字就是写字。一个字写出来，反映的是此人此时的内心深处，是无意的反映，最符合梅花心易的原则，故而可以考察一个人的吉凶休咎。上古时代的人用结绳的办法来记事，当今的人可以用相字的方法来预测。一个人顺利还是不顺利，都与阴阳消长之规律相对应。先查看此人五行的衰旺，再观察六神的强弱。所谓笔画的五行划分是这样的：直立的竖划属

---

① 结绳：在文字产生以前古人用绳子结扣来记事，相传大事打大结，小事打小结。现在某些没有文字的民族还有用结绳来记事的。

② 押字，犹今言签字。宋范成大《坐啸斋书怀》诗："眼目昏缘多押字，胸襟俗为少吟诗。"

③ 汉代皇宫有"玉堂院"，后世以"玉堂"指翰林院，"玉堂拜相"的意思是指为高升指日可待。

④ 道家谓天上有黄金阙，为仙人或天帝所居。"金阙朝元"的意思是修行有成就。

⑤ 命相学术语，生我者为正印，克我者为正官。

木，俯卧横划属土，勾挑的笔画属金，四点点笔画属火，弯曲的笔画属于水。所谓的六神，是指青龙、朱雀、螣蛇、玄武、勾陈、白虎等六种形式。上方大而宽，为火形字；坚挺瘦长，为木形字；四角整齐，为金形字；流畅圆润，为水形字；丰满肥厚，为土形字；直立端正，为木形字。因此，下笔火旺，升官有望；大水洋洋，修成正果；木盛参天，仁义俱备；金笔旺相，性急心刚。土笔写得纤细无力，主离家破祖；土笔写得厚重有神，主福禄绵绵。木笔无力，根基不稳；金笔少而火笔多，定无美宅，只有三窟两窝可居；金笔歪斜，必定子息稀少；木笔弯曲，财运不旺。竖划长象征天居于上，横划厚象征地居于下；中间木笔停匀，象征人居于中央。天、地、人三才俱全，好似一个人居于高楼大厦，福臻德凑。无上笔只有下笔，象征父亲早已去世；有上笔而无下笔，说明母亲已经去世。木笔孤单，兄弟难靠；天笔失缺，祖业调零。字体内实外虚，才高八斗，成就无有；外实内虚的话，终能富贵而显赫。字形如龙蟠一样苍古有力，位居将相；字体不正偏斜，孤独贫穷。横不平竖不直，笔画如螣蛇缠绕，终离家乡，漂泊万里；有玄武之笔画，主克妻克子。身底土薄，主家庭关系不好，没有根基。既不听父母的话，也失去了兄弟情谊。要了解生我的有利的因素，考察字的五行属性即可；可知未来的吉凶成败，当于六神中搜求。

探玄赋

且夫天字者，乃乾健也，君子体之。地字者，乃坤顺也，庶人宜之。君子书天，得其理也。庶人书地，亦合宜也。夏木春花，此乃敷荣之日；冬梅秋菊，正是开发之时。一有背违，宁无困顿？日字要看停午，月来须问上弦。假如风雨，要逢长旺之时。若是雪霜，莫写炎蒸之候。牡丹芍药，只是虚花。野杏山桃，皆为结实。森森松柏，终为梁栋之才；郁郁蓬蒿，不过园篱之物。书来风竹，判以清虚。写到桑蚕，归于饱暖。锣鸣炮响，可言声势之家。波滚船行，俱作飘流之士。鱼龙上达，犬豕下流。泉石烟霞，自是清贫之士。轩窗台榭，难言暗昧之徒。河海江山，所谓广大。涧溪沼沚，做事卑微。灯烛书在夜间，自然耀彩。月星写于日午，定是埋光。椒桂芝兰，岂出常人之口。桑麻禾麦，决非上达之人。黄白绿青红，许以相逢艳冶。宫商角徵羽，言他会遇知音。剑戟戈矛，终归武士。琴书笔砚，乃是文人。问贱与贫，因见自谦之德。书富乃贵，已萌妄想之心。金玉珍珠，不过守财之辈。荣华显达，宜寻及第之方。恩情欢爱，既出笔端。淫荡痴迷，当眠花下。酒浆脍炙，哺啜者必常书之。福寿康宁，老大者多应写此。

首先，我们相字，应当先考察一个人书写的字是否与其身份、地位、年龄、天时等是否相应。如果百姓书"天"、晴日书"雨"等，均预示着其人将陷入困境。本文首先举了一些例子，来说明这个问题。

"天"字象征乾卦的刚健，君子写出这个字是合乎其身份地位的。"地"字象征坤卦的柔顺，平头百姓写此字也是切合其身份地位的。因此，君子书写"天"字，是合乎道理的；百姓写"地"字也是合适的。夏天写"木"字，春天写"花"字，春天和夏天都是花木繁茂的季节，写此二字正是得时得令，乃是兴旺发达的好兆头；冬季写"梅"字，秋季写"菊"字，秋季和冬季正是菊花和梅花绽放的时节，写此二字也同样预示着占尽天时，预示着吉祥发达。如果书写出的字与时令违背，就会陷入困境。写"日"字要以正午为宜，写"月"字最好在前半月的日子。在刮风下雨的时候写"风"、"雨"等字为吉，而不宜在赤日炎炎、暑气蒸人的天气写"雪"、"霜"等字。因为这些字的字义与天时相违背，预示着其人不得天时之助，逆天而行，怎么能不困顿呢？如果一个人写的字是"牡丹"、"芍药"之类有花无果之类的东西，象征其爱好虚荣，有名无实；写"野杏"、"山桃"之类的朴实无华但有果实为用的东西，象征其人不务虚名而得其实。写森森长青的"松柏"之类的植物名称，此人终将成为栋梁之材；如果写的是"蓬蒿"之类的东西，即使郁郁葱葱，也不过是园篱之物，难成大器。写"风"、"竹"之类的清雅的东西，象征其人清雅超脱；写"桑"、"蚕"之类的日常生活的事项，预示着其人终归无忧于饱暖。书写"锣"、"炮"等鸣响之物，可以预言将成声势之家；写出"波"、"船"等水路出街常见的景物，主此人四方漂泊。写"鱼"、"龙"等高贵的字，象征飞黄腾达；写"犬"、"豕"等低贱的字，预示其平庸下流。写"泉"、"石"、"烟"、"霞"等字，其人必将清贫；写"轩"、"窗"、"台"、"榭"等字，其人则光明磊落，必不是做昧心事的人。写"河"、"海"、"江"、"山"等字，主其人心胸宽广，功业无限；写"涧"、"溪"、"沼"、"沚"等字，主其人没有前途，做事卑微。"灯"、"烛"写在夜晚，照亮暗夜，主其人将得到荣耀和光彩；"月"、"星"写在日中正午时分，众人则看不到其光辉，其人才华将被埋没。像"椒"、"桂"、"芝"、"兰"等带有富贵之气的字，绝不会出自平常人的口；写出"桑"、"麻"、"禾"、"麦"等百姓日常生活用字，一定不是显达之人。书"黄"、"白"、"绿"、"青"、"红"等字，或主有美女相逢；书"宫"、"商"、"角"、"徵"、"羽"，说明他会遇上知音。"剑"、"戟"、"戈"、"矛"等兵器的名称，只有武士来写书；写"琴"、"书"、"笔"、"砚"等字的，必是文人。书"钱"与"贫"，透露出问字人具有自谦之德；写"富"与"贵"，显示出其已经萌生妄想贪婪之心。写"金"、"玉"、"珍"、"珠"，也就是个守财奴罢了；写"荣"、"华"、"显"、"达"，此人定是热衷于功名利禄，应当设法去科举及第。写"恩"、"情"、"欢"、"爱"此人淫荡成性，常常眠花宿柳。书"酒"、"浆"、"脍"、"炙"，主此人为贪杯之人；写"福"、"寿"、"康"、"宜"，主此人年龄不小。

且如龙蟠虎踞，宁无变化之时？凤翥鸾翔，终有飞腾之日。体如鹭立，孤贫之士无疑。势如鸦飞，饶舌之徒可测。惊蛇失道，只寻入穴之谋。舞鹤离巢，自有冲霄之志。急如鹊跳，是子轻浮。缓似鹅行，斯人稳重。如篁翁郁，休言豁达心怀。似水飘流，未免萧条家道。或若炎炎之火，或如点点之云。一生喜怒无常，终身成败不保。风摇嫩竹，早年卓立难成。雨洗桃花，晚岁羁栖无倚。为人潇洒，乃如千树之江梅。赋性温柔，何异数株之岩柳。烟萝系树，卓立全倚于他人。霜叶离柯，飘零不由乎自己。画似棱棱之枯木，孤苦伶仃。形如泛泛之浮萍，贫如漂泊。无异巉岩之怪石，孅崄营生。有如耸拔之奇峰，孤高处世。金绳铁索，此非岩谷之幽人。玉树瑶琴，定是邦家之良佐。乱丝缠结，定知公事牵连。利刃交加，即是私家格角。撇如罗带，际遇阴人。捺似拖钩，刑伤及己。勾似锦靴，遭逢官贵。画成横枕，疾病临身。切忌横冲，半断不保。荣身仍嫌直落，中枯难言高寿。别成新月，出门便见光辉。点作星飞，守旧宁无晦滞。

上节讲的是字意，这一节讲的是字势。言为心声，字如心意。所谓相字，相的就是字势、笔画，然后才是字意、拆字等步骤。这一段的意思是说，如果字写的如龙蟠虎踞一般稳固，终究不是凡人，必定富贵显达。如果字写的如凤骞鸾翔一样有飞腾之势，主此人有飞黄腾达的日子。字体象白鹭一样伫立，无疑是孤独贫穷的人；看上去象乌鸦乱飞，可知是拨弄口舌的人。字体象受惊的蛇一样扭来扭去，找不到出路，主此人正在设法达到目的而目前无计可施；字体如仙鹤离巢而直冲九霄，自有凌云之志。字如鸟鹊跳跃，此人轻浮；字体舒缓似鹅行，此人稳重。笔画稠密，象竹子般密密匝匝，很难说他有豁达的气度；笔画无力，像水漂流，主此人无成家立业之志，难免家道萧条。如果一个字中有的点划象炎炎的烈火，有的象点点的浮云，预示此人一生喜怒无常，终身成败难保。如果字中竖写得无力，像风摇嫩竹，主早年独立难成；如果字写得有脂粉气，像雨洗桃花，主晚年无依无靠。为人潇洒者，写出的字就象壮观的千树江梅；性情温柔者，字如几株妩媚的岩柳。笔画柔软盘曲，好象藤萝缠树，象征着此人完全依靠他人而活；点划如霜叶离枝，主此人平生飘零，身不由己。如果笔画好似瘦硬的干枯树枝，主此人孤苦伶仃；如果字形一如水上之浮萍，主此人贫穷漂泊。如果字形刚硬奇特，如奇岩怪石，主此人生活艰难，在危险的地方谋生；如果字写得像耸拔的奇峰，预求着此人为人清高，孤独离群。笔画如金绳铁索，主此人有建功立业之意，定不是山中的隐士。如果字大方得体，如玉树瑶琴，必定能成为国家的栋梁之才。字写得潦潦草草，好比乱丝缠结，没有头绪，可知有官司牵连。字写得像刀刃一般凌利，而且彼此交加，主此人将有斗殴之事。撇划如罗带一样弯曲，将有女人为祸。捺划似拖钩，要小心伤害临身。勾画好似锦绣的靴子，当有贵人的扶持。横划写成象横放着的枕头，主有疾病将缠身。横笔和提点最忌讳笔画中有间断，主功名利禄难有始无终；竖划中间墨迹干枯，主难以长寿。勾写得象新月一般优美，出门便得贵人扶持。点写得不圆润，不庄重，象星星高高在天上，预示着如果守旧将会走背运。

　　至若挥毫带煞，秉生死之重权。落纸无成，作奔趋之贱役。起腾腾之秀气，主有文章。生凛凛之寒光，宁无声价？半浓半淡，做事多乖。倚东倚西，撑持不暇。字短则沈沦不显，字长则潦倒无成。拾后抇前，所为险阻。忘前顿后，举动趑趄。且如偃仰，遇庶人则成号泣，君子飞腾。若是拘挛，逢君子乃是刑囚，庶人必能勤苦。造其理也，即此推之。

正面说到的是字体和笔画的气质。如果字画之间带有煞气，预示着此人位高权重，操生死大权。如果下笔落纸轻微，缩手缩脚，此人也就是个跑腿侍奉的役人。字体形划间充满俊秀气象，主有文章艺术才能。字形笔画闪烁着凛冽的寒光，此人定有地位。如若墨迹半浓半淡，预示着做事多遭挫折。假如字体倚东倚西，预示日食艰难。字写得过短，主其人长期沉沦下僚，难有显达之日。字写得过长，主此人一生潦倒，百事无成。笔画前后牵扯不断，预示着做事阻碍重重。笔画前后照应不过来，预示着举止行动犹豫不决。如果字体俯仰生姿，一般百姓象征有号哭之事，对于品德高尚、才学丰富的君子，则是腾达成功的预兆。若是字形拘谨，主君子会有刑罚牢狱之灾，主平常百姓有刻苦勤劳之事。总之，相字的大原则也就是这些，大家举一反三，自有所得。

余向遇异人，曾授《玄黄》诸篇。今遇异翁，授此赋毕，问之曰："愿得公之名姓。"公不答而去。

齐景至理论

天下之妙，无过一理。理既能明，在乎明学。学者穷究，莫难乎性。性既明达，其理昭然。且苍颉始制之时，观迹成象，以之运用，应变随机。且释老梵经，王勃佛记，迨乎今飞轮实藏之内，既深且密。非高士莫得而闻，何由睹之？

天下万事万物的奥妙不同，但其统一于大道之中，并没有第二个基本规律存在。要明白万事万物背后的这个理，主要是要通过学习。学者最难研究的，莫过于万物之性。能洞明万物之性，那么其道理自然也就昭然若揭了。苍颉开始创造文字的时候，观察禽兽的足迹画成象形文字；用所创造的文字记录事情，表达心意，随机应变。汉字不光可以作为日常应用，甚至释家、道家的经典、王勃的佛记也是用汉字写就，直到今天还被珍藏着，除非高士，一般人没有机会看到它们。

其汉高有荥阳之围，以木生火，终不能灭。有人梦腹上生松，丝悬山下，后为幽州刺史。"松"为十八公，不十为"卒"。

《春秋》说十四心为德，《国志》云口在天上为吴。《晋书》黄头小人为恭，(《参同契》)以人负告为造。① 八女之解安禄山："两角女子绿衣裳。端坐太行邀君主，一止之月能灭亡。"正月也。② 郭璞云："永昌有昌之象，其后昌隆"。"罗，四维也"。其偶如此。且人禀阴阳造化，凭五行妙思，一言一语，一动一静，然后挥毫落楮，点画勾拔，岂能后于善恶？得之于心，悬之于手；心正则笔正，心乱则笔乱。笔正则万物咸安，笔乱则千灾竞起。由是考之，其来有自。达者以理晓，昧者以字拘。难莫难于立意，贵于言辞。立意须在一门，言辞务在心中。

　　汉高祖刘邦被困于荥阳的时候，占卜为有木生火，因此终归不能灭之。有人梦见腹肚上生长出一棵松树，丝悬山下，后来官至幽州刺史之职。如果按照拆字法，"松"字为"十"、"八"和"公"字组成，"不"和"十"组成"卒"字。《春秋》有"十"、"四"、"心"组成"德"字的典故。《国志》有"口"在"天"上为"吴"字的记载。《晋书》"黄"字头与"小"、"人"组成"恭"字的说法，《参同契》里有用"人"背负着"吉"为"造"字的隐语。八公主解安禄山③的预言云："两角女子绿衣裳，却背太行趋君王。一止之月必消亡。"后来安禄山作乱，才知道绿即禄，女子即安字，太行即山名，一止之月乃是正月。最后安禄山果于正月败亡。郭璞说：永昌有"昌"之象，其后永远昌盛兴隆。"罗"字繁写是"四维"。这两个预言最终都应验了，契合得如此巧妙。况且人禀阴阳二气而生，其一字一句、一动一静，都是凭借着五行理论进行思考，然后下笔写字在纸上；因此，字为心画，难道点画勾拔不是善恶的体现、心灵的反映吗？一个字的笔意，从心里得来，反映在字上。如果心思端正，写出的字来自然端正；如果心中烦乱，写出字来自然也会乱七八糟。笔画端正则世界太平，万物相安无事；笔画烦乱则自然不和谐，有人来瞎折腾，各种灾祸竞相出现。由此可见，相字之术由来已久。但是，相字说穿了只是一

---

① 北齐颜之推博览群书，作《颜氏家训》，其《书证篇》曰："《参同契》'以人负告'为造。如此之例，盖数术谬语，假借依附。"

② 《唐宋遗史》：志公尝画鹿负按走山中，又云："两角女子绿衣裳，却背太行趋君王。一止之月必消亡。"后禄山乱，盖两角即鹿，绿即禄，女子即安字，太行即山名，一止之月，果正月败亡。

③ 古代关于此诗的来历，有许多种说法，此与前注不同。

种技法，而不是究竟。明白的人知道，字只不过是个表象的工具，只要认识了这个世界的大道就可以知晓未来；没有明白相字之术的人以为，相字有无限的奥妙，通过这门艺术就可以来认识这个世界来认识与预测。要说明这个问题，最困难的莫难于立意，最宝贵的在于言辞。立意必须集中注意力于一点之上，言词务必中肯。只有这样，才能解说相字之术。不然，大家难以明白相字背后的大道。

余幼亲师友，温故知新，志在进取场屋，为祖宗之光。遂乃屈身假道，每以诗酒自娱。渡江乘兴，偶信卜于岩谷。观溪山之清流，闻禽鸟之好音，殆非人世。忽见一人道貌古怪，披头跣脚，踞坐磻石之上。余由是坐之于侧，良久交谈之际，询余曰："子非齐景乎？"予惊讶其预知姓名，疑其必异人也，遂答之曰："然。"异人曰："混沌既判，苍颉制字者，余也。自传书契于天下，天下大定。后登天为东华帝君，今居于此，乃东华洞天。余曾有奇篇，昔付谢石，今当付汝。今子之来，可熟记速去。不然，尘世更矣。"于是拜而受之，退而观其奥妙，乃玄黄妙诀，神机解字之文。得其方妙，如谷之应声；善恶悉见，祸福显然。定生死于先知，决狐疑于预见。后之学者，幸珍重之。

这一段话叙述此书由来，大意是：我幼年时期跟随老师与朋友，温故而知新，有志于科举功名。后来功名无望，于是就选择了另一条道路，以诗酒自娱。一个偶然的机会，我相信了占卜之术，隐居在一处幽谷里，在那里观赏山溪的清澈流水，倾听小鸟的婉转歌唱。忽有一日，见一人道貌古怪，披发跣足，坐在一块大石头上。神仙啊！于是赶快坐到他的身边，向他请教。于是他问我"你不就是那个齐景公吗？"我非常惊讶，心想真是有缘呀，他竟然能预知道我的姓名，必定是一位异人！于是回答说："是的。"异人说："混沌中产生了世界，后有苍颉制造文字，那就是我也。自从传书契于天下以来，天下大定。后来登天成为东华帝君。现在居住的这个地方，叫做东华洞天。我曾经拥有奇妙的思想，在这以前授给了谢石，现在再传授给你。今天你既然来了，就应当熟记，然后赶快回去。不然的话，人世间大有变化了。"拜罢接受此书，我回来研究其中的奥妙。原来名为《玄黄妙诀》一书，乃是一本奥妙无穷的解字书。最终我学得其中的奥妙，预知未来，就如空谷回应声音一样，善恶完全可以看出，祸福明白显然；确定生死于先知先觉之中，决断疑难于事先预见。希望后来的学者珍重它。

字画经验

本书在前面讲述了相字学的基础理论与应用经验，下面讲的是拆字的基本案例以及诗歌词赋等。

"斆"字：昔在任宰，请拆之云：此字十日内放笔。果以十日罢任。

"家"字：凡人书此，家宅不宁。空字头，豕应在亥月者也。

"荆"字：艹而刑，不利小人，大宜君子。

"砚"字：有一字夫，出之乱尔，见明之兆。

"典"字：曲折多，四十日有典进之兆。贵人必加官进禄，雅宜便。四十日有进纳之喜。

"果"字：凡事善果披剃，盖口中无才，又云进小口。

"馬"字：昔有马雅官，写马字无点。马无足不可动。

"来"字：来带两人之木，皆未见信，行人未应。三人同来，财午未年发。

"葵"字：逢春发生，又占名利，逢癸可发，占病不宜。廿日有惊恐之兆。

"但"字：如日初升，常人主孤，凡事未如意，十日身坦然。

"谦"字：故人嫌，盖无廉耻，目下有事，多是非。

"亨"字：高不高，了不了，须防小人不足及外孝。不祥。

"達"字：廿日未达，即日并不顺，少喜多忧。

"奇"字：占婚奇偶未谐，应十日。难为兄弟，事不全。

"俊"字：一住一利，交友难为。父兄反覆，文书干连。变易。凶。

"常"字：占病，堂上人灾，有异姓异母。上有堂字头，下有哭字头。

"每"字：昔曹石遣人相此字：异日必为人母。后果然。

"城"字：逢丁、戊日，六神动。忌丁戌日，田土不足，进力成功。

"池"字：凡事拖延有日，逢地必利。盖添虫为蛇。

"春"字：宋高宗写此字时，秦桧用事。相者云："秦头太重，压日无光。"桧闻言召而遣之。

"一"字：土字一字，王也。

"益"字：有吏人书益字，廿八日有血光之厄。至期果然。

"田"字：有人出此，相言：直看是王，横看是王，必主大贵。

字体诗诀

天字及二人，做事必有因。一天能庇盖，初主好安身。
地字如多理，从此出他乡。心如蛇口毒，去就尽无妨。
人字无凶祸，文书有入来。主人自卑立，凡事保和谐。
金字得人力，屋下有多财。小人多不足，凡事要安排。
木字人未到，初生六害临。未年财禄好，切莫要休心。
水字可求望，中妨有是非。文书中有救，出入总相宜。
火字小人相，中人大发财。灾忧须见过，日下有人来。
土字日下旺，田财尽见之。穿心多不足，骨肉主分离。
東字正好动，凡事早求人。牵连须有事，财禄自交欣。
西字宜迁改，为事忌恶人。心情虽洒落，百事懒栖身。
南字穿心重，还教骨肉轻。凡事却有幸，田土不安宁。
北字本比和，不宜分彼此。欲休尚未休，问病必见死。
身字主己事，侧伴更添弓。常藉人举荐，仍欣则禄丰。
心字无非火，秋初阴小灾。小人多不足，夏见必灾来。
頭来须鄙衰，發可却近贵。要过子丑前，凡事皆顺利。
病来如何疾，木命最非宜。过了丙丁日，方知定不危。
言字如何拆？人来有信音。平生多计较，喜吉事应临。

行字问出入，须知未可行。不如姑少待，方免有灾惊。
到字若来推，出入尚颠倒。虽然吉未成，却于财上好。
得来问日下，宁免带勾陈。凡事未分付，行人信不真。
開字无分付，营谋尚未安。欲开开不得，进退两皆难。
附字问行人，行人犹在路。为事却无凶，更喜有分付。
事字事难了，更又带勾陈。手脚仍多犯，月中方可人。
卜字求测事，停笔好推详。上下俱不足，所为宜不祥。
望字逢寅日，所谋应可成。主须不正当，却喜有功名。
福字来求测，须防不足来。相连祸逼迫，一口又兴灾。
禄字无祖产，当知有五成。小人生不足，小口有灾惊。
贵字多近贵，六六发田财。出入须无阻，宜防失落灾。
用字主财用，有事必经州。谁识阴人事，姓王并姓周。
康字未康泰，宜防阴小灾。所为多不遂，财禄亦难来。
宁字占家宅，家和人口增。财于中主发，目下尚伶仃。
吉字来占问，反教吉又凶。因缘犹未就，做事每无终。
宜字事且且，须知在目前。官非便了当，家下亦安然。
似字众人事，所为应不成。独嫌人力短，从众则堪行。
多字宜迁动，死中还得生。事成人侈靡，两日过方明。
古字多还吉，难逃刑克灾。虽然似喜吉，口舌却终来。
洪宜人共活，火命根基别。事还牵制多，应是离祖业。
香字忌暗箭，木上是非来。十八二十八，好看音信回。
清字贵人顺，财来蓄积盈。阴人是非事，不净更多年。
虚惟头似虎，未免有虚惊。凡事亦可虑，仍妨家不宁。
遠字事多達，行人有信音。为事既皆遂，喜吉又来临。
同字如难测，商量亦未然。两旬事方足，尚恐不周圆。
众字人共事，亦多生是非。所为应不敛，小口有灾危。
飛字须可喜，反覆亦多非。意有飛腾象，求名事即宜。
秀字多不实，无事亦孤刑。五五加一岁，还生事不宁。
风字事无宁，逢秋愈不吉。疾多风癣攻，更防辰戌日。

天字已成天，亦多吞噬心。事皆蒙庇盖，行主二人临。
元字二十日，所为应有成。平生刑克重，兀兀不安宁。
秋字秋方吉，小人多是非。须知和气散，目下不为宜。
申字是非长，道理亦有破。终然屈不伸，谋事难为祸。
甲字利姓黄，求名黄甲宜。只愁田土上，还慈是和非。
川字如来问，当知有重灾。仍防三十日，不足事还来。
墟字若问事，虎头蛇尾惊。有人为遮盖，田土不安宁。
辰字如写成，主有变化象。进退虽两难，功名却可望。
青字事未顺，须知不静多。贵人仍不足，日久始安和。
三字多迁改，为事亦无主。当知二生三，本由一生二。
八如来问测，分字亦安让。凡事多费解，仍妨公挠忧。
字须有学识，初主似空虚。家下不了事，名因女子中。
士为大夫礼，未免犯穿心。拮据是非散，番多吉事临。

四季水笔

春水昏浊，夏水枯涸，秋水澄清，冬水凝结。
水为财，忌居乾、兑、坎。
ろ、乙、ろ、勹、点不为杀，必为贵人。

画有阴阳

长中有短，为阳中阴。短中有长，为阴中阳。粗细轻重，以此为例。阳中有阴则佳，阴中有阳反凶。壬字头画，是阳中有阴。任字头，是阴中有阳。水笔不流，流则不佳。戴流珠，名眹星，小人囚系。取福下至上一三，取祸上至下一三。

八卦断

乾宫笔法如鸡脚，父母初年早见伤。

若不早年离侍下，也须抱疾及为凶。

坤宫属母看荣华，切忌勾陈杀带斜。
一点定分荣禄位，一生富贵最堪夸。

艮位排来兄弟宫，勾陈位笔性他凶。
纵然不克并州破，也主参商吴楚中。

巽宫带口子难逢，见子须知有克刑。
饶君五个与三个，未免难为一个成。

震位东方一位间，要他笔正莫凋残。
若逢枯断须沾疾，腰脚交他不得安。

离是南方火位居，看他一点定荣枯。
若还员净荣官禄，燥火炎炎定不愚。

坎为财帛定卦位，水星笔横占他方。
若见笔尖无大小，根基至老主荣昌。

兑位西方太白间，只宜正直莫凋残。
若然坑陷并尖缺，妻子骄奢保守难。

相字心易

凡写两字，止看一字。盖字多心乱，若谋事之类，亦必移时方可再看。

辨字式

富人字多稳重，无枯淡。贵人字多清奇，长画肥大。贫人之字，多枯淡无精神。贱人字，多散乱带空亡。百工字多挑跃，商字多远迩。男子字多开阔，妇人字多逼侧。余皆浓淡、肥瘦、斜正、分明之类断之。

笔法筌蹄

凡书字法，有浓淡、肥瘦、长短、阔狭、反覆、顺逆、曲直、高低、小大、软硬、开合、清浊、虚实、凹凸、平正、斜侧、圆满、直率、明白、轻快、稳重、跳跃、勾挽、破碎、枯槁、尖削、倒乱、鹊突、孤露、交加、肥满、尖瘦、刚建、精神、艳冶、气势、衰弱、小巧、软满、老硬、骨棱、草率、开阔之分，各有一体，难以书述。学者变化，知机其神。歌曰：

笔画稳重，衣食丰隆。
笔画平直，丰衣足食。
笔画端正，衣禄铁定。
笔画分明，决定前程。
笔画圆静，富贵无并。
笔画肥浓，富贵无穷。
笔画洁净，功名可决。
笔画轻快，诸事通泰。
笔画刚健，力量识见。
笔画精神，必有声名。
笔画光发，荣显通达。
笔画气势，慷慨意志。
笔画宽洪，逞英逞雄。
笔画尖小，其人必了。

笔画如线，有识有见。
笔画似绳，一世平宁。
笔画挑剔，奸巧衣食。
笔画乌梅，面相恢恢。
笔画懒淡，兄弟离散。
笔画分扫，破家必早。
笔画弯曲，奸巧百出。
笔画迭荡，一生浮浪。
笔画枯槁，财物虚耗。
笔画糊涂，戆蠢无谋。
笔画粘滞，是非招怪。
笔画大小，有欹有好。
笔画高低，说是说非。
笔画淡泊，疮痍克剥。
笔画反覆，心常不足。
笔画破碎，家事常退。
笔画欹斜，漂泊生涯。
笔画恶浊，无知无学。
笔画如蛇，常不在宅。
笔画偏侧，衣食断隔。
笔似鼓槌，至老寒微。
笔势如针，此人毒心。
笔势勾丫，官事交加。
笔势如钩，害人不休。
笔画散乱，财谷绝断。
笔格常奇，诀以别之。

奴婢

恰似霜天一叶飞，画如木担两头垂。
画轻点重君须记，定是前趋后拥儿。

阴人

阴人下笔意如何，只为多羞胆气虚。
起处恰如针觜样，却来下笔定徐徐。

隔手

隔手书来仔细详，见他纸墨字光芒。
更看体骨苏黄格，淡有精神是贵郎。

视势

每遇人写来，必别是何字。如"天"字，乃是"夫"字及"失"字基址，女人写妨夫，男子写有失。

象人

凡字必别是何人写，亦象人而言。如"天"字，秀才问科第，今年尚未，当勉力读书，来年有名望及第；官员求官，亦未，宜勉力政事，主来年得人荐举受恩；若庶人占之，病未安，用巫方愈；讼者未了，主费力，必被官劾断之。
"天"加直成"未"，再加点成"來"。"來"、"力"成其"剌"。

有所喜

如问财，见金宝偏傍及禾斗之类，决好。

有所忌

如问病见土木及问讼见"血"、"井"字，皆凶。

有所闻

如问病，忌闻悲泣声。占财，不宜破碎声。

有所见

如"立"字,见雨下或水声则成"泣"字。又如"言"字,见"犬"成"狱"字。问病、讼皆忌之。

以时而言

如草木字,春夏则生旺有财,秋冬则衰替多灾。风云气候之类亦然。

以卦而断

如"震"字,春则得时,冬则无气,皆以其卦言之。

以禽兽而断

如"牛"字则劳苦为人。春夏劳苦,秋冬安逸。

次类而言

如"樓"字,笔画多,不可分解。以樓取义乃"重屋"也。"重"、"屋"折开,乃"千里"、"尸至",问字人必有人死在外,尸至之事。

以次而言

如字先写笔画喜则言吉,次则言凶,又次则言半凶半吉。以次加减,亦察人之气也。

当添亦添

且如官员写"尹"字,乃"君"字首,断其人必在上位,定不禄而还,以君无口故也。如书"君"字,乃是"郡"旁,其人当得郡。

当减亦减

如"樹"字,中有"吉"字,写得好者则减去两边,只是言吉。

笔画长短

如"吉"字上作"士"字,终作士人。如作"土"字,乃口在下,问病必死。若身命属木,自身无妨。屋下水土生,不过十日必亡。

如"常"字,上作"小"字,只是主家内小口灾,略不为大害。若上草作"小",如此写乃是"灾"字头,中乃"门"字,下是"吊"字,主其人大灾患临头,吊客入门,大凶。然亦须仔细,仍观人之气色,象人而言。如土人气色黑恶,其人必退;若土命者,必死。俱不过十日。

偏旁侵客

如"宀"字,乃家头。如"宀"写,乃是破家宅,无其家,必退。如此"山"写,必兴门户。乃是山字形。如"山"有缺笔,乃是悬针之山,必大凶也。

字画指迷

如"人"字,正人作贵相,睡人作病疾,立人傍托人,双人傍作动人,其人逆多顺少。"从"作两人相从,"众"作群党生事。坐人作阻隔,更作闲作人。如"申"字作破田煞,常人不辨破田之说,用事重成之义也。

如"田"字,藏器待时,头足有所争,争而有所私忌,田产不宁。如"彐"字,作横山取之,衣禄渐明矣;又作日间防破。如"黄"字,作廿一后方得萌芽;又作廿一用可喜也。又云:上有一堆草,中有一条梁,撑杀由八郎。如"言"字,有谋有信,取之如草之作木,取之心不定也。如"心"字,三点连珠,一钩新月,皆清奇之象。或竖心性情,作小人之状。近身作十字,作穿心六害取,凡百孤独。如"寸"字,亦心也,一寸乃十分,为人有十分之望，谋望有分付也，又作一十取之。如"辛"字，乃六七日内见；"立"用于求，远作六十一日。或云有宰相成也。

问婚姻

凡字写得相粘者，可成。又字画直落成双者，可成。字中间阔而不粘，及直横成双者，偏傍长短者，不成。

凡写字得脚匀齐者，皆就。字四齐，者尤吉。字上短下长者，日久方成。字乾上有破，父不从。坤宫破，母不从。左边长者，男家顺，女家不肯。右边长者，女家顺，男家未然。

官事

或见文字，或字脚一丿一乀破碎，断有杖责。或见"牛"字，有牢狱之忧，主人大失。或木笔开口者，亦有杖责。字画散乱者，易了。或有丿乀长者、竿者，亦有杖刑。或见竹杖之类，亦有打兆。火命人写"水"字来问，必有官灾。或字有草头者，说草头姓得力之类。

疾病

金笔多，心肺痰脏腑疾。西方金神为祸。

木笔多，心气疾，手足病，木神林坛为祟。

水笔多，泻痢吐呕之症，水鬼为凶。

火笔多，潮热伤寒时行，火鬼为怪。

又云：四肢疼，时气疾病；火笔多者，病不死。

土笔多，脾胃兼疮疾，客亡伏尸作祟鬼，疼痛之疾。

土笔多者病死字，凡有丧字、虎字头，或两口字者，皆难救。

六甲

字凡有"喜"字、"吉"字体者，皆吉。字凡带白虎笔，难产，子必死。写得粘者，易产。字画纤断者，主有惊险。字有螣蛇笔者，主虚惊。字画直落成双者女喜，成单者男喜。

求谋

"凡"字写得中间阔者，所谋无成。"谋"字写得相粘者，二十四五前成，盖有隔字体故也。"求"字来问者，木命人吉，土人不利。

行人远信

如"行"字写得脚短、一般齐者，人便至。字脚不齐，行人皆不至。字画直落点多者，其人必陷身。字画少者，人便至。乃详字体格范。

官贵

凡字有二数，一点当先者，无阻，事济。所写之字相粘伶俐者，贵人顺。点多者，事不成。

失物

凡字有"失"字体及字中，皆难觅。朱雀动，有口舌，日久难寻。金笔多艮，土有破五金之物，宜速寻。土笔多坎，上有破碎之物，在北方古井，或窑边及坑坎之所，瓦器覆藏，五日见。坤上有一钩者，乃奴婢偷去，不可取得。兑上不足，乃妻妾为脚，带金人将去。离上一画不完者，乃南方火命人将去见官，失物仍在。

问寿

字画写得长而瘦者，寿耐久；如肥壮者，耐老；若短促者，无寿。

功名

字要贵人头者，有功名。字金笔多端正，及木笔轻而长者，皆贵。

行人

"人"字潦倒，未动；写得"人"字起者，已动。人以"来"字问者，未至。"行"字问者，且待。凡字中有"言"字者，有信至，人未至也。

反体

"喜"字来问者，未可言喜，有舌字脚。有以"慶（庆）"字来问者，未可言庆，有憂（忧）字脚。"星"字来问者，日在上，星辰不见，问病必凶。

大凡文人，不可写"武"字；武人，不可写"文"字。阴人不可写"阳"字，阳人不可写"阴"字，皆反常故也。

六神笔法

"乀"：青龙，木。"乂"：朱雀，火。"勹"：勾陈，土。
"凤"：腾蛇，无正位。"几"：白虎，金。"厶"：玄武，水。

蚕头燕额是青龙，两笔交加朱雀凶。玄武怕他枯笔断，勾陈回笔怕乾宫。

腾蛇草笔重重带，白虎原来坤位逢。此是六神真数诀，前将断语未流通。

六神主事

青龙主喜事，白虎主丧灾。朱雀主官司，勾陈主流连。腾蛇主妖怪，玄武主盗贼。

六神都静，万事咸安。若交一动之时，家长须忧不测。若非人亡财散，必主刑囚狱讼。

青龙形式

乀丿——青龙要停匀，百事皆吉。

青龙笔动喜还生，谋用营求事事通。人口增添财禄厚，主人日下尽亨通。

朱雀形式

乂——朱雀临身文书动，主失财，有口舌，主横事。忌惹人，有忧惊之事。

朱雀交加口舌多，令人家内不安和。若逢水命方无怪，他命逢时有怨疴。

勾陈形式

勾——勾陈主惊忧、迟滞。忌土田。是非未决，并惹闲非。

勾陈逢者事交加，谋事中间件件差。田宅官司多挠括，是非门内有喧哗。

螣蛇形式

风——螣蛇主忧虑，梦不祥，做事多阻，有喧争，惹旧愁，宜守静。

螣蛇遇者主惊虚，家宅逢之尽不宁。出入官谋宜慎取，免教仆马有灾形。

白虎形式

几——白虎主有不祥之招。产、病、有孝服，及官鬼，惹口舌，在囚狱。

白虎逢之灾孝来，出门凡事不和谐。更防失脱家财损，足疾忧人百事乖。

玄武形式

厶——玄武贵人华盖，主盗财，亦难寻。

玄武动时主失脱，家宅流离慎方活。更防阴小有灾危，又至小人生拮括。

笔画犯煞

▦凤麟　丁断伏　口活法　刁用煞　目日连①　日隔伏　厂欹伏
フ冲伏　刂悬针　◎冲伏　冂流金　几活金　乙伏曲　弓曲伏
口死金　丁活火　丨死火　乆螣蛇　⺀死土　囲活土　囚隔伏

玄黄笔法歌

厂、反
反旁无一好，十个十重灾。傍里推详看，临机数上排。

𧺆、走
走绕字如何，须防失脱多。若还来问病，死兆不安和。

纟、糸
糸绞同丝绊，干事主流连。却喜财公问，傍看日数言。

阝、卩
附邑傍边事，当从左右推。兑宫知事定，震位事重为。

灬、二
四点皆为火，逢寅过午通。若还书一画，百事尽成空。

亻、彳
卓立人傍字，谋为倚傍成。若还来问病，死去又逢生。

之、辶
之绕身必动，看其内必凶。问病也须忌，其余却少通。

丂、弓
弓伴休乾用，反处口难凭。先自无弦弓，如何得箭行。

山、穴
穴下灾祸字，占家更问官。更推从来用，凶吉就中看。

く、冫

---

① 图带。

两点傍边字，还知凝滞攒。要问端的处，傍取吉凶看。

吕、叩
双口相排立，因知恸哭声。各逢干戈日，亦主泪如倾。

户、尸
户下尸不动，休来占病看。其余皆是吉，即断作平安。

阝、阜
阜邑傍边字，当为仔细推。兑宫知事息，震位又重为。

衤、礼
礼字傍边拆，必定见生财。疋字如逢见，须从人正来。

月、骨
骨傍人有祸，囚狱一重来。门内生荆棘，施设不和谐。

身、自
自家身傍限，分明身不全。有谋难得遂，即日是多煎。

反、定
定绕自来看，身必有所动。吉凶意如何，相里临时用。

山、山
山下灾祥字，占家宜用官。更推从西用，凶吉数中安。

人、欠
欠字从西体，须知望用难。吹嘘无首尾，不用滞眉看。

耒、禾
禾边刀则利，春季则为殃。夏日宜更改，人中好举扬。

耳、耳
耳畔虽有纪，轻则是虚声。旺事宜重用，取谋合有成。

五行体格式

水笔式

○水圆多性巧，白浊者定昏迷。
◎水泛为不定，乁己水走必东西。

火笔式

丿火重性不常，厶火燥见灾殃。
乡火多攻心腹，丂火轻足衣粮。

土笔式

一土重根基好，一土轻离祖居。
フ土滞破田宅，彐土定无虚图。

金笔式

口金方利身主，亻金重性多刚。
フ金走为神动，已慷慨及门墙。

木笔式

丨木长性聪明，ı木短定功名。
Ⅲ木多才学敏，彡木斜废支撑。

时辰断

看字先须看时辰，时辰克应不相亲。
时辰若遇生其用，做事何忧不趁心。
此字中第一要紧用也。

起六神卦诀

甲乙起青龙，丙丁起朱雀，戊日起勾陈；
己日起螣蛇，庚辛起白虎，壬癸起玄武。
附例：今以甲乙丙丁日附载为式，余仿此。

	六爻	五爻	四爻	三爻	二爻	初爻
甲乙日例	玄武	白虎	螣蛇	勾陈	朱雀	青龙
丙丁日例	青龙	玄武	白虎	螣蛇	勾陈	朱雀

辨别五行歌

一

横画连勾作土称，一挑一捺俱为金。
撇长撇短皆为火，横直交加土最深。
有直不斜方是木，学者先明正五行。

二

一点悬空土迸尘，三直相连化水名。
孤直无依为冷木，腹中横短作囊金。
点边得撇为炎火，五行变化在其中。

三

三横两短若无钩，乃为湿木水中流。
两点如挑金在水，八字相须火可求。
空云独作寒金断，好把心钩比木舟。

四

无勾之画土稍寒，直非端正木休参。
围中横满无源水，口小金方莫错谈。
四匡无风全五事，用心辨别莫迟难。

五

穿心撇捺火陶金，走之平稳水溶溶。
直中一捺金伤木，踢起无尖不是金。
数点笔连休作火，奇奇偶偶水源清。

六

无直无钩独有横，水因土化复何云。
点挑撇捺同相聚，共总将来化土音。
四点不连真化火，孤行一笔五行同。

辨别六神歌

蚕头燕额是青龙，尖短交加朱雀神。
弯弓斜月勾陈象，腾蛇长曲势如行。
尾尖口阔为白虎，体态方尖玄武行。
此即六神真妙诀，断事详占要认真。

五行并歌式

木瘦金方水主肥，土形敦厚背如龟。
上尖下阔名为火，字像人形一样推。

木式

"丨"：有直不斜方是木，即此是也。凡字有木，不偏不倚始为木。若无倚靠上下左右者，此系冷木。故云"直无倚为冷木"，另作别看。

"三"：此乃湿木也。歌曰："三横两短又无钩，乃为湿木水中流。"此土化水也。如"聿"字下三横，"春"字上三横，皆为湿木。凡有钩之横，及三横不分短长者，皆非木也。

"乙"：此舟船木也，象如勾陈，属土。邵子云："好把心钩比木舟。"故借作舟船木用。如占在水面土行等事，即作舟船木用。如占别用，论勾陈，仍作土看。在占者临时变化，切不可执一而论也。

"乂"：此木被金伤也，一样属金。故云："直中一捺金伤木。"凡占得此木，为用伤者，皆主不得其力也。

干支辨

直长为甲亦为寅，细短均为乙卯身。孤直心钩兼湿木，干支无位不须论。

"车"：假如"车"字中央一直，彻上彻下，强健无损，则属阳，所以为甲木、寅木。余仿此。

"幸"：如"幸"字上一直下一直，皆短弱属阴，所以作乙木、卯木论也。凡一直，细弱木健，即长如车之直，亦作乙卯木看。其心钩舟船木，并三横两短木，一概不在干支论，因其不正故也。

火式

"丿"：撇长撇短皆为火，此式是也。

"ソ"：点边得撇为炎火，此即是也。要一点紧紧相连，始合式。如不联属，点仍属水，非炎火看也。

"八"：八字相须火可求，此余火也。如八字捺长，则一撇为火，一捺另作金看。

"灬"：四点不连真化火，此真火也。如四点笔法率连不断，则属水非火论也。

干支辨

撇长丙巳短为丁，午火同居短撇中。八字螣蛇兼四点，天干不合地支冲。

"庐"：假如"庐"字撇长，则取为丙火巳火用。丙巳属阳，故用撇长者当之。余仿此。

"从"：如"从"字，撇多皆短。则取为丁火、午火用。丁午属阴，故用短弱者当之。邵之子作，皆有深理存焉。余仿此。如八字四点之类，皆火之余。俱不入干支论。

土式

"一"：此横画连勾，作土称是也。如用画无勾，直无撇捺相辅，此为寒土化水用，故"无直无勾独有横，土寒化水复何云"也。如"二"字、"且"字、"竺"字之类也。如"血"字、"土"字与直相连，仍作土看。

"十"：歌云"横直交加土最深"，即此是也。凡横书有一直在内为木，非深厚之土不能培木，所以云"土最深"也。余仿此。

"、"：歌云"一点悬空土逆尘"，此乃尘沙土也。凡"求"字、"戈"字末后一点皆是。如"文"字、"章"字，当头一点属水，不在此论。"凉"字、"减"字起头一点亦属水，不在此论。

"一"：此无勾之画，为寒土解。见前。

"乂"：此"点挑撇捺同相聚，其总将来化土音"。作土看。

干支辨

横中有直戊居中，画短横轻作己身。末点勾陈皆丑未，长而粗者戊辰同。

"聿"：假如"聿"字之类，第二画长，末后一画长，余画皆短，即长者为阳土用，短者为阴土用，必取横中有直者为准。如无直者，及无依辅者，另看轻细，虽长亦作阴土。

"求"：假如"求"字之点，可作己土丑未用，其挑撇点捺，同相聚无名之土，不入于干支之论也。

金式

"丿"：歌云"一挑一捺俱为金"，即此是也。挑起要有锋尖，始为金。如踢起无尖，又非金看也。

"乀"：捺要下垂始为金，如走之平平，又变水看矣。学者辨之，不可不明。

"口"：口小金方，即此是也。如"因"字、"国"字、"匡"字，四匡大者皆非。

"目"：歌曰"腹中横短是囊金"。假如"目"字中两横短，而作囊内之金看。如两横长满者，乃"围中横满无源水"，又不作金用也。如目中用两点非横者，亦是水，非金也。余仿此。

"氵"：此两点加挑，"金在水云金"，乃水中之金也。

"几"：此"空云独作寒金断"，乃寒金也。

"乂"："穿心撇捺火陶金"，此金在火中也。

干支辨

口字为庚亦作申，挑从酉用捺从辛。空头顽钝囊金妙，不在干支数内寻。

"喜"：假如"喜"字上下两口，皆属阳，取其方正故也。俱为庚金、申金用。

"扒"：假如"扒"字挑才一挑取为酉用，八字一捺取为辛用，因其偏隘，故作阴金用。余仿此。

水式

"、"：此一点当头作水称，乃雨露水也。歌出邵子旧本。又云"有点笔清皆作水"，云有点属水也。又"一点悬空土，逆尘点在末"，后一点化水，解见前。四点相连，又化作火，亦见于前解也。

"川"：此三直相连化水，取"川"字之义也。

"曰"：此字中央一满画，乃无源之水也。如画短不满者，不是水，另作别看。

"辶"：此"走之平稳水溶溶"，捺不下垂，故作水看也。

"灬"：此数点相连，野水也。即四点笔迹不断，亦作水看。

"一"：此土寒化水也。凡有依附者即非，仍作土看也。

干支辨

点在当头作癸称，腹中为子要分明。点足为上腰在亥，余皆野水不同群。

"文"：假如"文"字一点，即为癸水。癸水乃雨露之源，因在上故也。余仿此。

"月"：假如"月"字腹中之点，即为子水，因其在内故也。凡"勺"字、"自"字等字，皆同用。余仿此。

"景"：如"景"字中央一点，乃亥水；下二点，为壬水，故"点足为壬腰作亥"，取江河在下义也。余仿此。

梅花易数卷五

五行全备

一点一画五行全，试看首尾秘为占。点画若无疵笔露，功名发达享高年。

"、"：如一点端正，无破绽、鸦嘴等形，则是五行全。如不合式，仍属水。

"一"：亦五行全。此象乃庖羲氏画卦之初而混元一气之数也。

"○"：此太极未分时，亦五行全大之象也。

"口"：歌曰："四匡无风全五行"，是亦五行全也。如"国"字、"园"字之类，四匡紧紧不透风乃是。如笔稀者不是；口小者属金，亦不是。此地之象也。

六神形式

青龙：丿、乀

"蚕头燕额是青龙"。凡撇捺长而有头角之样，即作青龙，如撇短则不足。如成青龙之式，"不拘撇捺皆化木"。如无须角，虽长亦非青龙。

朱雀：乂、丿

"尖短交加朱雀神"，撇短而有尖嘴之形，则为朱雀。主文书事，原属火，无化。

螣蛇：乙、乞、孔、叉

"螣蛇长曲势如行"，其样如蛇。皆化火看，亦主文书及惊怪等。

勾陈：勹、乙、乀

"弯弓斜月勾陈象"，凡带长者是也。属土，无化主羁滞。

白虎：兄、几、壬

"尾尖口阔方为虎"，口不开者非虎也。化作金用，主疾病凶兆也。

玄武：厶、么、幺、云

"体态方尖玄武形"。化水，主盗贼事，又主波涛险阻等事。

八卦辨

口形为兑捺为乾，三画无伤乾亦然。
三点同来方是坎，撇如双见作离占。
土山居上名为艮，居下为坤不必言。
蛇形孤撇皆从巽，云首龙头震占先。
详明八卦知凶吉，学者参求理自全。

贵神

中　上　贝　日　月　大　人

喜神

士　口　言　鸟

福星

不　田①

文星

二　乂　曰　子

---

① 凡子孙动者亦作福星看。

印信

印 卩 口 子

马星

丁 灬 辶 走

禄神

甲禄在寅，乙禄在卯，丙戊禄在巳，丁己禄在午，庚禄在申，辛禄在酉，壬禄在亥，癸禄在子。

俱以占者年庚本命于求之笔画为准，如甲命人即以字中长直为禄。余仿此。

会神

田 日 云 禺

生神

一 丶 元 甲 子 初

盖一者数之始，元者鸿濛之初，甲子者乃干支之首，故皆为生神之用也。

亡神

十 千 百 万 贞 亥 癸

十、千、百、万皆数之终，贞乃元之尽，亥、癸是干支之末，故为亡神。

家神

宀 毛 火　灶神以四点同火。
土　　　土者，奥神是也。
堂　　　堂者，香火神也。

水　　水者，并神等，三点亦同用。

官符

宀　付　吕

文书

二　乂　丿　乙

朱雀、螣蛇皆是。

灾煞 即病符

巛　宀　火　广　丙　矢

字中见旧太岁，亦为病符星。

天狗煞

字中见太岁，前年干支是也。

如子午见戌，甲年见子，皆是。

科名星

禾　斗

以本人年甲所属是科名，如甲乙以一直，丙壬以一撇，皆科名也。余仿此。

丧门

白　巾　𠂇　兄

空亡

即六甲空亡："甲子旬中戌亥空"之类是也。

假如甲子旬中空，占即以腰间一点为亥空，以长画为戌空。余皆仿此。

宜神

子为财之宜神，鬼为父之宜神，兄为子之宜神，财为鬼之宜神，父为兄之宜神是也。

忌神

子为鬼之忌神，鬼为兄之忌神，兄为财之忌神，财为父之忌神，父为子之忌神是也。

主神

眼前小事日干寻，代友占亲看纳音。疾病官非详本命，字中末笔主终身。

假如占服前出行求财等事，俱以日干生克字中笔画为主。如替人问事，以本日纳音为主。如疾病官非，又以本人年干为主。如占自己终身，俱以末后一笔为主，看生克衰旺而详占之。

用神

官鬼父母才兄子，据事参详要仔细。认定一笔作用神，此为相字真消息。

假如占功名用官鬼，占生意用财爻，据事而取用神，只以一笔为主，详其旺相休囚以定吉凶。

七言作用歌

一

用神加值五行真，谋望营为百事成。疾病官非兼口舌，纵逢凶处不成凶。

凡金木水火土真字，皆宜用，乃五行真也。诸事皆利。

二

午干所属是科名，未斗皆为首占星。有此求名皆遂意，如何考试定成空。

凡占功名，必要科名入数，再兼官鬼文书动而旺相，功名可成。如无，科名莫许。

三

求名之数禄神临，始断今科考事兴。若遇科名同在数，自然高荐遂生平。

禄神即甲禄在寅是也。

四

有田有日会神兴，见客逢人不必寻。马星原是弯弓脚，四点原来用亦同。

凡谒贵寻人俱要会神，行人俱要马星。

五

士头口体喜神俱，嫁娶婚姻百事宜。只怕重重见火土，许多克伐反非奇。

"士"属土怕木，"口"属金怕火，所以见木土反，非奇也。

六

笔清墨秀琢磨深，方正无偏必缙绅。疾走龙蛇心志远，行藏慷慨位三公。

七

字兼骨格有精神，窗下功夫用得深。笔迹丰肥金见火，诗书队里久陶镕。

八

金木重重见贵神，笔挥清楚主聪明。笔直一行冲宝盖，富贵荣华日日新。

九

方圆端正笔无尘，年少登科入翰林。只恐弱木逢金克，缠身疾病不明萌。

十

木形之字有精神，可云发达耀门庭。火多年少心多燥，水盛为人智必清。

一一

一直居中勇更明，少年黾勉得功名。末笔再逢金土厚，为官享禄更廉明。

一二

笔端势小事无成，粗俗须知业不精。起头落尾如莺嘴，心里奸谋刻薄人。

一三

土形之字活而圆，用神清楚是英贤。笔底到头无间断，一家荣耀有余钱。

一四

字贬无神笔更联，公门吏卒度余年。勉强操觚无实学，欺人长者被人嫌。

一五

战兢惕厉若临渊，静里修持反有年。写毕果然无俗气，终须榜上有名填。

一六

日月当头笔迹强，精神骨骼字无伤。国家梁柱何消息，更有奇衷佐圣疆。

一七

衣食身傍黑带浓，最嫌软弱与无神。字中人口如枯暗，莫待长年主恶终。

一八

下笔头高志必雄,落头不是正经人。尖头秃尾人无智,老死衙门不得名。

一九

一字忙忙写未全,有头无尾不须言。做事率然多失错,琢磨早失在当年。

二十

宁无骨格少精神,一生多耗病沉沉。问名带草索连就,满腹文章亦落空。

二一

草写香花定主贫,弱软干枯受苦辛。于中若是为官客,几日新鲜一旦倾。

比例歌

一

斗日来占事不差,无心书鬼状元家。功名第二推为政,死字登科作探花。

二

辰时执笔若书才,大振声名事必来。正午书言真是许,水傍写半见簧开。

三

逢三书八士能成,照例推之理便通。申车不乱推联捷,数逢三一始为真。

四

二人同到独书余,一定其间事必徐。问失执金知是铁,始为一举反三隅。

比例之类,不过详其理也。暂录四首,为后学之门。余仿此。

西江月

要见卦爻衰旺,端详其内章图。欲知事物识天机,细把玄黄篇记。

临占观形察物,叶音即义断之。若逢王者世为奇,君免猜疑直示。

易理玄微

马起占

昔李淳风见赤黑二马入河,人问二马何先起。有人演得离卦,云:"离为火,火赤色,赤马先起。"李曰:"火未然,烟先发,黑马先起。"果然。

断扇占

昔有一妇,其夫久客不归,因请李淳风先生求断易数。适值他出,问其子,其子见妇手中携一扇,其扇面忽然落地,因断曰:"骨肉分离,不得相见矣。"妇泣而归,恰路遇李淳风先生。妇诉其故,李断曰:"穿衣见父,脱衣见夫。不妨,尔夫今日必到。"将晚,果然至家。可见各解不同。其断精微若此。

买香占

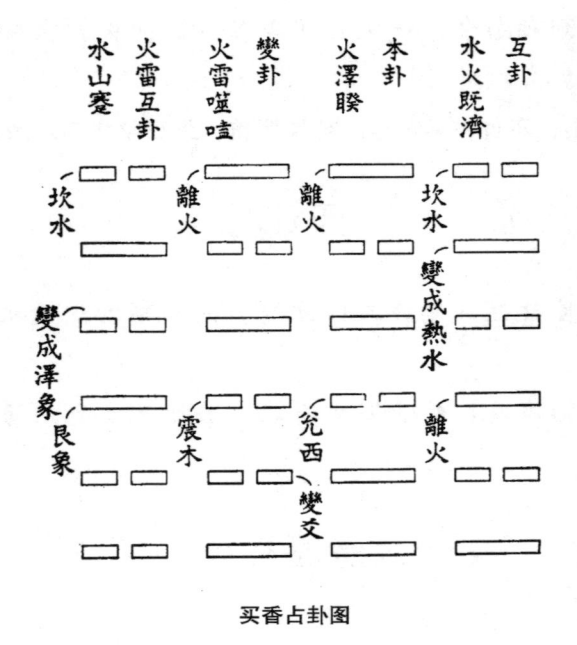

买香占卦图

酉年八月二十五日午时，有杨客卖香。康节曰："此香非沉香。"客曰："此香真不可及。"康节曰："火中有木，水泽之木，非沉香也。恐是久阴之木。用汤药煮之。"客怒而去。半月后有宾朋至，云："是清尾人家做道场，沉香伪而不香。"康节曰："香是何人带来，但问其故，我已先知之矣。"伯温令人去问，果是杨客。康节曰："前日到门首，因观之。未问之前先失手，其香坠地，故取年月日时占之，得睽之噬嗑。睽下卦属兑，兑为泽。噬嗑下卦属震，震为木；乃水泽之木，即非沉香。睽卦上互得坎，坎为水；下互得离，离为火。上有水即汤，噬嗑卦上互见坎，坎为水，下互见艮，艮为山，中有水，亦象之象。此乃水泽久损污湿之木，以汤煮之。"此理可晓，从此大小事，不可不较其时也。

古人相字

一

昔谢石以拆字名天下，宋高宗私行遇石，以杖于土上书画"一"字，令相之。石思之曰："土上加一画成王字，必非庶人。"疑信之间，帝又画一"問"字，令相之。为田土所梗，两傍俱斜侧飘飞。石尤惊曰："左看是君字，右看是君字，必是主上。"遂下拜。上曰："毋多言。"石伏俯谢恩，帝因召官之。次日，召见偏殿，书一"春"字命相。石奏曰："秦头太重，压日无光。"上默然。时秦桧弄权，适忤桧，竟贬之边地。途中遇一女子，云能拆字。石怪曰："世间复有如我拆字者乎？"遂书"謝"字，令相之。女曰："不过一术士耳。"石曰："何故？"女曰："是寸言中立身尔。"石又书一"皮"字令相。女曰："石逢皮即破矣。"盖押石之卒即皮姓也。石大惊服，曰："吾亦能相字，汝可书字，吾相之。"女曰："吾在此即字也。请相。"石曰："人傍山立，即仙字。汝殆仙乎？"女笑而忽失。盖世有妙术，术有妙理，在人心耳。然数定，固莫能逃也。后石竟不返。

二

张乘槎善相字，浙江旧有拱北楼，王参政莅浙，改为"来豐楼"。初揭匾，命槎占之，槎曰："殃矣！尚何占哉！"是晚，讣音果至。异日叩之故，槎曰："豐字之形，山者墓所也。二丰者，冢上树也。豆者，祭器也。其兆如此，岂非死乎！"

刘尝心有所欲占，延槎而不言其事，但令射之，以验其术。槎曰："书一字方可占。"适有小学生在旁习字，正写《千字文》至"德建名立"一句，刘就指"德"字令占之。槎曰："子欲占行人耳。"刘曰："然。何时当至？"槎曰："自今十四日必来。"

刘曰："恐事不了，不肯来。"槎曰："一心要行。"悉如所占。刘问故，槎曰："德字双立人，乃行人也，故知占行。有十、四字头，故云'十四日'。其下又一心字形，所以云'一心要来'也。"

三

裴晋公征吴元济，掘地得一石，有字云："鸡未肥，酒未熟。"相字者解曰："鸡未肥，无肉也，为己；酒未熟，无水也，酒去'氵'为酉。破贼在己酉。"果然。

四

唐僖宗改为广明元年，相字者曰："昔有一人，自崖下出来，姓黄氏，左足踏日，右足踏月。自此天下被扰也。"是年黄巢在长安作乱，天下不安。

五

宋太宗改元太平兴国，相字者曰："'太平'二字，乃一人六十寿也。"太宗果享六十而崩。

六

周尚幹年终将换桃符，制十数联，皆不惬意。周梅坡扶箕，降紫姑仙，得两句云："门无公事往来少，家有阴功子孙多。"甚喜，大书于门。相字者曰："每句用上三字，其兆不祥。"上句云"门无公"，是年尚幹卒于官。乃父致政，亦卒。乃兄卒。俱无子。"门无公"、"家有阴"，兆于先矣。

附：拆字纪事

一

《北梦琐言》：王蜀先主时，有道士李嵓，亦唐之宗室，生于徐州而游于三蜀。词辨敏捷，初有文章。因栖阳平，化，为妖人扶持。上有紫气，乃聚众，将举而败，妖辈星散，而嚣罹其祸焉。先是，嚣有书召玉局化杨德辉赴斋，有老道士崔无斁自言患聋，有道而托算术，往往预知吉凶。德辉问曰："将欲北行，何如？"崔令画地作字，弘农乃书"北千"两字，崔公以"千"插"北"成"乖"字，去即乖耳。杨生不果去，而李嚣斋日就擒。道士多罹其祸。杨之幸免，由崔之力也。

二

《挥麈余话》：蔡元长，元符末闲居钱塘无憀，中春时往霅州游郊外慈感寺。寺僧新建一堂，颇伟胜。元长即拈笔题云："超览（覽）堂。"适有一客在坐，自云能相字，起贺云："以字占之，走召入见，而臣字旁观如月，四字居中，当在初夏。"已而果然。

三

《蓼花洲闲录》：谢石润夫，成都人，宣和间至京师，以相字言人祸福。求相者但随意书一字，即就其字离拆而言，无不奇中者，名闻九重。上皇因书一"朝"字，令中贵人持往试之。石见字，即端视中贵人曰："此非观察所书也。然谢石贱术，据字而言，今日遭遇即因此字，黥配远行亦此字也。但未敢遽言之耳。"中贵人愕然，且谓之曰："但有所据，尽言无惧也。"石以手加额曰："朝字离之为十月十日字，非此月此日所生之天人，当谁书也。"一座尽惊，中贵驰奏。翌日，召至后苑，令左右及宫嫔书字示之，皆据字论说祸福，俱有精理，锡赉甚厚，并与补承信郎。缘此，四方求相者，其门如市。有朝士，其室怀妊过月，手书一"也"字，令其夫持问石。是日座客甚众，石详视字，谓朝士曰："此阁中所书否？"曰："何以言之？"石曰："谓语助者，焉、哉、乎、也，固知是公内助所书，尊阁盛年三十一否？"曰："是也。""以也字上为三十，下为一字也。然吾官寄此，当力谋迁动而不可得否?"曰:"正以此为挠耳。""盖也字著水则为池,有马则为驰。今池运则无水,陆驰则无马,是安可动也。又尊阁父母、兄弟、近身亲人,当皆无一存者,以也字着人则是他字,今独见也字而不见人故也。又尊阁其家物产亦当荡尽否?以也字著土则为地字,今又不见土也。二者俱足否?"曰:"诚如所言也。"朝士即谓之曰:"此皆非所问者。但贱室以怀妊过月,方窃忧之,所以问耳。"石曰:"是必十三个月也。以也字中有十字,并两旁二竖下一画为十三也。"石熟视朝士曰:"有一事似涉奇怪,固欲不言,则吾官所问正决此事,可尽言否?"朝士因请其说。石曰:"也字著虫为虵字。今尊阁所妊,殆蛇妖也。然不见虫,蛊则不能为害。谢石亦有薄术,可为吾官以药下验之,无苦也。"朝士大异其说,因请至家,以药投之,果百数小蛇而体平。都人益共神之,而不知其竟挟何术也。

四

《浙江通志》:谢石,蜀人,绍兴八年来临安,占验奇异。有樊将仕书"失"字,卜妻所亡珠冠安在。石曰:"从朱求,可得也。"曰:"此吾内兄,安有此?"曰:"在占宜然。"归,询诸家,朱尝假帽,不用而返。启视之,冠果在帽下。又一选人病,书"申"字以问,而下有燥笔,石曰:"丹田既燥,必死矣。期当在明日申时。"果然。石初入京师,徽宗书"问(問)"字,命一隶持往,石缄封之,戒其到家方发。隶归奏,上启,读乃曰:"左为君,右为君,圣人万岁。"遂补承信郎。有道士亦以"问(問)"字占,石曰:"门虽大,只有一口。盖所住无他,黄冠也。"犹复以"器"字占,曰:"人口空多,皆在户外。"始大服。

五

《瑞桂堂暇录》:绍兴中,张九万以拆字说吉凶。秦桧一日独坐书阁,召九万至,以扇柄就地画一字,问曰:"如何?"九万贺曰："相公当加官爵。"桧曰："我位为丞相，爵为国公，复何所加？"九万曰："土上一画，非王而何？当享真王之贵。"其后竟封郡王，又封申王。

六

《浙江通志》：元张德元，不知何许人。至正间，尝为诸暨州吏目，避乱居山阴，善相字。一子名槐，忽谓友人："是儿必死。槐字木傍鬼，非死兆耶？"儿果卒。其友病，以"丰（豐）"字示之，德元曰："死矣。"明日讣至。或问其故，德元曰："丰字，山墓所也，两丰封树也。豆，祭器也，墓既成矣，尚欲生乎。"或以"命"字揖德元，使占人病。德元曰："已死，君持命字以揖，垂命之兆也。"已而果然。徐总制书字问德元，德元曰："据字今夕君当纳宠。"徐归，其夫人呼一妇人出拜，乃乳媪也。尝饮刘彦昭家，曰："今夕复有客。"已而客至。问之，德元曰："吾闻涤器声故耳。"

七

《霏雪录》：近世拆字言吉凶者，无如张乘槎。按字画成卦，即云不为钩距。余一日坐槎肆中，有二僮持一字来，乘槎曰："是为吏缘同曹讼之，当送刑部答四十即回。"二僮相视默默，既而曰："皆如先生言，余欲诉通政司求免，可乎？"槎曰："此行不可，逾旦翙欲已耶？余谓答四十未可知。"僮曰："准律当然耳。"槎又曰："今夕非附军器，船即官醝船也。"僮曰："果官醝船也。"

洪武初，参知政事刘公某、王公某莅浙江日，改拱北楼为"来（來）远（遠）"。榜揭，槎往视之，曰："三日内主哀丧之事。"如期，王公母夫人病卒，刘公以历日纸边坐法。王公延槎问故，槎曰："来（來）者丧字形，远（遠）者哀字形也，旁之二点相续者，泪点也。"公命槎易之，乃名为"镇海"云。

八

《太平府志》：何中立，采石镇人，善占卜，知休祥。明且初度江，遇诸涂，问曰："天下纷纷，究将谁属？"中立曰："愿书字占之。"帝掣刀画"一"字于地。中立俯伏拜曰："土上一画，非王而何？"亦如谢石答宋高宗意，后定鼎金陵，诏同刘基定皇城址向，授五官保章。

断富贵贫贱要诀

凡字写得健壮，其人必发大财，有田土好产。二画一点者，多贵为官食禄，不然亦近贵。"才"字中或多了一画、一丿、一乀，亦主横发财禄，多遇异贵，得成名利。或少了一画一丿一乀，其人破荡弃祖，自立成败。

如"名"、"目"字，写得如法正当，无缺折者，其人有名分。

笔多清贵虚名。

土笔多，富而贵。

字中有画，当短而长，其人慷慨，会使钱近贵。

字画直长而短，其人鄙吝，一钱不使。

字有悬针，或直落尖，皆刑六亲，伤害妻子。

横画两头尖者，伤妻。

直落两头尖者，伤子。

字捺画少者，孤捺。

画不沾者亦孤，为僧或九流。

如见十字两头尖者，穿心亦害，刑妻子兄弟，骨肉皆空。

字中点多者，主人淫滥漂荡，贪花好色，居止不定。

"十"字下面脚不失者，晚得子力。

如见上一画重者，平头杀，亦难为六亲；轻者初年不足，中、末如意。

或点重者，为商旅发财，离乡失井，出外卓立。

若水命、金命见点画轻者，或早年有水灾，掠者无安身之地，做事成败，主恶死不善终。

直落多者，聪明机巧，为手艺之人，白手求财。

画多者，必有心肠、脾胃之疾。

木多有心气之疾，晚年见之。

写口字或四围有口开者，有口舌，旬日见之，或破财不足。

"發"字头见者，未主发财。

一字分作三截，上中下三主断之。

"士"头"文"脚，主有文学。

金笔灵，或见"千"、"干"、"戈"字脚者，必是用武之士。

凡妇人写来字画不正者，必是偏室，或带三点，必有动意，如三之类。

凡写字之人偶然出了笔头，此事破而无成。

或近火边写字，必心下不宁。

或写字用破器添砚水，家破人亡。

或写字时，犬来左右吠，不吉。

或取纸来写破碎者，主有口舌。

或写字时猫叫，此人有添丁之喜。

或在楼上写来问者，主有重叠之事。

或在船上写来问者，主有虚惊。

或扇上写来问，夏吉冬不吉。

如本命属金，金笔多者贵，土笔多者富。五行生克亦然。余仿此。

五行四时旺相休囚例

	春	夏	秋	冬	四季之月
旺	木	火	金	水	土
相	火	土	水	木	金
休	水	木	土	金	火
囚	土	金	土	火	水

五行相生地支

木生在亥。火生于寅。金生于巳。火土长生居申。

天干地支属五行

甲乙寅卯属木。丙丁巳午属火。戊己辰戌丑未属土。庚申辛酉属金。壬癸亥子属水。

论八卦性情

乾健也。坤顺也。震起也。艮止也。
坎陷也。离丽也。兑说也。巽入也。

八卦取象

乾为天。坤为地。震为雷。巽为风。
坎为水。离为火。艮为山。兑为泽。

六十甲子歌

甲子乙丑海中金，丙寅丁卯炉中火。
戊辰己巳大林木，庚午辛未路傍土。
壬申癸酉剑锋金，甲戌乙亥山头火。
丙子丁丑涧下水，戊寅己卯城头土。
庚辰辛巳白镴金，壬午癸未杨柳木。
甲申乙酉井泉水，丙戌丁亥屋上土。
戊子己丑霹雳火，庚寅辛卯松柏木。
壬辰癸巳长流水，甲午乙未沙中金。

丙申丁酉山下火，戊戌己亥平地木。
庚子辛丑壁上土，壬寅癸卯金箔金。
甲辰乙巳覆灯火，丙午丁未天河水。
戊申己酉大驿土，庚戌辛亥钗钏金。
壬子癸丑桑柘木，甲寅乙卯大溪水。
丙辰丁巳沙中土，戊午己未天上火。
庚申辛酉石榴木，壬戌癸亥大海水。

六十四卦次序

乾坤屯蒙需讼师，比小畜兮履泰否。
同人大有谦豫随，蛊临观兮噬嗑贲。
剥复无妄大畜颐，大过坎离三十备。
咸恒遁兮及大壮，晋与明夷家人睽。
蹇解损益夬姤萃，升困井革鼎震继。
艮渐归妹丰旅巽，兑涣节兮中孚至。
小过既济兼未济，是为下经三十四。

《系辞》八卦类象歌

乾为君兮首与马，卦属老阳体至刚。
坎虽为耳又为豕，艮为手狗男之详。
震卦但为龙与足，三卦皆名曰少阳。
阳刚终极资阴济，造化因知不易量。
坤为臣兮腹与牛，卦属老阴体至柔。
离虽为目又为雉，兑为口羊女之流。
巽卦但为鸡与股，少阴三卦皆相眸。
阴柔终极资阳济，万象搜罗靡不周。

浑天甲子定局

乾
壬戌土　壬申金　丁午火（上卦）
甲辰土　甲寅木　甲子水（下卦）

坎
戊子水　戊戌土　戊申金（上卦）
戊午火　戊辰土　戊寅木（下卦）

艮
丙寅水　丙子水　丙戌土（上卦）
丙申金　丙午火　丙辰土（下卦）

震
庚戌土　庚申金　庚午火（上卦）
庚辰土　庚寅木　庚子水（下卦）

以上四宫属阳，皆从顺数。

巽
辛卯木　辛巳火　辛未土（上卦）
辛酉金　辛亥水　辛丑土（下卦）

离
己巳火　己未土　己酉金（上卦）
己亥水　己丑土　己卯木（下卦）

坤
癸酉金　癸亥水　癸丑土（上卦）
乙卯木　乙巳火　乙未土（下卦）

兑
丁未土　丁酉金　丁亥水（上卦）
丁丑土　丁卯木　丁巳火（下卦）

以上四宫属阴，皆从逆数。

右诀从下念上，一如点画卦爻法。学者宜熟读之。

后天时方

子阳辰丑阳，戌巳下皆吉。

子日子罡起，灭迹四位中。五败七败位，十祸日习同。

	子	丑	寅	卯	辰	巳	午	未	申	酉	戌	亥
甲子	罡	墓	吉	灭	败	吉	破	绝	吉	祸	孤	空
乙丑	吉	罡	败	吉	祸	败	吉	破	凶	吉	灭	空
丙寅	孤	吉	罡	败	祸	灭	破	吉	破	败	灭	空
丁卯	灭	孤	祸	罡	凶	吉	祸	败	凶	破	空	吉
戊辰	灭	孤	凶	吉	破	败	凶	灭	凶	吉	败	空
己巳	吉	吉	凶	孤	罡	罡	吉	凶	灭	败	凶	破
庚午	破	吉	吉	灭	吉	罡	吉	凶	吉	空	败
辛未	凶	败	吉	吉	祸	凶	吉	罡	吉	吉	灭	空
壬申	吉	墓	破	凶	吉	祸	吉	罡	吉	灭	空
癸酉	祸	墓	吉	吉	吉	吉	灭	孤	吉	孤	空	亥
甲戌	败	灭	败	害	破	吉	凶	害	空	空	罡	破
乙亥	吉	凶	祸	破	破	吉	凶	破	害	吉	孤	罡
丙子	凶	吉	败	祸	害	破	吉	吉	空	破	孤	凶

	子	丑	寅	卯	辰	巳	午	未	申	酉	戌	亥
丁丑	孤	罡	吉	害	害	败	凶	破	空	杀	灭	孤
戊寅	孤	破	罡	吉	凶	灭	败	凶	破	空	凶	亥
己卯	灭	孤	吉	罡	吉	凶	祸	败	败	破	害	凶
庚辰	罡	祸	孤	凶	罡	凶	吉	灭	凶	凶	破	凶
辛巳	凶	墓	灭	孤	吉	罡	凶	凶	害	败	吉	破
壬午	破	孤	吉	害	凶	吉	罡	凶	空	灭	败	败
癸未	吉	破	吉	吉	祸	孤	吉	罡	空	吉	灭	败
甲戌	败	灭	败	害	破	吉	凶	害	申	空	罡	亥
乙酉	祸	败	吉	破	凶	吉	灭	空	吉	罡	凶	吉
丙戌	吉	灭	杀	吉	破	吉	凶	祸	孤	吉	罡	吉
丁亥	败	吉	祸	败	吉	破	空	败	灭	孤	吉	罡
戊子	罡	凶	吉	灭	败	吉	破	空	吉	害	孤	吉
己丑	吉	罡	吉	凶	孤	败	空	败	吉	吉	灭	孤
庚寅	吉	凶	吉	祸	灭	罡	空	败	害	灾	孤	亥
辛卯	祸	败	孤	罡	吉	孤	灭	败	害	败	凶	吉
壬辰	凶	害	孤	害	罡	吉	凶	灭	破	凶	破	吉
癸巳	吉	凶	灭	孤	破	罡	亡	败	亥	空	害	破

日\支	子	丑	寅	卯	辰	巳	午	未	申	酉	戌	亥
甲午	子破	丑凶	寅吉	卯祸	辰孤	巳空	午罡	未吉	申害	酉灭	戌败	亥吉
乙未	子吉	丑破	寅凶	卯吉	辰灭	巳孤	午吉	未罡	申败	酉吉	戌害	亥败
丙申	子败	丑吉	寅破	卯凶	辰空	巳祸	午孤	未吉	申罡	酉败	戌孤	亥灭
丁酉	子吉	丑败	寅凶	卯破	辰罡	巳祸	午孤	未吉	申罡	酉凶	戌凶	亥吉
戊戌	子凶	丑败	寅败	卯吉	辰破	巳空	午凶	未败	申孤	酉吉	戌罡	亥祸
己亥	子吉	丑凶	寅祸	卯败	辰空	巳破	午吉	未凶	申吉	酉吉	戌孤	亥罡
庚子	子罡	丑吉	寅吉	卯灭	辰败	巳罡	午破	未吉	申吉	酉祸	戌孤	亥吉
辛丑	子吉	丑罡	寅吉	卯吉	辰败	巳败	午吉	未破	申吉	酉吉	戌灭	亥孤
壬寅	子孤	丑凶	寅罡	卯凶	辰灭	巳败	午吉	未破	申破	酉吉	戌吉	亥凶
癸卯	子灭	丑孤	寅吉	卯罡	辰空	巳败	午伐	未败	申吉	酉败	戌吉	亥吉
甲辰	子凶	丑祸	寅孤	卯祸	辰罡	巳吉	午凶	未灭	申败	酉败	戌破	亥吉
乙巳	子吉	丑凶	寅灭	卯刑	辰凶	巳空	午吉	未败	申害	酉败	戌凶	亥破
丙午	子破	丑吉	寅亡	卯害	辰孤	巳凶	午罡	未吉	申凶	酉灭	戌败	亥凶
丁未	子死	丑破	寅空	卯破	辰灭	巳孤	午祸	未罡	申吉	酉凶	戌害	亥败
戊申	子败	丑凶	寅破	卯吉	辰祸	巳福	午孤	未罡	申凶	酉吉	戌墓	亥灭
己酉	子祸	丑败	寅空	卯败	辰墓	巳凶	午灭	未孤	申吉	酉罡	戌凶	亥凶
庚戌	子吉	丑灭	寅败	卯空	辰破	巳凶	午吉	未祸	申孤	酉凶	戌凶	亥败

	子	丑	寅	卯	辰	巳	午	未	申	酉	戌	亥
辛亥	福	墓	空	灭	败	凶	凶	墓	祸	孤	吉	罡
壬子	罡	墓	空	灭	凶	凶	破	孤	吉	祸	孤	败
癸丑	吉	罡	空	败	灭	败	吉	破	凶	凶	害	孤
甲寅	孤	空	罡	吉	墓	破	败	吉	破	墓	吉	破
乙卯	凶	空	吉	罡	墓	吉	败	灭	吉	破	灭	吉
丙辰	空	破	孤	吉	罡	吉	吉	灭	败	吉	破	吉
丁巳	空	败	灭	孤	吉	罡	凶	吉	祸	败	吉	破
戊午	败	空	孤	祸	孤	吉	罡	吉	吉	灭	败	吉
己未	空	空	破	祸	灭	孤	吉	罡	吉	凶	祸	败
庚申	败	空	败	吉	吉	祸	凶	凶	罡	凶	吉	灭
辛酉	害	吉	凶	败	吉	凶	灭	孤	凶	罡	吉	凶
壬戌	空	凶	败	凶	破	吉	凶	凶	孤	凶	罡	吉
癸亥	空	失	害	败	死	破	吉	凶	灭	孤	墓	吉

八反格

问喜何曾喜，问忧未必忧。问乐何曾乐，问愁何曾愁。问死何曾死，问生不曾生。问官官不谐，见财财不成。

四言独步

看字之法，毫不可差。下笔是我，其余是他。
子孙父母，官鬼要财。兄弟之类，次序安排。
详占一事，先看用神。或强或弱，详断吉凶。
用神健旺，事所必宜。用神衰弱，必失其机。
字无用神，始推末笔。末笔参差，诸事不立。
土头中贝，日月大人。字中有像，便是贵人。
贵人在爻，祸事必消。逢险可救，财利必招。
左右有人，功名可许。笔法轩昂，上人荐举。
求财取债，金忌火多。再逢夏月，本利消磨。
五行俱全，人事宜然。用神清楚，妙不可言。
相争词讼，字详结尾。两笔分明，胜负立剖。
字可平分，讼不成凶。人居圈内，缧绁之中。
青龙在数，求谋不误。若无水来，反为无助。
玄武自来，水上生财。白虎同至，惹祸招灾。
朱雀临头，文书已动。事在公门，不与人共。
朱勾叠叠，口舌重重。若无救助，毕竟成凶。
水冷金寒，亲戚无缘。求谋未遂，做事迁延。
五行正旺，财利可求。吉神相助，万事无忧。
土内埋金，功名未遂。或者水多，前行可贵。
人病在床，木被金伤。六神不动，毕竟无妨。
字不出头，蹭蹬乖蹇。五行有救，渐渐可展。
字无勾踢，人必平安。凶神乱动，好处成难。
末后一笔，一身之原。如无破绽，福寿绵绵。
一字联络，骨肉同门。孤悬一点，游子飘蓬。
金得炉锤，方成器皿。木无金制，可曰愚农。
木从土出，要人培植。水中浮木，波浪成风。

落笔小心，做事斟酌。小心太过，为人刻薄。
写来粗草，放荡之人。笔端熟溜，书记佣工。
字法龙蛇，仕途已往。秀而不俗，文章自广。
风流笔法，好逞聪明。写来透古，腹内不空。
墨迹滞涩，学问难夸。一笔无停，定是大家。
灯前窗下，岁月蹉跎。禾麻菽麦，俱已发科。
字无倚靠，不利六亲。字无筋节，事可让人。
直伸两足，奔波劳碌。摆尾摇头，心满意足。
字问日期，切勿妄许。有丁有日，类可说与。
山川草木，咸不宜冬。星辰日月，乃怕朦胧。
真正五行，不怕相克。真如用神，求谋易得。
笔法未全，做事多难。行人不至，音信杳然。
水火多源，木枯无枝。子孙宗派，于此可思。
终身事业，我即用神。生我者吉，克我者凶。
字只两笔，寿年不一。有撇七二，无撇六一。
字如三笔，亦各有数。常为十六，变为念五。
无勾为变，有勾为常。依斯立法，仔细推详。
字不出头，寿增五岁。当头一点，须减三年。
字若无勾，添九可求。字如无直，寿当增十。
笔画过半，须知减点。一点三年，岁数可免。
耳畔成三，口头除四。明彻斯传，始精相字。
妙诀无多，功非一日。仔细详占，万无一失。

五言作用歌

断事不可泥，变通方是道。细细察根源，始识先贤奥。
十人写一字，笔法各不同。一字占十事，情理自然别。
六神无变乱，五行有假真。草木看时节，日月察晦明。
字中有子孙，子孙必不少。详其盛与衰，便知贤不肖。

我克不宜多，多必妻重娶。克我一般多，谐老又可许。
青龙值用神，万事皆无阻。若是无水泽，犹为受用苦。
白虎值用神，吉事反成凶。官事必受害，疾病重沉沉。
用神见朱雀，利于公门中。君子功名吉，小人口舌凶。
用神见螣蛇，俱是文书动。功名眼下宜，富贵如春梦。
末笔是青龙，万事不成凶。名利皆如意，行人在路中。
末笔是朱雀，公事有着落。只恐闺门中，有病无良药。
末笔是勾陈，淹留费苦心。行人音信杳，官讼混如尘。
末笔是螣蛇，远客即来家。忧疑终不免，官讼苦嗟吁。
末笔是白虎，疾病须忧苦。讼狱必牵缠，出往多拦阻。
末笔是玄武，盗贼须提防。水土行人利，家中六畜康。
末笔看五行，所用看六神。先定吉凶主，然后字中寻。

别理论

字义浑论，辨别之篇须下学。
理研变化，至诚之道可前知。
字同事不同，不宜此而宜彼。
事同字亦同，倏变吉而变凶。
设若中也者，天下之大本。
问终身与昆仲无缘，信乎哉。
人间之最要，欲要之于朋友更切。
再如地天为泰，不遇阳间犹是否。
雷火为丰，如逢阴极可云临。
既虚矣，复反而为盈；
既危矣，复还而为安。
时盛必衰，天地不逾其数；
治极而乱，圣人能预其防。
先则看其笔端，然后察其字义。

须知字义古怪，学问不深。

笔走龙蛇，峥嵘已过。

"龙"身草草，非正途显远之官。

"豹"字昂昂，是执殳荷戈之职。

"志"无心，定是漂蓬下士。

"斌"不乱，始称文武全才。

"贝"边"月"下定归期，"足"畔"口"头人必促。

团团宝盖，多生富贵之家。

济济冠裳，定是风云之客。

无事生非因"北"字，有钱不享是"亨"来。

"合"则婚事难成，"力"乃功名未妥。

以他人问子，男女皆空。

书本姓求官，声名远播。

书"先"觅物终须失，写"望"追人定是亡。

"马"字偏斜，惟恐落人之局。

"口"头阔大，定招闲事之非。

"青"字有人求做主，事可全于月抄。

"妙"字一女欲于归，少亦可出闺门。

"天"字相联，一对良缘先注定。

"好"字相属，百年美眷预生成。

"丁""寸"等字，皆才不足之形。

"占""吉"之类，皆告不成之象。

"香"开晨昏扬誉还，"花"占百事一番新。

"小"为本分之人，"大"是虚名之士。

赤子依亲是"每"，一例可推。

大人盖小因"余"，仿斯可断。

"贝"左一生多享福，"空"头半世受孤寒。

东西南北，欲就其方。

左右中前，乃择其地。

一"人"傍立，求名是佐贰之官。
一"直"居中，占身乃正途之士。
草木逢春旺，鱼龙得水舒。
"远"字走长人未到，"动"傍撇短去犹迟。
"赤子""儿曹"之类，必利见大人。
"公祖""父师"之称，则相逢贵人。
"干"则立身无寸地，"永"如立志有衣冠。
"操"为一品之才，"饮"定大人之食。
"之"非出往必求财，"者"不呼卢定六畜。
"奇"欲立而不可，"用"非走而不通。
"口"居中，俨然一颗方印。
"元"落后，前程可定魁名。
体用昂昂，功名之客。
性情巫巫，荼苦之儒。
朔邦还未入庙廊，田里多应在乡党。
活泼泼鸢鱼，是飞腾之象；
乐滔滔凫鸟，为流荡之徒。
川上皆圣贤游乐之余，周行是仕宦经由之道。
崔巍远人犹在望，平安近事不能成。
"日"小见天长，"心"粗知胆大。
归则归兮归则止，笑如笑兮笑成悲。
"國"字谓何？一口操戈在内。
"爾"来何故？五人合伙同居。
"火"字乃人在中央，一遇羊头为尽美。
"天"字是人居其内，出头一日始逢春。
以"余"字问必有，以"有"字问反无。
龙虽在天在田，看笔迹如何布置。
师既容民畜众，察精神始识兴衰。
盖载有人，终享皇家福；

伞带全备，定是极品官。
有撇断为兄弟，无点莫问儿孙。
"工"欲善其事而成艺，"何"不见其"人"而亦可。
"女""子"并肩生意好，"色""系"同处病将亡。
字犯岁君之名，灾殃不小。
书童问卜之日，财利可兴。
理中变化深长，此乃规矩方圆之至。
字理机关悠远，须认精粗为造化之原。

六言剖断歌

事从天地之义，字乃圣贤之心。静里功夫细阅，其中奥理无穷。
图融莫测其辨，来去无阻其通。笔法先详衰旺，得意始定吉凶。
干枯软小为衰，清秀坚昂为旺。详其用神如何，吉凶自然的当。
寿夭定于笔画，取其多寡为占。字如十笔以上，一笔管之六年。
字如十笔以下，一笔定其九岁。若在五笔之间，一笔管十六年。
笔画过之十五，两笔折作一笔。带草一笔相连，问寿只在目前。
笔迹清而拘束，必然游庠在学。笔端独而放荡，功名必无着落。
写来笔法圆活，为人处世谦和。笔底停而又写，为人性慢心多。
举笔茫无所措，胸中学问不大。若无写罢复描，行事可为斟酌。
富贵出于精神，英雄定于骨格。末后一笔丰隆，到老人称有德。
占妻先看其妻，占子先看其子。妻子察其旺衰，据理定其生死。
父兄官灾狱讼，父兄要值空亡。如若父兄在数，父兄反见灾殃。
一切谋望营求，字要察其虚实。有声无物为虚，有物可见是实。
书出眼前之物，察其司重司轻。司重断为有用，司轻大事无成。
纳采于归等事，更要加意推详。笔画计其单双，字义察其阴阳。
假如子字求子，须防日建逢女。子日如书女字，婚姻百事皆订。
一字笔书未全，万事不必开言。字中若有余笔，必须用意详占。
先用五行工夫，后用增减字理。影响毫发无差，谬则难寻千里。

学者变化细推，断事无不灵应。

格物章

物格而后知至，本末须详。事来必先见诚，始终可断。
细而长者，以一尺为百年，计寸分而知寿算。
方而圆者，以千金比一两，度轻重以定荣枯。
落手银圈，放荡终不改。出囊珠石，峥嵘自有时。
石土不逢时，谓之无用。木金全失气，枉自徒劳。
执墨问功名，研究之夕日见不足。
端鼎比身命，近贵之体一世非轻。
腰下佩觿，所求皆遂。道傍弃核，百事无成。
取草问营谋，逢春须茂盛。将银问财帛，有本恐消磨。
素纨无诗，当推结识疏。牙签托人，毕竟不顾我。
数珠团圆到底，夫妻儿女皆宜。
木鱼振作不常，父母兄弟难合。
力下行人来得快，笔占远处有施为。
求子息，圆者不宜空。占买卖，长者终须折。
衣衫则包藏骨肉，葬祭之事宜然。
绦带必系纨扇躯，牵缠之事未免。
舟车骡马，用之则行。婢仆鸡鹅，呼之便至。
金扇之类，收有复展之期。烹调之物，死无再生之礼。
瓜果问事，破不重圆。棋子求占，散而又聚。
荡尘理乱，无全金篦牙签。释罪沉冤，俱是何章刀笔。
壶是主人之礼，觞则空而满，满而复空。
锁为君子之防，匙则去而来，来而复去。
文章书籍，非小人用之；筐筥犁耙，岂君子用之？
惯执鞭所忻慕焉，富而必可求也。
能弹琴复长啸尔，乐亦在其中乎？

误指悬匏,功名少待。折来垂柳,意兴多狂。
竹杖龙头,节义一生无愧怍。
木锥莺嘴,钻谋万物有刚强。
手不释正叶经书,自知道德修诸己。
问不离九流艺术,意在干戈省厥躬。
指庭前向日之花,倏忽坐间移影。
点槛外敲风之竹,晨昏静里闻音。
君子执笙簧,陶陶其乐,舌鼓终须不免。
女人拈针线,刺刺不休,心牵毕竟难触。
出匣图书行欲方,眼下可分玉石。
执来宝剑心从利,手中立剖疑难。
羽扇纶巾,须知人自山中去。
奇珍异宝,可断人从海上来。
百草可活人,不识者不可妄用。
六经能补世,未精者焉敢施为?
指盂中之水,久不耗而则倾。
顾冶内之金,须知积而有用。
事非容易,一首词两下欣逢。
学识渊博,几句话三生有幸。
执金学道,借服为聚物之囊。
割爱延师,重身如无价之宝。
明心受业,既行束上之修。
寄束传言,莫废师尊之礼。
斯其人也,斯其义也,可以为之。
非其重焉,非其道焉,孰轻与尔!

物理论

三才始判,八卦攸分。
万物不离于五行,群生皆囿于二气。
羲皇为文字之祖,苍颉肇书篆之端。
鸟迹成章,不过象形会意。云龙结篆,传来竹简漆书。
秦汉而返,篆隶迭易。钟王既出,真草各名。
其文则见于今,其义犹法于古。
人备万物之一数,物物相通。
字泄万人之寸灵,人人各异。
欲穷吉凶之朕兆,先格物以致知。
且云天为极大,能望而不能亲,毕竟虚空为体。
海是最深,可观而不可测,由来消长有时。
移山拔树莫如风,片纸遮窗可避。
变谷迁陵惟是水,尺筒无底难充。
小弹大盘,日之远近不辨。
白衣苍狗,云之变化非常。
雨本滋长禾苗,不及时,人皆蹙额。
雪能冻压草木,如适中,人喜丰年。
月行急疾映千江,莫向水中捞捉。
星布循环周八极,谁从天下推移。
露可比恩,厌浥行人多畏。
霞虽似锦,膏肓隐士方宜。
皓皓秋阳,炎火再逢为亢害。
涓涓冬月,寒冰重见愈凄凉。
顽金不惧洪炉,潦水须当堤岸。
雾气空蒙推障碍,电光倏忽喻浮生。
月下美人来,只恐到头成梦。

白话梅花易数

雪中寻客去，犹防中道而归。
白露可以寄思，迅雷闻而必变。
履霜为忧虞之渐，当慎始焉。
临渊有战惕之心，保厥终矣。
蝃蝀莫指，闺门之事不宜。
霖雨既零，稼穑之家有望。
阳春白雪，只属孤音。流水高山，难逢知己。
至于岩岩山石，生民具瞻。滚滚源泉，圣贤所乐。
瀑布奔冲难收拾，溪流湍激不平宁。
风水所以行舟，水涌风狂舟必破。
雨露虽能长物，雨霪霜结物遭伤。
社稷自有人求，关津诚为客阻。
烟雾迷林中有见，江河出峡去无回。
桃夭取妇相宜，未利于买童置畜。
杨柳送行可折，尤喜于赴试求名。
松柏可问年寿，拟声名则飘香挺秀。
丝罗可结姻好，比人品则倚势扳援。
荷方出水，渐见舒张。梅可调羹，未免酸涩。
李有道傍之苦，榄余齿末之甘。
笔墨驱使，时日不长。盆盂装载，团圆不久。
绠短汲深求未得，戈长力弱荷难成。
屠刀割肉利为官，若问六亲多刑损。
利刀剖瓜休做事，如占六甲即生男。
无人棺椁必添丁，有印书函终见拆。
厘戥则骨贮匣中，纵有出时还须入。
算盘则子盈目下，任凭拨乱却成行。
瓦只虑其难全，杯亦防其有缺。
席可卷虚，终归人下。伞能开合，定出人头。
钓乃小去大来，樵则任重道远。

素珠团聚，可串而成。蜡烛风流，不能久固。
针线若还缝即合，锹锄如用必然翻。
凿则损而为利，亦当有关。
锯乃断而成器，岂谓无长。
又若飞走之升沉，亦关人事之休咎。
猢狲破系还家，终是无期。
鹦鹉在囚受用，只因长舌。
鹄乃随人饮啄，纵之仍入樊笼。
马虽无胆驰驱，用之不离缰锁。
鲤失江湖难变化，燕来堂屋转疑难。
诉理伸冤，逢鸦不白。占身问寿，遇鹤修龄。
万物纷纭，理则难尽。诸人愿欲，志各不同。
若执一端以断人，是犹胶柱鼓瑟。
能反三隅而悟理，方称活法圆机。
心同金鉴之悬空，妍媸自别。
智若玉川之入海，活泼自如。
鬼谷子曰："人动我静，人言我听。"
旨哉斯语！胡可忽诸？

五行六神辨别论

先以五行为主，次向字中详祸福。
既将六神作用，方观笔迹察原因。
生克不容情，莫以字音称独美。
宜忌须着意，休将文义恃能言。
勿以吉字言吉，当认吉中多忌煞。
漫将凶字言凶，须详凶处有元神。
假如青龙与白虎同行，求功名大得其宜。
如庶人得之，反不免相争之咎。

父母与妻子聚面，问赴选难从其志。
若游子占之，又可触思远之忧。
勾陈最忌小金连，惟恐事无间断。
朱雀若逢傍水克，须防祸有牵缠。
水在木中流，替人濯垢。
木从水中出，脱体犹难。
五行全不犯凶神，问自身德建名立。
六神动再加吉将，若求官体贵身荣。
旧事重新，朱、螣双发动。
倾家复创，金、土两重临。
微火熔金，难成器皿。
弱金克木，反自损伤。
求济于人，要看水火会合。
营谋于众，还期土木齐登。
金多子多，非土不得。
土厚财厚，无火不生。
水冷木孤，弟兄难靠。
金寒土薄，祖业凋零。
玄武形青龙得水，连登两榜。
白虎尾朱雀衔金，位列三公。
玄武临渊，时中之雨化。
青龙捧日，阙下之云腾。
水非白而无源，金不秋而失气。
有勾陈，难结案头文。
见朱雀，想量堂上语。
田下土深，思还故里。
月边水盛，意在归湖。
玄武居中，出外不宜行陆路。
勾陈定位，居官虽在受皇恩。

白虎重重，不敢保今年无事。
青龙两两，定不是今日燕居。
字中见母母无忧，笔下从兄兄定。
在水土形青龙翘首，何忧不得功名？
木金相白虎当头，毕竟难逃灾害。
重重金火，不逢时，百事徒劳。
叠叠青黄，非见日，几番隆替。
贵显招土木，万福皆隆。
方体隐龙蛇，千祥并集。
朱勾相合，主唇舌干戈之事。
龙虎同行，风云际会之荣。
玄武不遇火，阴中不美。
腾蛇无水渡，郊外生悲。
纯土自能生官，福从天至。
寒金不但无禄，灾自幽来。
天贵专权，问功名必登黄甲。
文书不动，赴场闱定值空亡。
问子须来子在爻，占妻定妻要入数。
笔迹孤寒金带水，六亲一个难招。
字形丰满土生金，百岁百年易盛。
看五行之旺弱切记，卜词讼以官鬼为先。
定六将之机微须知，占家宅以本命为主。
五行俱有，凡谋皆遂。六神不动，万事咸宁。
细玩辞占，影响无差毫发。
密搜奥义，规绳不爽纤微。

金声章

混沌未开,一元含于太极无形之始。
乾坤既判,万物成于文章著见之中。
故未有其事而先有象,可预得其体而兆其来。
所以苍颉制字,接云霞蝌斗之文。
至贤著书,采随宜义理而用。
一字之善,千古流传。半点之疵,万年不泯。
君子哉非挥毫而莫辨,小人焉一执笔而即知。
是以消长盛衰,困极而知变;
吉凶祸福,至诚而见神。
写来江汉秋阳,皓皓乎不可尚已;
意在螽斯诜羽,绳绳兮与其宜焉。
惟存好利喜衰,则落笔终须各别。
必欲离尘脱俗,而开首自是不同。
若夫烟雾云霞,则聚散去来神变化;
风雷日月,其盈虚消息妙裁成。
鹦鹉等禽,人皆云其舌巧;
虎豹之类,谁不惧其张威?
生息蕃盛者,乃稼穑禾苗;
与物浮沉者,是江河湖海。
渊中鱼跃,水向东流何沮止?
天上鸢飞,日从西落四时同。
百兽俱胎脾之生,独报麟祥之书。
诸禽皆飞腾之物,只言凤德之衰。
禽之鸣也噪也,有形体小大之分;
兽之利也钝也,有轻清重浊之辨。
香花灯烛,偏宜于朔望之时;

铃铎鼓钟，独可于晨昏之际。
点点滴滴，万里征衫游子泪；
层层叠叠，九行密线老人心。
至于犬豕牛羊，叱之即便去；
鸡鱼鹅鸭，欲用则不生。
狐貉羔裘，无济于夏；红炉黑炭，偏喜于冬。
幽林深圃夜无人，情不诬也；
楼台厅堂时有位，理之必然。
琴书剑箱，可断儒生负胺；
轻裘肥马，常推志士同袍。
墨有渐减之虞，笔有久坚而弱。
书成笔架，几上岷山。写到砚池，寓中闷海。
如在其上，秋到一天皆皎月；
如在其下，春临遍地产黄金。
挥出琵琶，到底是写怨之具。
描来箫管，终须为耗气之精。
假如云雨雾皆能蔽日之光，天正阴时原是吉。
又若精气神本是扶身之主，人来问病反为凶。
水急流清，意偕游鱼濈濈；
烟飞篆渺，心从云树茫茫。
农家落笔，草盛田禾实不足；
商者书笺，丝多交易乱如麻。
紫绶金章，无者不必写出。
蜗名蝇利，有者即便书成。
锁钥金汤，必任国家之重寄；
羽毛千戚，是祈海甸以清宁。
挂锦扬帆，风顺之方必利；
舒衾洒帐，雨到之候成欢。
礼乐射御书数，如求一艺可执。

孝友睦姻任恤，定其六事皆宜。
草木逢雨，时生而旺，要详春秋气候。
轿马行际，日近而远，亦揆寒暑光阴。
试看画饼望梅，何止饥渴？镜花水月，竟是空虚。
欲造字相之微，请明章中之理。

北京学易斋书目

书　　名	作　者	定　价	版别
影印涵芬楼本正统道藏[宣纸线装；全512函1120册]	[明]张宇初编	480000.00	九州
影印涵芬楼本正统道藏[道林纸线装；全512函1120册]	[明]张宇初编	280000.00	九州
易藏[宣纸线装；全50函200册]	编委会主编	98000.00	九州
重刊术藏[精装全100册]	编委会主编	68000.00	九州
续修术藏[精装全100册]	编委会主编	68000.00	九州
易藏[精装全60册]	编委会主编	48000.00	九州
道藏[精装全60册]	编委会主编	48000.00	九州
御制本草品汇精要[彩版8函32册]	(明)刘文泰等著	18000.00	海南
御纂医宗金鉴[20函80册]	(清)吴谦等著	28000.00	海南
影宋刻备急千金要方[4函16册]	(唐)孙思邈著	2380.00	海南
影元刻千金翼方[2函12册]	(唐)孙思邈著	2380.00	海南
芥子园画传[彩版3函13册]	(清)李渔纂辑	3800.00	华龄
十竹斋书画谱[彩版2函12册]	(明)胡正言编印	2800.00	华龄
影印明天启初刻武备志[精装全16册]	(明)茅元仪撰	13800.00	华龄
药王千金方合刊[精装全16册]	(唐)孙思邈著	13800.00	华龄
焦循文集[精装全18册，库存1套]	[清]焦循撰	9800.00	九州
邵子全书[精装全16册]	[宋]邵雍撰	12800.00	九州
子部珍本1：校正全本地学答问	1函3册	680.00	华龄
子部珍本2：赖仙原本催官经	1函1册	280.00	华龄
子部珍本3：赖仙催官篇注	1函1册	280.00	华龄
子部珍本4：尹注赖仙催官篇	1函1册	280.00	华龄
子部珍本5：赖仙心印	1函1册	280.00	华龄
子部珍本6：新刻赖太素天星催官解	1函2册	480.00	华龄
子部珍本7：天机秘传青囊内传	1函1册	280.00	华龄
子部珍本8：阳宅斗首连篇秘授	1函1册	280.00	华龄
子部珍本9：精刻编集阳宅真传秘诀	1函2册	480.00	华龄
子部珍本10：秘传全本六壬玉连环	1函2册	480.00	华龄
子部珍本11：秘传仙授奇门	1函2册	480.00	华龄
子部珍本12：祝由科诸符秘卷秘旨合刊	1函2册	480.00	华龄
子部珍本13：校正古本入地眼图说	1函2册	480.00	华龄
子部珍本14：校正全本钻地眼图说	1函2册	480.00	华龄
子部珍本15：赖公七十二葬法	1函2册	480.00	华龄
子部珍本16：杨筠松秘传开门放水阴阳捷径	1函2册	480.00	华龄
子部珍本17：校正古本地理五诀	1函2册	480.00	华龄
子部珍本18：重校古本地理雪心赋	1函2册	480.00	华龄

书　　名	作　　者	定　价	版别
子部珍本19:吴景鸾先天后天理气心印补注	1函1册	280.00	华龄
子部珍本20:宋国师吴景鸾秘传夹竹梅花院纂	1函2册	480.00	华龄
子部珍本21:影印原本任铁樵注滴天髓阐微	1函4册	1080.00	华龄
子部珍本22:地理真宝一粒粟	1函1册	280.00	华龄
子部珍本23:聚珍全本天机一贯	1函3册	680.00	华龄
子部珍本24:阴宅造福秘诀	1函1册	280.00	华龄
子部珍本25:增补诹吉宝镜图	1函2册	480.00	华龄
子部珍本26:诹吉便览宝镜图	1函1册	280.00	华龄
子部珍本27:诹吉便览八卦图	1函1册	280.00	华龄
子部珍本28:甲遁真授秘集	1函4册	880.00	华龄
子部珍本29:太上祝由科	1函2册	680.00	华龄
子部珍本30:邵康节先生心易梅花数	1函1册	280.00	华龄
子部善本1:新刊地理玄珠(宣纸线装)	2函10册	3000.00	华龄
子部善本2:参赞玄机地理仙婆集(宣纸线装)	2函8册	2400.00	华龄
子部善本3:章仲山地理九种(宣纸线装)	1函5册	1500.00	华龄
子部善本4:八门九星阴阳二遁全本奇门断	2函18册	5400.00	华龄
子部善本5:六壬统宗大全(宣纸线装)	2函6册	1800.00	华龄
子部善本6:太乙统宗宝鉴(宣纸线装)	2函8册	2400.00	华龄
子部善本7:重刊星海词林(宣纸线装)	14函56册	16800.00	华龄
子部善本8:万历初刻三命通会(宣纸线装)	2函12册	3600.00	华龄
子部善本9:增广沈氏玄空学(宣纸线装)	2函8册	2400.00	华龄
子部善本10:江公择日秘稿(宣纸线装)	2函6册	1800.00	华龄
子部善本11:刘氏家藏阐微通书(宣纸线装)	3函12册	3600.00	华龄
子部善本12:影印增补高岛易断(宣纸线装)	2函8册	2400.00	华龄
子部善本13:清刻足本铁板神数(宣纸线装)	3函13册	3900.00	华龄
子部善本14:增订天官五星集腋(宣纸线装)	2函10册	3000.00	华龄
子部善本15:太乙奇门六壬兵备统宗(宣纸线装)	9函36册	10800.00	华龄
子部善本16:御定景祐奇门大全(宣纸线装)	8函32册	9600.00	华龄
子部善本17:地理四秘全书十二种(宣纸线装)	4函16册	4800.00	华龄
子部善本18:全本地理统一全书(宣纸线装)	3函15册	4500.00	华龄
子部善本19:廖公画策扒砂经(宣纸线装)	1函4册	1200.00	华龄
子部善本20:明刊玉髓真经(宣纸线装)	7函21册	6300.00	华龄
子部善本21:蒋大鸿家藏地学捷旨(宣纸线装)	1函4册	1200.00	华龄
子部善本22:阳宅安居金镜(宣纸线装)	1函4册	1200.00	华龄
子部善本23:新刊地理紫囊书(宣纸线装)	2函6册	1800.00	华龄
子部善本24:地理大成五种(宣纸线装)	8函24册	7200.00	华龄
子部善本25:初刻鳌头通书大全(宣纸线装)	2函10册	3000.00	华龄
子部善本26:初刻象吉备要通书大全(宣纸线装)	3函12册	3600.00	华龄
子部善本27:武英殿板钦定协纪辨方书	8函24册	7200.00	华龄
子部善本28:初刻陈子性藏书(宣纸线装)	2函6册	1800.00	华龄

书　　名	作　者	定　价	版别
重刻故宫藏百二汉镜斋秘书四种(一):火珠林	1函1册	300.00	华龄
重刻故宫藏百二汉镜斋秘书四种(二):灵棋经	1函1册	300.00	华龄
重刻故宫藏百二汉镜斋秘书四种(三):滴天髓	1函1册	300.00	华龄
重刻故宫藏百二汉镜斋秘书四种(四):测字秘牒	1函1册	300.00	华龄
中外戏法图说:鹅幻汇编鹅幻余编合刊	1函3册	780.00	华龄
连山[一函一册]	[清]马国翰辑	280.00	华龄
归藏[一函一册]	[清]马国翰辑	280.00	华龄
周易虞氏义笺订[一函六册]	[清]李翊灼订	1180.00	华龄
周易参同契通真义	1函2册	480.00	华龄
御制周易[一函三册]	武英殿影宋本	680.00	华龄
宋刻周易本义[一函四册]	[宋]朱熹撰	980.00	华龄
易学启蒙[一函二册]	[宋]朱熹撰	480.00	华龄
易余[一函二册]	[明]方以智撰	480.00	九州
奇门鸣法	[一函二册]	680.00	华龄
奇门衍象	[一函二册]	480.00	华龄
奇门枢要	[一函二册]	480.00	华龄
奇门仙机[一函三册]	王力军校订	298.00	华龄
奇门心法秘纂[一函三册]	王力军校订	298.00	华龄
御定奇门秘诀[一函三册]	[清]湖海居士辑	680.00	华龄
宫藏奇门大全[线装五函二十五册]	[清]湖海居士辑	6800.00	星易
遁甲奇门秘传要旨大全[线装二函二十册]	[清]范阳耐寒子辑	6200.00	星易
增广神相全编[线装一函四册]	[明]袁珙订正	980.00	星易
龙伏山人存世文稿[五函十册]	[清]矫子阳撰	2800.00	九州
奇门遁甲鸣法[一函二册]	[清]矫子阳撰	680.00	九州
奇门遁甲衍象[一函二册]	[清]矫子阳撰	480.00	九州
奇门遁甲枢要[一函二册]	[清]矫子阳撰	480.00	九州
遁甲括囊集[一函三册]	[清]矫子阳撰	980.00	九州
增注蒋公古镜歌[一函一册]	[清]矫子阳撰	180.00	九州
古本皇极经世书[一函三册]	[宋]邵雍撰	980.00	九州
明抄真本梅花易数[一函三册]	[宋]邵雍撰	480.00	九州
订正六壬金口诀[一函六册]	[清]巫国匡辑	1280.00	华龄
六壬神课金口诀[一函三册]	[明]适适子撰	298.00	华龄
改良三命通会[一函四册,第二版]	[明]万民英撰	980.00	华龄
增补选择通书玉匣记[一函二册]	[晋]许逊撰	480.00	华龄
绘图全本鲁班经匠家镜	1函4册	680.00	华龄
菊逸山房地理正书(天函):地理点穴撼龙经	1函3册	680.00	华龄
菊逸山房地理正书(地函):秘藏疑龙经大全	1函1册	280.00	华龄
菊逸山房地理正书(人函):杨公秘本山法备收	1函1册	280.00	华龄
青囊海角经	1函4册	680.00	华龄
阳宅三要	1函3册	298.00	华龄

书　名	作　者	定　价	版别
子部珍本备要(宣纸线装)		分函售价	九州
001 岣嵝神书	1函1册	280.00	九州
002 地理唊蔗録	1函4册	880.00	九州
003 地理玄珠精选	1函4册	880.00	九州
004 地理琢玉斧峦头歌括	1函4册	880.00	九州
005 金氏地学粹编	3函8册	1840.00	九州
006 风水一书	1函4册	880.00	九州
007 风水二书	1函4册	880.00	九州
008 增注周易神应六亲百章海底眼	1函1册	280.00	九州
009 卜易指南	1函1册	280.00	九州
010 大六壬占验	1函1册	280.00	九州
011 真本六壬神课金口诀	1函3册	680.00	九州
012 太乙指津	1函2册	480.00	九州
013 太乙金钥匙 太乙金钥匙续集	1函1册	280.00	九州
014 奇门遁甲占验天时	1函2册	480.00	九州
015 南阳掌珍遁甲	1函1册	280.00	九州
016 达摩易筋经 易筋经外经图说 八段锦	1函1册	280.00	九州
017 钦天监彩绘真本推背图	1函2册	680.00	九州
018 清抄全本玉函通秘	1函3册	680.00	九州
019 灵棋经	1函1册	280.00	九州
020 道藏灵符秘法	4函9册	2100.00	九州
021 地理青囊玉尺度金针集	1函6册	1280.00	九州
022 奇门秘传九宫纂要	1函1册	280.00	九州
023 影印清抄耕寸集－真本子平真诠	1函2册	480.00	九州
024 新刊合并官板音义评注渊海子平	1函2册	480.00	九州
025 影抄宋本五行精纪	1函6册	1080.00	九州
026 影印明刻阴阳五要奇书1－郭氏阴阳元经	1函2册	480.00	九州
027 影印明刻阴阳五要奇书2－克择璇玑括要	1函1册	280.00	九州
028 影印明刻阴阳五要奇书3－阳明按索图	1函2册	480.00	九州
029 影印明刻阴阳五要奇书4－佐玄直指	1函2册	480.00	九州
030 影印明刻阴阳五要奇书5－三白宝海钩玄	1函1册	280.00	九州
031 相命图诀许负相法十六篇合刊	1函1册	280.00	九州
032 玉掌神相神相铁关刀合刊	1函1册	280.00	九州
033 古本太乙淘金歌	1函1册	280.00	九州
034 重刊地理葬埋黑通书	1函2册	480.00	九州
035 壬归	1函2册	480.00	九州
036 大六壬苗公鬼撮脚二种合刊	1函1册	280.00	九州
037 大六壬鬼撮脚射覆	1函2册	480.00	九州
038 大六壬金柜经	1函1册	280.00	九州
039 纪氏奇门秘书仕学备余	1函1册	280.00	九州

书　名	作　者	定　价	版别
040 八门九星阴阳二遁全本奇门断	2函18册	3680.00	九州
041 李卫公奇门心法	1函1册	280.00	九州
042 武侯行兵遁甲金函玉镜海底眼	1函1册	280.00	九州
043 诸葛武侯奇门千金诀	1函1册	280.00	九州
044 隔夜神算	1函1册	280.00	九州
045 地理五种秘笈合刊	1函1册	280.00	九州
046 地理雪心赋句解	1函2册	480.00	九州
047 九天玄女青囊经	1函1册	280.00	九州
048 考定撼龙经	1函1册	280.00	九州
049 刘江东家藏善本葬书	1函1册	280.00	九州
050 杨公六段玄机赋杨筠松安门楼玉辇经合刊	1函1册	280.00	九州
051 风水金鉴	1函1册	280.00	九州
052 新镌碎玉剖秘地理不求人	1函2册	480.00	九州
053 阳宅八门金光斗临经	1函1册	280.00	九州
054 新镌徐氏家藏罗经顶门针	1函2册	480.00	九州
055 影印乾隆丙午刻本地理五诀	1函4册	880.00	九州
056 地理诀要雪心赋	1函2册	480.00	九州
057 蒋氏平阶家藏善本插泥剑	1函1册	280.00	九州
058 蒋大鸿家传地理归厚录	1函1册	280.00	九州
059 蒋大鸿家传三元地理秘书	1函1册	280.00	九州
060 蒋大鸿家传天星选择秘旨	1函1册	280.00	九州
061 撼龙经批注校补	1函4册	880.00	九州
062 疑龙经批注校补一全	1函1册	280.00	九州
063 种筠书屋较订山法诸书	1函2册	480.00	九州
064 堪舆倒杖诀 拨砂经遗篇 合刊	1函1册	280.00	九州
065 认龙天宝经	1函1册	280.00	九州
066 天机望龙经刘氏心法 杨公骑龙穴诗合刊	1函1册	280.00	九州
067 风水一夜仙秘传三种合刊	1函1册	280.00	九州
068 新镌地理八窍	1函2册	480.00	九州
069 地理解醒	1函1册	280.00	九州
070 峦头指迷	1函3册	680.00	九州
071 茅山上清灵符	1函2册	480.00	九州
072 茅山上清镇禳摄制秘法	1函1册	280.00	九州
073 天医祝由科秘抄	1函2册	480.00	九州
074 千镇百镇桃花镇	1函2册	480.00	九州
075 轩辕碑记医学祝由十三科治病奇书合刊	1函1册	280.00	九州
076 清抄真本祝由科秘诀全书	1函3册	680.00	九州
077 增补秘传万法归宗	1函2册	480.00	九州
078 祝由科诸符秘卷祝由科诸符秘旨合刊	1函1册	280.00	九州
079 辰州符咒大全	1函4册	880.00	九州

书名	作者	定价	版别
080 万历初刻三命通会	2函12册	2480.00	九州
081 新编三车一览子平渊源注解	1函3册	680.00	九州
082 命理用神精华	1函3册	680.00	九州
083 命学探骊集	1函1册	280.00	九州
084 相诀摘要	1函2册	480.00	九州
085 相法秘传	1函1册	280.00	九州
086 新编相法五总龟	1函1册	280.00	九州
087 相学统宗心易秘传	1函2册	480.00	九州
088 秘本大清相法	1函2册	480.00	九州
089 相法易知	1函1册	280.00	九州
090 星命风水秘传	1函1册	280.00	九州
091 大六壬隔山照	1函2册	480.00	九州
092 大六壬考正	1函1册	280.00	九州
093 大六壬类阐	1函2册	480.00	九州
094 六壬心镜集注	1函1册	280.00	九州
095 遁甲吾学编	1函2册	480.00	九州
096 刘明江家藏善本奇门衍象	1函1册	280.00	九州
097 遁甲天书秘文	1函2册	480.00	九州
098 金枢符应秘文	1函2册	480.00	九州
099 秘传金函奇门隐遁丁甲法书	1函2册	480.00	九州
100 六壬行军指南	2函10册	2080.00	九州
101 家藏阴阳二宅秘诀线法	1函2册	480.00	九州
102 阳宅一书阴宅一书合刊	1函1册	280.00	九州
103 地理法门全书	1函1册	280.00	九州
104 四真全书玉钥匙	1函1册	280.00	九州
105 重刊官板玉髓真经	1函4册	880.00	九州
106 明刊阳宅真诀	1函2册	480.00	九州
107 阳宅指南	1函1册	280.00	九州
108 阳宅秘传三书	1函1册	280.00	九州
109 阳宅都天滚盘珠	1函1册	280.00	九州
110 纪氏地理水法要诀	1函1册	280.00	九州
111 李默斋先生地理辟径集	1函2册	480.00	九州
112 李默斋先生辟径集续篇 地理秘缺	1函2册	480.00	九州
113 地理辨正自解	1函1册	280.00	九州
114 形家五要全编	1函4册	880.00	九州
115 地理辨正抉要	1函1册	280.00	九州
116 地理辨正揭隐	1函1册	280.00	九州
117 地学铁骨秘	1函1册	280.00	九州
118 地理辨正发秘初稿	1函1册	280.00	九州
119 三元宅墓图	1函1册	280.00	九州

书　名	作　者	定　价	版别
120 参赞玄机地理仙婆集	2函8册	1680.00	九州
121 幕讲禅师玄空秘旨浅注外七种	1函1册	280.00	九州
122 玄空挨星图诀	1函1册	280.00	九州
123 影印稿本玄空地理筌蹄	1函1册	280.00	九州
124 玄空古义四种通释	1函2册	480.00	九州
125 地理疑义答问	1函1册	280.00	九州
126 王元极地理辨正冒禁录	1函1册	280.00	九州
127 王元极校补天元选择辨正	1函3册	680.00	九州
128 王元极选择辨真全书	1函1册	280.00	九州
129 王元极增批地理冰海原本地理冰海合刊	1函1册	280.00	九州
130 王元极三元阳宅萃篇	1函2册	480.00	九州
131 尹一勺先生地理精语	1函1册	280.00	九州
132 古本地理元真	1函2册	480.00	九州
133 杨公秘本搜地灵	1函1册	280.00	九州
134 秘藏千里眼	1函1册	280.00	九州
135 道光刊本地理或问	1函1册	280.00	九州
136 影印稿本地理秘诀	1函2册	480.00	九州
137 地理秘诀隔山照 地理括要 合刊	1函1册	280.00	九州
138 地理前后五十段	1函2册	480.00	九州
139 心耕书屋藏本地经图说	1函1册	280.00	九州
140 地理古本道法双谭	1函1册	280.00	九州
141 奇门遁甲元灵经	1函1册	280.00	九州
142 黄帝遁甲归藏大意 白猿真经 合刊	1函1册	280.00	九州
143 遁甲符应经	1函2册	480.00	九州
144 遁甲通明钤	1函1册	280.00	九州
145 景祐奇门秘纂	1函2册	480.00	九州
146 奇门先天要论	1函2册	480.00	九州
147 御定奇门古本	1函2册	480.00	九州
148 奇门吉凶格解	1函1册	280.00	九州
149 御定奇门宝鉴	1函3册	680.00	九州
150 奇门阐易	1函2册	480.00	九州
151 六壬总论	1函1册	280.00	九州
152 稿抄本大六壬翠羽歌	1函1册	280.00	九州
153 都天六壬神课	1函1册	280.00	九州
154 大六壬易简	1函2册	480.00	九州
155 太上六壬明鉴符阴经	1函1册	280.00	九州
156 增补关煞袖里金百中经	1函1册	280.00	九州
157 演禽三世相法	1函2册	480.00	九州
158 合婚便览 和合婚姻咒 合刊	1函1册	280.00	九州
159 神数十种	1函1册	280.00	九州

书　名	作　者	定　价	版别
160 神机灵数一掌经金钱课合刊	1函1册	280.00	九州
161 阴阳二宅易知录	1函2册	480.00	九州
162 阴宅镜	1函2册	480.00	九州
163 阳宅镜	1函1册	280.00	九州
164 清精抄本六圃地学	1函1册	280.00	九州
165 形峦神断书	1函1册	280.00	九州
166 堪舆三昧	1函1册	280.00	九州
167 遁甲奇门捷要	1函1册	280.00	九州
168 奇门遁甲备览	1函1册	280.00	九州
169 原传真本石室藏本圆光真传秘诀合刊	1函1册	280.00	九州
170 明抄全本壬归	1函4册	880.00	九州
171 董德彰水法秘诀水法断诀合刊	1函1册	280.00	九州
172 董德彰先生水法图说	1函1册	280.00	九州
173 董德彰先生泄天机纂要	1函2册	480.00	九州
174 李默斋先生地理秘传	1函2册	480.00	九州
175 新锓希夷陈先生紫微斗数全书	1函3册	680.00	九州
176 海源阁藏明刊麻衣相法全编	1函2册	480.00	九州
177 袁忠彻先生相法秘传	1函3册	680.00	九州
178 火珠林要旨 筮杙	1函2册	480.00	九州
179 火珠林占法秘传 续筮杙	1函1册	280.00	九州
180 六壬类聚	1函4册	880.00	九州
181 新刻麻衣相神异赋	1函1册	280.00	九州
182 诸葛武侯奇门遁甲全书	1函2册	480.00	九州
183 张九仪传地理偶摘	1函1册	280.00	九州
184 张九仪传地理偶注	1函1册	280.00	九州
185 阳宅玄珠	1函1册	280.00	九州
186 阴宅总论	1函1册	280.00	九州
187 新刻杨救贫秘传阴阳二宅便用统宗	1函1册	280.00	九州
188 增补理气图说	1函2册	480.00	九州
189 增补罗经图说	1函1册	280.00	九州
190 重镌官板阳宅大全	1函4册	880.00	九州
191 景祐太乙福应经	1函1册	280.00	九州
192 景祐遁甲符应经	1函3册	680.00	九州
193 景祐六壬神定经	1函3册	680.00	九州
194 御制禽遁符应经	1函2册	480.00	九州
195 秘传匠家鲁班经符法	1函3册	680.00	九州
196 哈佛藏本太史黄际飞注天玉经	1函1册	280.00	九州
197 李三素先生红囊经解	1函1册	280.00	九州
198 杨曾青囊天玉通义	1函1册	280.00	九州
199 重编大清钦天监焦秉贞彩绘历代推背图解	1函2册	680.00	九州

书名	作者	定价	版别
200 道光初刻相理衡真	1函4册	880.00	九州
201 新刻袁柳庄先生秘传相法	1函3册	680.00	九州
202 袁忠彻相法古今识鉴	1函2册	480.00	九州
203 袁天纲五星三命指南	1函2册	480.00	九州
204 新刻五星玉镜	1函3册	680.00	九州
205 游艺录:筮遁壬行年斗数相宅	1函1册	280.00	九州
206 新订王氏罗经透解	1函2册	480.00	九州
207 堪舆真诠	1函3册	680.00	九州
208 青囊天机奥旨二种	1函1册	280.00	九州
209 张九仪传地理偶录	1函1册	280.00	九州
210 地学形势集	1函8册	1680.00	九州
211 神相水镜集	1函4册	880.00	九州
212 稀见相学秘笈四种合刊	1函2册	480.00	九州
213 神相金较剪	1函1册	280.00	九州
214 神相证验百条	1函2册	480.00	九州
215 全本神相全编	1函3册	680.00	九州
216 神相全编正义	1函3册	680.00	九州
217 八宅明镜	1函2册	480.00	九州
218 阳宅卜居秘髓	1函3册	680.00	九州
219 地理乾坤法窍	1函3册	680.00	九州
220 秘传廖公画筴拨砂经	1函4册	880.00	九州
221 地理囊金集注	1函1册	280.00	九州
222 赤松子罗经要旨	1函1册	280.00	九州
223 萧仙地理心法堪舆经	1函2册	480.00	九州
224 新刻地理搜龙奥语	1函2册	480.00	九州
225 新刻风水珠神真经	1函2册	480.00	九州
226 寻龙点穴地理索隐	1函1册	280.00	九州
227 杨公撼龙经考注	1函2册	480.00	九州
228 李德贞秘授三元秘诀	1函1册	280.00	九州
229 地理支陇乘气论	1函2册	480.00	九州
230 道光刻全本相山撮要	2函6册	1500.00	九州
231 药王真传祝由科全编	1函1册	280.00	九州
232 梵音斗科符箓秘书	1函2册	580.00	九州
233 御定奇门灵占	1函4册	880.00	九州
234 御定奇门宝镜图	1函2册	480.00	九州
235 汇纂大六壬玉钥匙心诀	1函1册	280.00	九州
236 补完直解六壬五变中黄经	1函2册	480.00	九州
237 六壬节要直讲	1函2册	480.00	九州
238 六壬神课捷要占验	1函1册	280.00	九州
239 六壬袖传神课捷要	1函1册	280.00	九州

书名	作者	定价	版别
240 秘藏大六壬大全善本	2函8册	1800.00	九州
241 阳宅藏书	1函2册	480.00	九州
242 阳宅觉元氏新书	1函1册	280.00	九州
243 阳宅拾遗	1函2册	480.00	九州
244 阳基集腋	1函2册	480.00	九州
245 阴阳二宅指正	1函2册	480.00	九州
246 九天玄妙秘书内经	1函1册	280.00	九州
247 青乌葬经葬经翼	1函1册	280.00	九州
248 阳宅六十四卦秘断	1函1册	280.00	九州
249 杨曾地理秘传捷诀	1函3册	680.00	九州
250 三元堪舆秘笈救败全书	1函4册	880.00	九州
251 纪氏地理末学	1函2册	480.00	九州
252 堪舆说原	1函1册	280.00	九州
253 河洛正变喝穴集	1函1册	280.00	九州
254 太上洞玄灵宝素灵真符	1函1册	280.00	九州
255 道家神符霧咒秘传	1函1册	280.00	九州
256 堪舆秘传六十四论记师口诀	1函2册	480.00	九州
257 相法秘笈太乙照神经	1函3册	680.00	九州
258 哈佛藏子平格局解要	1函2册	480.00	九州
259 三车一览命书详论	1函2册	480.00	九州
260 万历初刊平学大成	1函4册	880.00	九州
261 古本推背图说	1函2册	680.00	九州
262 董氏诹吉新书	1函2册	480.00	九州
263 蒋大鸿四十八局图	1函1册	280.00	九州
264 阳宅紫府宝鉴	1函2册	480.00	九州
265 宅经类纂	1函3册	680.00	九州
266 杨公画筴图	1函1册	280.00	九州
267 刘江东秘传金函经	1函1册	280.00	九州
268 茔元总录	1函2册	480.00	九州
269 纪氏奇门占验奇门遁甲要略合刊	1函1册	280.00	九州
270 奇门统宗大全	1函4册	880.00	九州
271 刘天君祛治符法秘卷	1函3册	680.00	九州
272 圣济总录祝由术全编	1函2册	480.00	九州
273 子平星学精华	1函1册	280.00	九州
274 紫微斗数命理宣微	1函1册	280.00	九州
275 火珠林卦爻精究集	1函2册	480.00	九州
276 韩图孤本奇门秘要	1函1册	280.00	九州
277 哈佛藏明抄六壬断易秘诀	1函1册	280.00	九州
278 大六壬会要全集	1函3册	680.00	九州
279 乾隆初刊六壬视斯	1函2册	480.00	九州

书　名	作　者	定　价	版别
280 精抄历代六壬占验汇选	2函6册	1280.00	九州
281 张九仪先生东湖地学	1函1册	280.00	九州
282 张九仪先生东湖砂法	1函1册	280.00	九州
283 张九仪先生东湖水法	1函1册	280.00	九州
284 姚氏地理辨正图说	1函1册	280.00	九州
285 地理辨正补注	1函2册	480.00	九州
286 地理丛谈元运发微	1函1册	280.00	九州
287 元空宅法举隅	1函1册	280.00	九州
288 平洋地理玉函经	1函1册	280.00	九州
289 元空法鉴三种	1函3册	680.00	九州
290 蒋大鸿先生地理合璧	2函7册	1480.00	九州
291 新刊地理五经图解	1函3册	680.00	九州
292 三元地理辨惑	1函1册	280.00	九州
293 风水内传秘旨	1函1册	280.00	九州
294 杜氏地理图说	1函2册	480.00	九州
295 地学仁孝必读	1函5册	1080.00	九州
296 地理秘珍	1函2册	480.00	九州
297 秘传四课仙机水法	1函1册	280.00	九州
298 地理辨正图诀	1函1册	280.00	九州
299 灵城精义笺	1函1册	280.00	九州
300 仰山子新辑地理条贯	2函6册	1280.00	九州
301 秘传堪舆经传类纂	1函1册	280.00	九州
302 秘传堪舆论状类纂	1函1册	280.00	九州
303 秘传堪舆秘书类纂	1函1册	280.00	九州
304 秘传堪舆诗赋歌诀类纂	1函2册	480.00	九州
305 秘传堪舆问答类纂	1函1册	280.00	九州
306 秘传堪舆杂录类纂	1函2册	480.00	九州
307 秘传堪舆辨惑类纂	1函1册	280.00	九州
308 秘传堪舆断诀类纂	1函1册	280.00	九州
309 秘传堪舆穴法类纂	1函1册	280.00	九州
310 秘传堪舆葬法类纂	1函1册	280.00	九州
311 大六壬兵占三种	1函2册	480.00	九州
312 大六壬秘书四种	1函2册	480.00	九州
313 大六壬毕法注解	1函1册	280.00	九州
314 大六壬课体订讹	1函1册	280.00	九州
315 大六壬类占	1函2册	480.00	九州
316 大六壬全编	1函2册	480.00	九州
317 大六壬杂释	1函1册	280.00	九州
318 大六壬心镜	1函2册	480.00	九州
319 六壬灵课玉洞金书	1函1册	280.00	九州

书　名	作者	定价	版别
320 六壬通仙	1函4册	880.00	九州
321 五种秘窍全书－1－地理秘窍	1函1册	280.00	九州
322 五种秘窍全书－2－选择秘窍	1函4册	880.00	九州
323 五种秘窍全书－3－天星秘窍	1函1册	280.00	九州
324 五种秘窍全书－4－罗经秘窍	1函4册	880.00	九州
325 五种秘窍全书－5－奇门秘窍	1函2册	480.00	九州
326 新编杨曾地理家传心法捷诀一贯堪舆	2函8册	1780.00	九州
327 玉函铜函真经阴阳剪裁图注	1函3册	680.00	九州
328 新刻石函平砂玉尺经全书	1函2册	480.00	九州
329 三元通天照水经	1函2册	480.00	九州
330 堪舆经书	1函5册	1080.00	九州
331 神相汇编	1函2册	480.00	九州
332 管辂神相秘传	1函1册	280.00	九州
333 冰鉴秘本七篇月波洞中记合刊	1函1册	280.00	九州
334 太清神鉴录	1函2册	480.00	九州
335 新刊京本厘正总括天机星学正传	2函10册	2180.00	九州
336 新监七政归垣司台历数袖里璇玑	1函4册	880.00	九州
337 道藏古本紫微斗数	1函2册	480.00	九州
338 增补诸家选择万全玉匣记	1函2册	480.00	九州
339 杨公造命要诀	1函1册	280.00	九州
340 造命宗镜	1函6册	1280.00	九州
341 上清灵宝济度金书符咒大成	2函9册	1980.00	九州
342 青城山铜板祝由十三科	1函2册	480.00	九州
343 抄本祝由科别传	1函1册	280.00	九州
344 遁甲演义	1函2册	480.00	九州
345 武侯奇门遁甲玄机赋	1函1册	280.00	九州
346 北法变化禽书	1函1册	280.00	九州
347 卜筮全书	1函6册	1280.00	九州
348 卜筮正宗	1函4册	880.00	九州
349 易隐	1函4册	880.00	九州
350 野鹤老人占卜全书	1函5册	1280.00	九州
351 地理会心集	1函2册	480.00	九州
352 罗经会心集	1函2册	480.00	九州
353 阳宅会心集	1函1册	280.00	九州
354 秘传图注龙经全集	1函3册	680.00	九州
355 地理精微集	1函2册	480.00	九州
356 地理拾铅峦头理气合编	1函2册	480.00	九州
357 萧客真诀	1函1册	280.00	九州
358 地理铁案	1函2册	480.00	九州
359 秘传四神课书仙机消纳水法	1函2册	480.00	九州

书　　名	作　者	定　价	版别
360 蒋大鸿先生地理真诠	2函7册	1480.00	九州
361 蒋大鸿仙诀小引	1函1册	280.00	九州
362 管氏地理指蒙	1函1册	280.00	九州
363 原本山洋指迷	1函2册	480.00	九州
364 形家集要	1函1册	280.00	九州
365 重镌地理天机会元	3函15册	3080.00	九州
366 地理方外别传	1函2册	480.00	九州
367 堪舆至秘旅寓集	1函1册	280.00	九州
368 堪舆管见	1函1册	280.00	九州
369 四神秘诀	1函2册	480.00	九州
370 地理辨正补	1函3册	680.00	九州
371 金书秘奥地理一片金合刊	1函1册	280.00	九州
372 阳宅玉髓真经阴宅制煞秘法合刊	1函1册	280.00	九州
373 堪舆至秘旅寓集 堪舆秘传	1函1册	280.00	九州
374 地学杂钞连珠水法合刊	1函1册	280.00	九州
375 黄妙应仙师五星仙机制化砂法	1函2册	480.00	九州
376 造葬便览	1函1册	280.00	九州
377 大六壬秘本	1函2册	480.00	九州
378 太乙统类	1函1册	280.00	九州
379 新雕注疏珞琭子三命消息赋	1函1册	280.00	九州
380 新编四家注解经进珞琭子消息赋	1函2册	480.00	九州
381 清代民间实用灵符汇编	1函2册	680.00	九州
382 王国维批校宋本焦氏易林	1函2册	480.00	九州
383 新刊应验天机易卦通神	1函1册	280.00	九州
384 新镌周易数	1函5册	1080.00	九州
增补四库青乌辑要[,全18函59册]	郑同校	11680.00	九州
第1种:宅经[1册]	[署]黄帝撰	180.00	九州
第2种:葬书[1册]	[晋]郭璞撰	220.00	九州
第3种:青囊序青囊奥语天玉经[1册]	[唐]杨筠松撰	220.00	九州
第4种:黄囊经[1册]	[唐]杨筠松撰	220.00	九州
第5种:黑囊经[2册]	[唐]杨筠松撰	380.00	九州
第6种:锦囊经[1册]	[晋]郭璞撰	200.00	九州
第7种:天机贯旨红囊经[2册]	[清]李三素撰	380.00	九州
第8种:玉函天机素书/至宝经[1册]	[明]董德彰撰	200.00	九州
第9种:天机一贯[2册]	[清]李三素撰辑	380.00	九州
第10种:撼龙经[1册]	[唐]杨筠松撰	200.00	九州
第11种:疑龙经葬法倒杖[1册]	[唐]杨筠松撰	220.00	九州
第12种:疑龙经辨正[1册]	[唐]杨筠松撰	200.00	九州
第13种:寻龙记太华经[1册]	[唐]曾文辿撰	220.00	九州
第14种:宅谱要典[2册]	[清]铣溪野人校	380.00	九州

书　　名	作　者	定　价	版别
第15种:阳宅必用[2册]	心灯大师校订	380.00	九州
第16种:阳宅撮要[2册]	[清]吴鼐撰	380.00	九州
第17种:阳宅正宗[1册]	[清]姚承舆撰	200.00	九州
第18种:阳宅指掌[2册]	[清]黄海山人撰	380.00	九州
第19种:相宅新编[1册]	[清]焦循校刊	240.00	九州
第20种:阳宅井明[2册]	[清]邓颖出撰	380.00	九州
第21种:阴宅井明[1册]	[清]邓颖出撰	220.00	九州
第22种:灵城精义[2册]	[南唐]何溥撰	380.00	九州
第23种:龙穴砂水说[1册]	清抄秘本	180.00	九州
第24种:三元水法秘诀[2册]	清抄秘本	380.00	九州
第25种:罗经秘传[2册]	[清]傅禹辑	380.00	九州
第26种:穿山透地真传[2册]	[清]张九仪撰	380.00	九州
第27种:催官篇发微论[2册]	[宋]赖文俊撰	380.00	九州
第28种:人地眼神断要诀[2册]	清抄秘本	380.00	九州
第29种:玄空大卦秘断[1册]	清抄秘本	200.00	九州
第30种:玄空大五行真传口诀[1册]	[明]蒋大鸿等撰	220.00	九州
第31种:杨曾九宫颠倒打劫图说[1册]	[唐]杨筠松撰	200.00	九州
第32种:乌兔经奇验经[1册]	[唐]杨筠松撰	180.00	九州
第33种:挨星考注[1册]	[清]汪董缘订定	260.00	九州
第34种:地理挨星说汇要[1册]	[明]蒋大鸿撰辑	220.00	九州
第35种:地理捷诀[1册]	[清]傅禹辑	200.00	九州
第36种:地理三仙秘旨[1册]	清抄秘本	200.00	九州
第37种:地理三字经[3册]	[清]程思乐撰	580.00	九州
第38种:地理雪心赋注解[2册]	[唐]卜则巍撰	380.00	九州
第39种:蒋公天元余义[1册]	[明]蒋大鸿等撰	220.00	九州
第40种:地理真传秘旨[3册]	[唐]杨筠松撰	580.00	九州
增补四库未收方术汇刊第一辑(全28函)	线装影印本	11800.00	九州
第一辑01函:火珠林·卜筮正宗	[宋]麻衣道者著	340.00	九州
第一辑02函:全本增删卜易·增删卜易真诠	[清]野鹤老人撰	720.00	九州
第一辑03函:渊海子平音义评注·子平真诠·命理易知	[明]杨淙增校	360.00	九州
第一辑04函:滴天髓·附滴天秘诀·穷通宝鉴·附月谈赋	[宋]京图撰	360.00	九州
第一辑05函:参星秘要诹吉便览·玉函斗首三台通书·精校三元总录	[清]俞荣宽撰	460.00	九州
第一辑06函:陈子性藏书	[清]陈应选撰	580.00	九州
第一辑07函:崇正辟谬永吉通书·选择求真	[清]李奉来辑	500.00	九州
第一辑08函:增补选择通书玉匣记·永宁通书	[晋]许逊撰	400.00	九州
第一辑09函:新增阳宅爱众篇	[清]张觉正撰	480.00	九州
第一辑10函:地理四弹子·地理铅弹子砂水要诀	[清]张九仪注	340.00	九州
第一辑11函:地理五诀	[清]赵九峰著	200.00	九州

书　名	作　者	定　价	版别
第一辑12函:地理直指原真	[清]释如玉撰	280.00	九州
第一辑13函:宫藏真本入地眼全书	[宋]释静道著	680.00	九州
第一辑14函:罗经顶门针·罗经解定·罗经透解	[明]徐之镆撰	360.00	九州
第一辑15函:校正详图青囊经·平砂玉尺经·地理辨正疏	[清]王宗臣著	300.00	九州
第一辑16函:一贯堪舆	[明]唐世友辑	240.00	九州
第一辑17函:阳宅大全·阳宅十书	[明]一壑居士集	600.00	九州
第一辑18函:阳宅大成五种	[清]魏青江撰	600.00	九州
第一辑19函:奇门五总龟·奇门遁甲统宗大全·奇门遁甲元灵经	[明]池纪撰	500.00	九州
第一辑20函:奇门遁甲秘笈全书	[明]刘伯温辑	280.00	九州
第一辑21函:奇门庐中阐秘	[汉]诸葛武侯撰	600.00	九州
第一辑22函:奇门遁甲元机太乙秘书六壬大占	[宋]岳珂纂辑	360.00	九州
第一辑23函:性命圭旨	[明]尹真人撰	480.00	九州
第一辑24函:紫微斗数全书	[宋]陈抟撰	200.00	九州
第一辑25函:千镇百镇桃花镇	[清]云石道人校	220.00	九州
第一辑26函:清抄真本祝由科秘诀全书·轩辕碑记医学祝由十三科	[上古]黄帝传	800.00	九州
第一辑27函:增补秘传万法归宗	[唐]李淳风撰	160.00	九州
第一辑28函:神机灵数一掌经金钱课·牙牌神数七种·珍本演禽三世相法	[清]诚文信校	440.00	九州
增补四库未收方术汇刊第二辑(全36函)	线装影印本	13800.00	九州
第二辑第1函:六爻断易一撮金·卜易秘诀海底眼	[宋]邵雍撰	200.00	九州
第二辑第2函:秘传子平渊源	燕山郑同校辑	280.00	九州
第二辑第3函:命理探原	[清]袁树珊撰	280.00	九州
第二辑第4函:命理正宗	[明]张楠撰集	180.00	九州
第二辑第5函:造化玄钥	庄圆校补	220.00	九州
第二辑第6函:命理寻源·子平管见	[清]徐乐吾撰	280.00	九州
第二辑第7函:京本风鉴相法	[明]回阳子校辑	380.00	九州
第二辑第8—9函:钦定协纪辨方书8册	[清]允禄编	780.00	九州
第二辑第10—11函:鳌头通书10册	[明]熊宗立撰辑	880.00	九州
第二辑第12—13函:象吉通书	[清]魏明远撰辑	1080.00	九州
第二辑第14函:选择宗镜·选择纪要	[朝鲜]南秉吉撰	360.00	九州
第二辑第15函:选择正宗	[清]顾宗秀撰辑	480.00	九州
第二辑第16函:仪度六壬选日要诀	[清]张九仪撰	680.00	九州
第二辑第17函:葬事择日法	郑同校辑	280.00	九州
第二辑第18函:地理不求人	[清]吴明初撰辑	240.00	九州
第二辑第19函:地理大成一:山法全书	[清]叶九升撰	680.00	九州
第二辑第20函:地理大成二:平阳全书	[清]叶九升撰	360.00	九州
第二辑第21函:地理大成三:地理六经注·地理大成四:罗经指南拔雾集·地理大成五:理气四诀	[清]叶九升撰	300.00	九州
第二辑第22函:地理录要	[明]蒋大鸿撰	480.00	九州
第二辑第23函:地理人子须知	[明]徐善继撰	480.00	九州

书　名	作　者	定　价	版别
第二辑第24函:地理四秘全书	[清]尹一勺撰	380.00	九州
第二辑第25-26函:地理天机会元	[明]顾陵冈辑	1080.00	九州
第二辑第27函:地理正宗	[清]蒋宗城校订	280.00	九州
第二辑第28函:全图鲁班经	[明]午荣编	280.00	九州
第二辑第29函:秘传水龙经	[明]蒋大鸿撰	480.00	九州
第二辑第30函:阳宅集成	[清]姚廷銮纂	480.00	九州
第二辑第31函:阴宅集要	[清]姚廷銮纂	240.00	九州
第二辑第32函:辰州符咒大全	[清]觉玄子辑	480.00	九州
第二辑第33函:三元镇宅灵符秘箓·太上洞玄祛病灵符全书	[明]张宇初编	240.00	九州
第二辑第34函:太上混元祈福解灾三部神符	[明]张宇初编	360.00	九州
第二辑第35函:测字秘牒·先天易数·冲天易数/马前课	[清]程省撰	360.00	九州
第二辑第36函:秘传紫微	古朝鲜抄本	240.00	九州
子部善本1:新刊地理玄珠	精装古本影印	380.00	华龄
子部善本2:参赞玄机地理仙婆集	精装古本影印	380.00	华龄
子部善本3:章仲山地理九种(上下)	精装古本影印	760.00	华龄
子部善本4:八门九星阴阳二遁全本奇门断	精装古本影印	760.00	华龄
子部善本5:六壬统宗大全	精装古本影印	380.00	华龄
子部善本6:太乙统宗宝鉴	精装古本影印	380.00	华龄
子部善本7:重刊星海词林(全五册)	精装古本影印	1900.00	华龄
子部善本8:万历初刻三命通会(上下)	精装古本影印	760.00	华龄
子部善本9:增广沈氏玄空学(上下)	精装古本影印	760.00	华龄
子部善本10:江公择日秘稿	精装古本影印	380.00	华龄
子部善本11:刘氏家藏阐微通书(上下)	精装古本影印	760.00	华龄
子部善本12:影印增补高岛易断(上下)	精装古本影印	760.00	华龄
子部善本13:清刻足本铁板神数	精装古本影印	380.00	华龄
子部善本14:增订天官五星集腋(上下)	精装古本影印	760.00	华龄
子部善本15:太乙奇门六壬兵备统宗(上中下)	精装古本影印	1140.00	华龄
子部善本16:御定景祐奇门大全(上下)	精装古本影印	760.00	华龄
子部善本17:地理四秘全书十二种	精装古本影印	380.00	华龄
子部善本18:全本地理统一全书	精装古本影印	380.00	华龄
子部善本19:廖公画策扒砂经(上下)	精装古本影印	760.00	华龄
子部善本20:明刊玉髓真经(上下)	精装古本影印	760.00	华龄
子部善本21:蒋大鸿家藏地学捷旨	精装古本影印	380.00	华龄
子部善本22:阳宅安居金镜(上下)	精装古本影印	760.00	华龄
子部善本23:新刊地理紫囊书(上下)	精装古本影印	760.00	华龄
子部善本24:地理大成五种(上下)	精装古本影印	760.00	华龄
子部善本25:初刻鳌头通书大全(上中下)	精装古本影印	1140.00	华龄
子部善本26:初刻象吉备要通书大全(上中下)	精装古本影印	1140.00	华龄
子部善本27:武英殿板钦定协纪辨方书(上下)	精装古本影印	760.00	华龄
子部善本28:初刻陈子性藏书(上下)	精装古本影印	760.00	华龄

书　名	作　者	定　价	版别
子平遗书第1辑(批命案例集甲子至戊辰全三册)	精装古本影印	980.00	华龄
子平遗书第2辑(批命案例集庚午至甲戌全三册)	精装古本影印	980.00	华龄
子平遗书第3辑(批命案例集乙亥至戊子全三册)	精装古本影印	980.00	华龄
子平遗书第4辑(批命案例集庚寅至庚子全三册)	精装古本影印	980.00	华龄
子平遗书第5辑(批命案例集辛丑至癸丑全三册)	精装古本影印	980.00	华龄
子平遗书第6辑(批命案例集甲寅至辛酉全三册)	精装古本影印	980.00	华龄
风水择吉第一书:辨方(简体精装)	李明清著	168.00	华龄
珞琭子三命消息赋古注通疏(精装上下)	一明注疏	188.00	华龄
增补高岛易断(简体横排精装上下)	(清)王治本编译	198.00	华龄
中国古代术数基础理论(精装1函5册)	刘昌易著	495.00	团结
飞盘奇门:鸣法体系校释(精装上下)	刘金亮撰	198.00	九州
白话高岛易断(上下)	孙正治孙奥麟译	128.00	九州
润德堂丛书全编1:述卜筮星相学	袁树珊著	38.00	华龄
润德堂丛书全编2:命理探原	袁树珊著	38.00	华龄
润德堂丛书全编3:命谱	袁树珊著	68.00	华龄
润德堂丛书全编4:大六壬探原 养生三要	袁树珊著	38.00	华龄
润德堂丛书全编5:中西相人探原	袁树珊著	38.00	华龄
润德堂丛书全编6:选吉探原 八字万年历	袁树珊著	38.00	华龄
润德堂丛书全编7:中国历代卜人传(上中下)	袁树珊著	168.00	华龄
三式汇刊1:大六壬口诀篡	[明]林昌长辑	68.00	华龄
三式汇刊2:大六壬集应钤	[明]黄宾廷撰	198.00	华龄
三式汇刊3:奇门大全秘篡	[清]湖海居士撰	68.00	华龄
三式汇刊4:大六壬总归	[宋]郭子晟撰	58.00	华龄
三式汇刊5:大六壬心镜	[唐]徐道符辑	48.00	华龄
三式汇刊6:壬窍	[清]无无野人撰	48.00	华龄
青囊汇刊1:青囊秘要	[晋]郭璞等撰	48.00	华龄
青囊汇刊2:青囊海角经	[晋]郭璞等撰	48.00	华龄
青囊汇刊3:阳宅十书	[明]王君荣撰	48.00	华龄
青囊汇刊4:秘传水龙经	[明]蒋大鸿撰	68.00	华龄
青囊汇刊5:管氏地理指蒙	[三国]管辂撰	48.00	华龄
青囊汇刊6:地理山洋指迷	[明]周景一撰	32.00	华龄
青囊汇刊7:地学答问	[清]魏清江撰	58.00	华龄
青囊汇刊8:地理铅弹子砂水要诀	[清]张九仪撰	68.00	华龄
青囊汇刊9:地理唊蔗录	[清]袁守定著	48.00	华龄
青囊汇刊10:八宅明镜	[清]箬冠道人编	48.00	华龄
青囊汇刊11:罗经透解	[清]王道亨著	58.00	华龄
青囊汇刊12:阳宅三要	[清]赵玉材撰	48.00	华龄
青囊汇刊13:一贯堪舆(上下)	[明]唐世友辑	108.00	华龄
青囊汇刊14:地理辨证图诀直解	[唐]杨筠松著	58.00	华龄
青囊汇刊15:地理雪心赋集解	[唐]卜应天著	58.00	华龄
青囊汇刊16:四神秘诀	[元]董德彰撰	58.00	华龄

书　名	作　者	定　价	版别
子平汇刊1：渊海子平大全	[宋]徐子平撰	48.00	华龄
子平汇刊2：秘本子平真诠	[清]沈孝瞻撰	38.00	华龄
子平汇刊3：命理金鉴	[清]志于道撰	38.00	华龄
子平汇刊4：秘授滴天髓阐微	[清]任铁樵注	48.00	华龄
子平汇刊5：穷通宝鉴评注	[清]徐乐吾注	48.00	华龄
子平汇刊6：神峰通考命理正宗	[明]张楠撰	38.00	华龄
子平汇刊7：新校命理探原	[清]袁树珊撰	48.00	华龄
子平汇刊8：重校绘图袁氏命谱	[清]袁树珊撰	68.00	华龄
子平汇刊9：增广汇校三命通会（全三册）	[明]万民英撰	168.00	华龄
纳甲汇刊1：校正全本增删卜易	郑同点校	68.00	华龄
纳甲汇刊2：校正全本卜筮正宗	郑同点校	48.00	华龄
纳甲汇刊3：校正全本易隐	郑同点校	48.00	华龄
纳甲汇刊4：校正全本易冒	郑同点校	48.00	华龄
纳甲汇刊5：校正全本易林补遗	郑同点校	38.00	华龄
纳甲汇刊6：校正全本卜筮全书	郑同点校	68.00	华龄
纳甲汇刊7：火珠林注疏	刘恒注解	48.00	华龄
古今图书集成术数丛刊：卜筮（全二册）	[清]陈梦雷辑	80.00	华龄
古今图书集成术数丛刊：堪舆（全二册）	[清]陈梦雷辑	120.00	华龄
古今图书集成术数丛刊：相术（全一册）	[清]陈梦雷辑	60.00	华龄
古今图书集成术数丛刊：选择（全一册）	[清]陈梦雷辑	50.00	华龄
古今图书集成术数丛刊：星命（全三册）	[清]陈梦雷辑	180.00	华龄
古今图书集成术数丛刊：术数（全三册）	[清]陈梦雷辑	200.00	华龄
四库全书术数初集（全四册）	郑同点校	200.00	华龄
四库全书术数二集（全三册）	郑同点校	150.00	华龄
四库全书术数三集：钦定协纪辨方书（全二册）	郑同点校	98.00	华龄
增广沈氏玄空学	郑同点校	68.00	华龄
地理点穴撼龙经	郑同点校	32.00	华龄
绘图地理人子须知（上下）	郑同点校	78.00	华龄
玉函通秘	郑同点校	48.00	华龄
绘图入地眼全书	郑同点校	28.00	华龄
绘图地理五诀	郑同点校	48.00	华龄
一本书弄懂风水	郑同著	48.00	华龄
风水罗盘全解	傅洪光著	58.00	华龄
堪舆精论	胡一鸣著	29.80	华龄
堪舆的秘密	宝通著	36.00	华龄
中国风水学初探	曾涌哲	58.00	华龄
全息太乙（修订版）	李德润著	68.00	华龄
时空太乙（修订版）	李德润著	68.00	华龄
故宫珍本六壬三书（上下）	张越点校	128.00	华龄
大六壬通解（全三册）	叶飘然著	168.00	华龄

书　　名	作　者	定　价	版别
壬占汇选（精抄历代六壬占验汇选）	肖岱宗点校	48.00	华龄
大六壬指南	郑同点校	28.00	华龄
六壬金口诀指玄	郑同点校	28.00	华龄
大六壬寻源编[全三册]	[清]周螭辑录	180.00	华龄
六壬辨疑　毕法案录	郑同点校	32.00	华龄
大六壬断案疏证	刘科乐著	58.00	华龄
六壬时空	刘科乐著	68.00	华龄
御定奇门宝鉴	郑同点校	58.00	华龄
御定奇门阳遁九局	郑同点校	78.00	华龄
御定奇门阴遁九局	郑同点校	78.00	华龄
奇门秘占合编：奇门庐中阐秘·四季开门	[汉]诸葛亮撰	68.00	华龄
奇门探索录	郑同编订	38.00	华龄
奇门遁甲秘笈大全	郑同点校	48.00	华龄
奇门旨归	郑同点校	48.00	华龄
奇门法窍	[清]锡孟樨撰	48.00	华龄
奇门精粹——奇门遁甲典籍大全	郑同点校	68.00	华龄
御定子平	郑同点校	48.00	华龄
增补星平会海全书	郑同点校	68.00	华龄
五行精纪：命理通考五行渊微	郑同点校	38.00	华龄
绘图三元总录	郑同编校	48.00	华龄
绘图全本玉匣记	郑同编校	32.00	华龄
周易初步：易学基础知识36讲	张绍金著	32.00	华龄
周易与中医养生：医易心法	成铁智著	32.00	华龄
增广梅花易数（精装）	刘恒注	98.00	华龄
梅花心易阐微	[清]杨体仁撰	48.00	华龄
梅花心易疏证	杨波著	48.00	华龄
梅花易数讲义	郑同著	58.00	华龄
白话梅花易数	郑同编著	30.00	华龄
梅花周易数全集	郑同点校	58.00	华龄
梅花易数	[宋]邵雍撰	28.00	九州
梅花易数（大字本）	[宋]邵雍撰	39.00	九州
河洛理数	[宋]邵雍述	48.00	九州
一本书读懂易经	郑同著	38.00	华龄
白话易经	郑同编著	38.00	华龄
知易术数学：开启术数之门	赵知易著	48.00	华龄
术数入门——奇门遁甲与京氏易学	王居恭著	48.00	华龄
周易虞氏义笺订（上下）	[清]李翊灼校订	78.00	九州
阴阳五要奇书	[晋]郭璞撰	88.00	九州
壬奇要略（全5册：大六壬集应钤3册，大六壬口诀纂1册，御定奇门秘纂1册）	肖岱宗郑同点校	300.00	九州

书 名	作 者	定价	版别
周易明义	邸勇强著	73.00	九州
论语明义	邸勇强著	37.00	九州
中国风水史	傅洪光撰	32.00	九州
古本催官篇集注	李佳明校注	48.00	九州
鲁班经讲义	傅洪光著	48.00	九州
天星姓名学	侯景波著	38.00	燕山
解梦书	郑同、傅洪光著	58.00	燕山
命理精论（精装繁体竖排）	胡一鸣著	128.00	燕山
辨方（繁体横排）	张明清著	236.00	星易
古易旁通	刘子扬著	320.00	星易
四柱预测机缄通	明理著	300.00	星易
奇门万年历	刘恒著	58.00	资料
图解新编中医四大名著：温病条辨	周重建、郭号	68.00	天津
图解新编中医四大名著：伤寒论	周重建、郭号	68.00	天津
图解新编中医四大名著：黄帝内经	周重建、郭号	68.00	天津
图解新编中医四大名著：金匮要略	周重建、郭号	68.00	天津
中药学药物速认速查小红书（精装64开）	周重建	88.00	天津
国家药典药物速认速查小红书（精装64开）	高楠楠	88.00	天津
神农本草经（1函1册）	宣纸线装	380.00	海南
黄帝内经素问灵枢（影宋本2函9册）	宣纸线装	3980.00	海南
仲景全书（影宋本2函8册）	宣纸线装	3980.00	海南
王翰林集注八十一难经（1函3册）	宣纸线装	1280.00	海南
菩提叶彩绘明内宫写本金刚经（1函1册）	宣纸线装	480.00	文物
故宫旧藏宋刊妙法莲华经（1函3册）	宣纸线装	900.00	文物
铁琴铜剑楼藏钱氏述古堂抄营造法式（1函8册）	宣纸线装	2800.00	文物
唐楷道德经（通行本全1函1册）	宣纸线装	380.00	文物
通志堂经解（全138种600册）	宣纸线装	36万	文物
影印文明书局藏善本文献集成	精装60种	12800.00	九州

周易书斋是国内最大的提供易学术数类图书邮购服务的专业书店，成立于2001年，现有易学及术数类图书现货6000余种，在海内外易学研究者中有着巨大的影响力。

1、学易斋官方旗舰店网址：xyz888.jd.com　微信号：xyz15116975533

2、联系人：王兰梅　电话：15652026606，15116975533

3、邮购费用固定，不论册数多少，每单收费7元。

4、银行汇款：户名：**王兰梅**。

　　邮政：601006359200109796　农行：6228480010308994218

　　工行：0200299001020728724　建行：1100579980130074603

　　交行：6222600910053875983　支付宝：13716780854

5、QQ：（周易书斋2）2839202242；QQ群：（周易书斋书友会）140125362。

北京周易书斋敬启